国家图书馆文津出版基金资助项目

国家图书馆外文文献资源 RDA本地政策声明暨书目记录操作细则

国家图书馆编目工作委员会　编

国家图书馆出版社

图书在版编目(CIP)数据

国家图书馆外文文献资源 RDA 本地政策声明暨书目记录操作细则 / 国家图书馆编目工作委员会编. --北京:国家图书馆出版社,2017.12
ISBN 978-7-5013-6276-9

Ⅰ.①国… Ⅱ.①国… Ⅲ.①国家图书馆—编目规则 Ⅳ.①G254.3

中国版本图书馆 CIP 数据核字(2017)第 255848 号

书　　名 国家图书馆外文文献资源 RDA 本地政策声明暨书目记录操作细则
著　　者 国家图书馆编目工作委员会 编
责任编辑 张　颀

出　　版 国家图书馆出版社(100034 北京市西城区文津街 7 号)
(原书目文献出版社 北京图书馆出版社)
发　　行 010-66114536 66126153 66151313 66175620
66121706(传真) 66126156(门市部)
E-mail nlcpress@nlc.cn(邮购)
Website www.nlcpress.com ——→投稿中心
经　　销 新华书店
印　　装 北京鲁汇荣彩印刷有限公司
版　　次 2017 年 12 月第 1 版 2017 年 12 月第 1 次印刷

开　　本 787×1092(毫米) 1/16
印　　张 20.5
字　　数 480 千字

书　　号 ISBN 978-7-5013-6276-9
定　　价 120.00 元

《国家图书馆外文文献资源 RDA 本地政策声明暨书目记录操作细则》编撰组

主　编：罗　翀

顾　问：顾　犇

编撰人（按姓氏笔画排序）：

刘　丹　齐东峰　李　菡　杨恩毅　宋振佳

张蔷蔷　罗　翀　赵丹丹　蔡　丹　霍晓伟

目　　录

前　言 …………（1）

0　导言 …………（1）

0.0　目的和范围 …………（1）

0.4　RDA 的目标和原则 …………（1）

0.6　核心元素 …………（2）

0.11　国际化 …………（2）

0.12　编码 RDA 数据 …………（6）

1　记录载体表现和单件属性的一般性规则 …………（7）

1.1　术语 …………（7）

★ 专题说明 1:资源类型的判断与书目记录结构的确定 …………（7）

1.3　核心元素 …………（11）

1.4　语言和文字 …………（11）

★ 专题说明 2:多文种记录的处理 …………（11）

1.5　著录类型 …………（17）

★ 专题说明 3:多部分专著和有多个信息源的汇编文献的处理 …………（18）

1.6　需要一种新著录的变化 …………（22）

★ 专题说明 4:复本的处理 …………（27）

1.7　转录 …………（29）

1.8　用数字或词表达的数 …………（37）

1.9　日期 …………（38）

1.10　附注 …………（39）

2　识别载体表现和单件 …………（40）

2.1　识别资源的依据 …………（40）

2.2　信息源 …………（41）

2.3　题名 …………（44）

★ 专题说明 5:汇编资源的处理 …………（47）

2.4　责任说明 …………（64）

2.5　版本说明 …………（67）

2.6　连续出版物编号 …………（70）

2.7　制作说明 …………（76）

2.8　出版说明 …………（78）

2.9　发行说明 …………（84）

2.10　生产说明 …………（85）

2.11　版权日期 …………（87）

2.12 从编说明 …………………………………………………………… (88)
2.13 发行方式 ………………………………………………………… (94)
2.14 频率 …………………………………………………………… (95)
2.15 载体表现标识符 ………………………………………………… (96)
2.17 载体表现的附注 ………………………………………………… (99)
2.18 单件保管历史 …………………………………………………… (106)
2.19 单件的直接获取来源 …………………………………………… (107)
3 描述载体 ………………………………………………………… (108)
3.1 描述载体的一般性规则 ………………………………………… (108)
[RDA6.9] 内容类型 ……………………………………………… (109)
3.2 媒介类型 ………………………………………………………… (110)
3.3 载体类型 ………………………………………………………… (111)
3.4 数量 ……………………………………………………………… (112)
3.5 尺寸 ……………………………………………………………… (127)
3.6 基底材料 ………………………………………………………… (134)
3.12 图书开本 ………………………………………………………… (135)
3.13 字体大小 ………………………………………………………… (136)
3.14 极性 ……………………………………………………………… (136)
3.15 缩率 ……………………………………………………………… (137)
3.16 声音特征 ………………………………………………………… (137)
3.18 视频特征 ………………………………………………………… (139)
3.19 数字文件特征 …………………………………………………… (139)
3.20 设备或系统要求 ………………………………………………… (141)
3.21 载体的附注 ……………………………………………………… (141)
3.22 特定单件载体特征的附注 ……………………………………… (142)
4 提供获取和检索信息 …………………………………………… (144)
4.2 获得方式 ………………………………………………………… (144)
4.4 获取限制 ………………………………………………………… (145)
4.5 使用限制 ………………………………………………………… (145)
4.6 统一资源定位符 ………………………………………………… (146)
7 描述内容 ………………………………………………………… (148)
7.4 地图内容的坐标 ………………………………………………… (148)
7.7 读者对象 ………………………………………………………… (148)
7.9 学位论文或毕业论文信息 ……………………………………… (149)
7.10 内容提要 ………………………………………………………… (150)
7.11 获取信息 ………………………………………………………… (151)
7.12 内容的语言 ……………………………………………………… (152)
7.15 插图性内容 ……………………………………………………… (152)

7.16 补编内容 …………………………………………………………………………（154）
7.17 色彩内容 …………………………………………………………………………（155）
7.18 声音内容 …………………………………………………………………………（155）
7.22 持续时间 …………………………………………………………………………（156）
7.23 表演者、旁白者和/或出品人 ………………………………………………（157）
7.24 艺术和/或技术的贡献者名单 ………………………………………………（157）
7.25 比例尺 ……………………………………………………………………………（158）
7.26 地图内容的投影 ………………………………………………………………（160）
7.28 奖项 ………………………………………………………………………………（160）

18 记录与资源相关的个人、家族和团体关系的一般性规则 ……………………（162）
18.0 范围 ………………………………………………………………………………（162）
18.3 核心元素 …………………………………………………………………………（163）
18.4 记录与资源相关的个人、家族和团体关系 ……………………………………（163）
18.5 关系说明语 ………………………………………………………………………（164）

19 与作品相关的个人、家族和团体 ……………………………………………………（166）
19.1 记录与作品相关的个人、家族和团体的一般性规则 ……………………………（166）
19.2 创作者 ……………………………………………………………………………（166）
19.3 与作品相关的其他个人、家族或团体 …………………………………………（179）
★专题说明6：构建代表作品的规范检索点…………………………………………（182）

20 与内容表达相关的个人、家族和团体 ………………………………………………（187）
20.2 贡献者 ……………………………………………………………………………（187）

21 与载体表现相关的个人、家族和团体 ………………………………………………（189）
21.1 记录与载体表现相关的个人、家族和团体的一般性规则 ………………………（189）

22 与单件相关的个人、家族和团体 ……………………………………………………（190）
22.1 记录与单件相关的个人、家族和团体的一般性规则 ……………………………（190）

24 记录作品、内容表达、载体表现和单件之间关系的一般性规则…………………（191）
24.0 范围 ………………………………………………………………………………（191）
24.3 核心元素 …………………………………………………………………………（191）
24.4 记录作品、内容表达、载体表现和单件之间的关系 ……………………………（192）
24.5 关系说明语 ………………………………………………………………………（193）

25 相关作品……………………………………………………………………………（194）
25.1 相关作品 …………………………………………………………………………（194）

26 相关内容表达………………………………………………………………………（199）
26.1 相关内容表达 ……………………………………………………………………（199）

27 相关载体表现………………………………………………………………………（202）
27.1 相关载体表现 ……………………………………………………………………（202）

28 相关单件 ……………………………………………………………… (203)

28.1 相关单件 ……………………………………………………………… (203)

附录 1 主要外文资源书目记录工作流程 ………………………………… (204)

附录 2 内容类型、媒介类型、载体类型术语表 …………………………… (263)

附录 3 资源 & 名称之间关系说明语 ……………………………………… (267)

附录 4 资源 & 资源之间关系说明语 ……………………………………… (273)

附录 5 RDA 与 AACR2 主要区别对照表 ………………………………… (285)

附录 6 日语、俄语 RDA 术语对照表 …………………………………… (300)

索引 ……………………………………………………………………… (308)

参考文献 …………………………………………………………………… (316)

前　言

作为国际最新编目规则的《资源描述与检索》(Resource Description & Access,简称RDA),从2004年开启编制之旅,一石激起千层浪,引发了从编目理论到编目实践的多方面变革。2005年去“AACR”化而更名为“RDA”的行动更使其挣脱了“英美”和“图书馆”两大束缚,以其更广阔的区域适用性和更广泛的资源适用性为世界所瞩目。2010年,经历了六年光阴磨砺的RDA虽然饱受争议和诟病,其间不断推翻重新架构,却犹如凤凰涅槃般绽放出耀眼的华彩,得到越来越多的接纳与认同。多年的争论在激发思想火花的同时,客观上也促进了新生事物的普及和推广。

在RDA的发展中,领军者的作用不可忽视。美国、英国、澳大利亚、加拿大等国家不仅在RDA的研发中居功至伟,而且在实践活动中引领潮流,一个个RDA本地政策声明如雨后春笋般涌现,“RDA切换日”标志着RDA时代的开启。与此同时,其他国家的RDA化进程也悄然兴起。以德国为代表的欧洲国家一方面努力地沿袭“普鲁士编目体系”的优良传统,另一方面也不遗余力地以更好地融入世界编目大潮的方式开创着其信息组织工作的未来。RDA工具套件(RDA Toolkit)继推出英语版之后,又陆续推出了德语、法语、西班牙语、意大利语、芬兰语、加泰罗尼亚语6个语言版本。德国在2015年实施RDA,其配套的“德语国家地区政策声明”早已于2014年出台,为RDA的落地生根做足了准备。从“RDA欧洲兴趣小组”每年的调研来看,包括法国在内的不少国家对实施RDA的确定性都在逐年增强。亚洲除马来西亚、新加坡、菲律宾已经宣布启用RDA之外,日本、韩国都完成了对RDA的翻译,日本的外文资源编目还宣布实施RDA,而且以RDA为蓝本改造的《日本目录规则》(NCR)也计划于2017年面世。目前,世界上已有十几家国家图书馆、专业图书馆和大学图书馆正式实施了RDA,而且还不断有国家或地区宣布实施RDA的进程表。由此可见,RDA正以实际行动施展着“国际化编目规则”的理想和抱负。在数据交换如此频繁、信息共享如此鼎盛的今天,任何国家或地区的编目工作都不可能置身其外。

我国在编目领域人文荟萃、学养深厚。作为当今国际编目界的重要一员,我国面对RDA的变革也逐渐从抱臂观望转向积极回应。在科研项目方面,国内开展了多项与RDA直接相关的项目,其中两项为国家社科基金项目。这些项目普遍能与编目实践相结合,力求将科研成果转化为实际生产力,为RDA本地化实施提出建设性的意见和建议。特别是2012年由国家图书馆外文采编部申报立项的“RDA在国家图书馆的实施方向及应用策略研究”(馆级重点科研项目)以认识RDA、解析RDA和应用RDA为脉络,由理论到实践逐步深化,探索了RDA在国家图书馆的应用策略,为RDA在国家图书馆乃至我国通向实践化的道路上搭建了重要的津梁。在学术专著方面,2014年5月,《资源描述与检索(RDA)》中译本历时两年面世,掀起了国内研究RDA的新热潮。一年后,国内首部系统介绍RDA的专著——《RDA:从理论到实践》出版。此后,《中文编目与RDA》《〈资源描述与检索〉的中文化》《RDA全视角解读》《RDA中文手册初稿》等著作相继推出,为我国普及RDA注入了强大的思想动力。在推广方面,2012年7月在国家图书馆举办的“RDA理论与实践培训班”暨“RDA在中国的实践和挑战”研讨会可谓盛极一时。会议邀请到时任 RDA 发展联合指导委员会(The Joint Steering Committee for Development of RDA,简称 JSC)主席的芭芭拉·蒂利特(Barbara B. Tillett)作为讲师,传授 RDA 的基础知识,探讨 RDA 如何在中国实施本地化,引发了对 RDA 的热议。时隔两年,国内编目界对 RDA 的研究已蔚然成风,更普及的大众化培训应运而生。2014 年至今,由国家图书馆 RDA 研习团队——“RDA 师资团”成员担任讲师的全国性“RDA 理论与实践”培训班已成功举办了五次,并逐步创新培训模式。2016 年 5 月,培训班尝试采用计算机教学,实践和练习环节所获得的成就感激发了学员学习的乐趣,极大地提高了教学质量,培训风格独树一帜。国际化也是 RDA 推广中的亮点。2015 年和 2016 年,加拿大的两位知名编目专家先后莅临国家图书馆,传道授业解惑。RDA 的改写者克里斯·奥利弗(Chris Oliver)为国内编目同行生动地描绘了 RDA 从诞生到蹒跚学步、再到茁壮成长的点滴。国际图联 FRBR(Functional Requirements for Bibliographic Records,简称 FRBR,书目记录的功能需求)评估组 FRBR 统一版编辑组主席帕特·里瓦(Pat Riva)则为听众带来了 RDA 的最新进展,特别是作为其编制基础的 FR 模型修订的动态。

一系列的活动使 RDA 像春雨一般“润物细无声”地滋润着国内编目界,使我们逐步敞开心扉接纳这个新鲜事物,但是真正应用 RDA 依然任重道远。自 2008 年美国国会图书馆(Library of Congress,简称 LC)联合美国国家医学图书馆和国家农业图书馆共同发起 RDA 测试起,在其图书馆目录中就可见 RDA 记录的踪影。随着 2011 年 11 月 LC 宣布从前曾参与 RDA 测试的编目员开始用 RDA 编目,其数据库中的 RDA 记录就陆续增加,直到 2013 年 3 月 31 日实施“切换日”,LC 编制的 RDA 记录在新记录中的比例已达 100%。随后,国际上陆续有其他国家图书馆和编目机构宣布全面采用 RDA 进行编目,这其中不乏国内外文编目赖以参考的数据源。面对与日俱增的 RDA 数据,考虑到工作效率,国家图书馆在套录编目时保留了 RDA 数据的特征,不将其转化为 AACR2[Anglo-American Cataloguing Rules 2,简称 AACR2,英美编目条例(第 2 版)]记录。由于数据源中 RDA 记录的标准不一,又暂无可遵循的本地政策,因此在处理套录记录时编目员仍然感到无所适从。而原始编目也囿于没有本地规则而无法开展 RDA 编目。客观地说,国家图书馆虽未正式实施 RDA,但是数据库中事实上存在大量的 RDA 记录,从某种程度上讲,RDA 在国家图书馆编目实践中早已萌芽。综上所述,国际上实施 RDA 的大潮已经将我国编目界推到了 RDA 中国化的风口浪尖,但是我们不得不清醒地认识到,实施 RDA 绝非一蹴而就之事,而是繁杂的系统工程,对于如何走出一条与国际上实施 RDA 的国家“和而不同”的道路依然让人茫然无措。面对这样的困境,借助“他山之石”或许不失为好计策。吸纳国外的相关经验,根据国情馆情,出台有效的本地政策来规范各种形式的 RDA 记录,同时也对原始编目的 RDA 执行程度做出明确指示的想法由此萌生。

2015 年 3 月,国家图书馆外文采编部在先前研究成果的基础上申报了馆级科研项目“《国家图书馆外文文献资源 RDA 本地政策声明暨书目记录操作细则》编制研究”并立项成功。该项目旨在制定适合国情馆情的 RDA 本地规则,为外文编目工作从 AACR2 时代过渡到 RDA 时代提供最坚实的保障。更重要的是,外文编目 RDA 实践的探索也将为中文编目工作 RDA 化提供参考。

国家图书馆外文采编部为此成立了《国家图书馆外文文献资源 RDA 本地政策声明暨书目记录操作细则》[National Library of China Policy Statements(Foreign Language Resources),

简称 NLC PS(FLR)]编撰组。编撰组在翻译整理目前已经发布的《美国国会图书馆——合作编目项目政策声明》(Library of Congress - Program for Cooperative Cataloging Policy Statements,简称 LC-PCC PS)、《澳大利亚国家图书馆政策声明》(National Library of Australia Policy Statements,简称 NLA PS)、《德语国家地区政策声明》(Anwendungsrichtlinien für den deutschsprachigen Raum,简称 D-A-CH AWR)和《英国国家图书馆政策声明》(British Library Policy Statements,简称 BL PS)的基础上,取其精华,博采众长,确定了 NLC PS(FLR)的编制思路和框架体例。一年多来,编撰组殚精竭虑,多次组织专家、骨干、各语种各资源一线编目员商讨,力求找到一条既与国际 RDA 实践相融,又与我国编目实际相合的本地化道路。经过全体成员的不懈努力,编撰组不辱使命,终于完成了 NLC PS(FLR)的编制。NLC PS(FLR)可以说既吸收了各国本地政策声明的精髓,又彰显了国家图书馆外文编目的特色;既注重体现 RDA 记录的优势,又考虑本地操作的经济效益;既面对馆情的现实,又为编目工作的未来发展预留空间。

任何规则编制的出发点和归宿点都是应用。为检验 NLC PS(FLR)对编目实践的匹配度和适用性,编撰组在相关部门的大力支持下,组织了应用测试和技术测试。应用测试旨在检验规则的可执行性,包括经济性和主观体验,即 RDA 的实施是否会带来时间、人力等编目成本的激增;编目员对 RDA 本地规则是否接纳,能否通过有效的培训尽快掌握其主旨精髓,以便快速提升工作效率。同时,测试还可以反映编目员对本地政策声明在人本方面的意见和建议,以便进一步优化,使其成为真正好用的工作指南。测试结果表明,无论是编目成本的客观数据,还是编目员的主观体验,都对实施 RDA 给予了正面支持。规则能否顺利应用,系统的技术保障和 OPAC 的呈现效果也不可或缺。为此,编撰组在应用测试之后又开展了技术测试,测试重点是对 Aleph500 系统的 RDA 化改造提出技术需求。测试结果表明,绝大多数技术需求均可通过系统改造得以满足,而且 RDA 改造确实能改善 OPAC 的用户体验。

在测试所提供的客观依据的基础上,2017 年 3 月 27 日,国家图书馆召开编目工作委员会会议,经过与会馆领导和专家的慎重讨论,审核并通过了 NLC PS(FLR)的内容及相关实施方案,同意采用 RDA 开展外文文献资源编目工作。这标志着国家图书馆对 RDA 的研究实现了从理论到实践的大跨越,预示着这部最新国际性编目规则将在我国落地生根,也标志着国家图书馆的编目工作将真正踏上 RDA 本地化的征程。

NLC PS(FLR)的编制是一个繁杂的系统工程,涉及编目工作的方方面面,为方便用户理解和使用,特对如下问题进行说明:

一、编制原则

1. 以 RDA 结构为轴线,兼具规则释义和政策声明的双重职能

以 RDA 结构为轴是目前大多数本地政策声明所采用的编制方法,NLC PS(FLR)也效仿采用,但是在编制思路上与 LC-PCC PS 等政策声明存在一定差异。美国、英国、澳大利亚、德国等制定的政策声明都采用了相同的编制思路,即对 RDA 中予以执行的条款不将其纳入政策声明,不执行的或需要说明的条款才纳入政策声明。这种结构不适合于中国的国情和馆情。因为我国是非英语国家,编目员对 RDA 的规则不仅有理念上的陌生感,更有语言上的障碍。执行的条款往往是最通常的情况,如“记录正题名”,如果对记录正题名没有需要说明的,则全部执行 RDA 的条款。但是对于我国的编目员来说,RDA 的条款艰涩难以理解,如何

记录正题名才是编目员真正需要掌握和明晰的。因此，NLC PS(FLR)在保持 RDA 结构的基础上应同时承担起规则释义和政策声明的双重职能。

具体而言，首先从 RDA 条款中选择在编制书目记录时常用的元素加以释义，说明 RDA 的相关规定，无须将所有情况穷尽式地罗列，不常用的条款不纳入政策声明，做到条理清晰，有的放矢；对于 RDA 中"交替规则""可选择的附加""可选择的省略"等具有选择性的条款，指明国家图书馆的具体规定，标记以"中国国家图书馆做法"；由于 NLC PS(FLR)的适用范围是国家图书馆外文资源的所有语种和所有类型，因此其不仅要对传统上与国际编目实践接轨较好的西文编目进行规定，还必须对 MARC 非缺省字符集中的语言或文字(如日文、俄文、朝鲜文、阿拉伯文)的编目指明在术语等方面的特殊规定。对于图书之外的资源(如电子资源、连续性资源、音像资源、缩微资源、地图资源、音乐资源)，在遵循通用规则的基础上，也明确其在处理上的特殊之处；RDA 元素按照核心情况分为 RDA 核心、RDA 条件核心、RDA 非核心和本地核心 4 个等级。NLC PS(FLR)的一个重要任务就是根据馆情，确定每个常用元素的核心等级，以便使编目员掌握元素的必备性。

2. 以工具套件最新更新为蓝本，密切追踪规则变化和新发展

RDA 是一部动态的编目规则，自 2010 年 6 月首次以工具套件的形式发布以来，RDA 经历了不改变原意的全面重写，并通过常态化的修订机制不断完善，因此 RDA 工具套件一直处于更新的状态。NLC PS(FLR)的编制尽可能地追踪最新规则的发展，力求保持时新性，特别是关注条款和术语的变化。例如，在本地政策编制之初，RDA 在附录 J 中规定使用"contains(work)"和 "contained in(work)"一对关系说明语描述相关作品中的整体与部分关系，而 RDA 在之后的常规修订中，将上述关系说明语修订为"container of(work)" 和"contained in(work)"。再如，根据 2017 年推出的 IFLA 图书馆参考模型(IFLA Library Reference Model，简称 IFLA LRM)，FR 概念模型中的"个人""家族""团体"三个实体被合并为一个新实体"代理"(Agent)，RDA 关系说明语的术语表已经体现出这一最新变化，本地政策声明也及时跟踪，在关系说明语的列表中采用了"代理"这一新术语。但是，本地政策的编制也需要一个相对稳定的环境，NLC PS(FLR)于 2017 年 3 月获得审核通过之后就不再时时追踪规则的最新变化，以便使编目员获得稳定的信息。需要说明的是，RDA 工具套件是不断更新的有机体，与之配套的本地政策声明也必然是动态的发展环境，稳定只是相对而言。在 NLC PS(FLR)应用于实践之后，还将继续探讨科学的更新机制。

3. 以 MARC 21 为格式规则，增加大量实用性样例

RDA 的设计是独立于通讯格式之外的，即不是为 MARC 专门编制，而是适合于任何元数据方案，因此在 RDA 中并未出现机读格式，所有样例也都没有采用 MARC 21 的表示方法。2011 年 5 月，LC 提出"书目框架迁移行动"(The Bibliographic Framework Initiative，简称 BIBFRAME)，表达对 RDA 的支持。"行动"设想以语义网和关联数据技术取代 MARC 21，这似乎昭示了 MARC 21 在未来将逐渐消亡的命运。尽管如此，LC-PCC PS 中的样例还是采用了 MARC 21 的格式，而且在测试期间和"RDA 切换日"之后，LC 依然在使用 MARC 21 建立书目记录。可见，MARC 21 在未来一段时间内，还会是绝大多数图书馆编制 RDA 数据的主要格式标准。编目员习惯于以书目记录格式表达信息，更习惯于将 RDA 诸多元素与 MARC 21 格式中的字段和子字段相对应。因此，NLC PS(FLR)在阐述规则释义和明确本地做法之后，还辅以大量用 MARC 21 格式呈现的样例，大大提升了规则的可读性。为适应 RDA 的修

订,MARC 21 增加、删除、修改了一些字段或子字段的定义以满足记录 RDA 元素的需要。鉴于 MARC 21 更新的部分也是 RDA 实施中的重要内容,NLC PS(FLR)针对字段的使用,特别是使用程度予以明确规定,如一些字段为可选用字段,一些字段可以有多种使用方法,一些字段之间存在对应关系等,以此提升政策声明的指导性和操作性。

4. 以数据的标准化为目标,兼顾规则的弹性和经济性

NLC PS(FLR)不仅是国家图书馆实施 RDA 的声明,更是指导和规范编目员实践的指南,其中不乏推荐性的术语和做法,以确保编目员在实践操作中有法可依,有据可循。但是,保持规则弹性是 RDA 的一大特色,各种可选项赋予了编目员更大的空间。因此,RDA 的这一特色在 NLC PS(FLR)中也需充分体现。"中国国家图书馆做法"所规定的仅是最低限度的要求,编目员可视自身能力和效率,自行判断决定记录的完善和扩展。

5. 以套录编目和原始编目为分界,详细规定编目的详简程度

外文资源编目首选套录方式,即从外部数据源(如 LC 数据库、OCLC Worldcat 数据库等)下载数据,然后进行本地化处理。在缺少可利用的数据源时,才考虑原始编目。NLC PS(FLR)对套录编目和原始编目的数据标准进行了不同详简程度的规定。在政策声明中,原始编目规定的是书目数据中应当记录的最低要求的 RDA 元素,而有些在原始编目时不需要记录的元素如果在套录数据中已经存在,则在确保正确的前提下予以保留。这样既最大限度地保留了套录数据的有用信息,也兼顾了编目工作的效率。例如,RDA 元素中的"并列版本标识"和"丛编并列正题名"都是非核心元素,原始编目不要求记录,然而如果套录数据中包含上述元素,核对无误后可保留。此外,对于记录 RDA 元素存在多种不同方式的情况,原始编目与套录编目也分别进行了说明。例如,MARC 21 针对 RDA 所做的修订中为 502 字段增加了 $b(学位类型)、$c(授予机构或院系)、$d(学位授予年)子字段用于描述学位论文或毕业论文的子元素,政策声明中规定,如采用原始编目,则启用 502 字段的相应子字段记录上述子元素,而不将该信息笼统地记录在 $a 子字段,但套录数据则可保留将全部子元素记录在 502$a 的做法。

6. 以专题说明为平台,增强政策声明的便利性

编目实践中的某些专门问题,在 RDA 中涉及的条款往往分散在多个章节,为便于利用,NLC PS(FLR)将分散的规则汇集为一个专题集中加以说明。NLC PS(FLR)共设置了 6 个专题说明:资源类型的判断与书目记录结构的确定、多文种记录的处理、多部分专著和有多个信息源的汇编文献的处理、复本的处理、汇编资源的处理、构建代表作品的规范检索点。

7. 以书目记录的编制为范畴,预留延伸至规范记录的空间

将内容规则从书目数据扩展至规范数据是 RDA 相比于 AACR2 的一项重要变化。RDA 第一次将规范控制的内容引入编目内容规则。但是,在外文资源编目实践中,国家图书馆虽然购买了 LC 编制的规范文档以及更新文件用于开展规范控制工作,但是并没有参与到规范数据的共建之中,即仅应用而不创建规范记录。因此,对于 RDA 中有关规范数据编制的条款,国家图书馆目前还不适宜应用。鉴于此,NLC PS(FLR)目前仅包含 RDA 中与书目数据编制相关的章节(第 0 章、第 1 章—第 4 章、第 7 章、第 18 章—第 22 章、第 24 章—第 28 章),暂时不涵盖与名称规范控制和主题规范控制相关的章节(第 5 章、第 6 章、第 8 章—第 16 章、第 23 章、第 29 章—第 37 章)。RDA 第 17 章用于记录 FRBR 模型中的基本关系,即作品由内容表达来实现,内容表达由载体表现来具体化,载体表现由单件来例证,该关系的表达

融入了整条书目记录,并无具体规则与之对应,因此虽然第 17 章也与书目记录编制相关,但 NLC PS(FLR)也未将其纳入编写范围。

需要说明的是,尽管 NLC PS(FLR)并未将规范控制的内容涵盖其中,但是书目记录编制中的一些环节与规范控制密不可分。为了体现这部分应用,NLC PS(FLR)将书目记录编制中要采用的规范控制内容巧妙地融合在其他书目章节中。例如,将第 6 章构建作品和内容表达的检索点的一部分重要内容融入 NLC PS(FLR)第 19 章(记录与作品相关的个人、家族和团体),详细介绍了构建代表作品规范检索点(即创作者规范检索点 + 首选题名或仅首选题名)的相关规则。但是,从长远来看,规范控制是编目工作不可或缺的环节,参与国际规范数据的共建共享也是大势所趋。因此,政策声明今后必定会将规范记录的编制收纳其中,与书目记录的部分一起共同组成完整的政策声明。

二、规范检索点形式

国家图书馆西文编目早已实施了规范控制,所有受控检索点都以 LC 规范文档为标准进行控制。俄文编目虽然也于 2012 年开始实施规范控制,但是仅限于个人名称检索点,并未涵盖团体、会议、首选题名等其他类型的检索点。日文以及朝鲜文、阿拉伯文等东方小语种的编目至今还未能开展规范控制工作。因此,NLC PS(FLR)西文样例中的受控检索点均为规范形式,俄文仅个人名称检索点为规范形式,日文等东方小语种检索点均未采用受控形式。

三、样例

为了更好地阐述本地政策,NLC PS(FLR)提供了大量样例。这些样例大多源于编目员的工作实践,具有很强的典型性和真实性,部分源于其他编目机构的数据,少量为编撰者虚构,只为更好地说明问题。据官方统计,国家图书馆馆藏包含 115 种语言文字的资源。尽管 NLC PS(FLR)适用于所有语言和文字资源的编目,但是囿于篇幅有限,NLC PS(FLR)中除了拉丁字母文字的资源样例比较丰富之外,还有一些日文、俄文、朝鲜文、阿拉伯文、印地文样例,其他语种的样例比较有限。对于没有样例的语种编目可参考日文等语种的做法。今后,NLC PS(FLR)将充分利用更新契机,进一步补充各语种的样例,以体现 RDA 规则的一体化。

需要说明的是,为节省篇幅,NLC PS(FLR)的样例并不是完全样例,只是截取与条款对应的部分,说明条款涉及的情况。为了便于使用者理解,在某些样例之下还添加了说明。

四、编目语言

在编目外文资源过程中,语言和文字是必须关注的问题。外文编目所论及的语言包括两种类型:资源语言,即信息源上所客观呈现的语言或文字;编目语言,即在著录非转录元素时编目机构所使用的工作语言。在国家图书馆外文资源编目中,西文编目统一采用英语作为编目语言,其他外文资源采用相应资源的语种作为编目语言,例如,日文编目采用日语作为编目语言。

五、注释

为了帮助使用者理解条款,NLC PS(FLR)在某些条款处以脚注形式就其中的相关知识点进行了详细说明。例如,在论及“纪年铭”时,就对纪年铭的定义、形式以及计算方法进行了说明。再如,在论及“页”与“叶”的使用范畴时,就对两者在 AACR2 以及 RDA 中不同的含义和判断方法进行了阐述。

六、工作流程

NLC PS(FLR)编制的初衷是简化规则和便于应用。为方便编目员使用政策声明,快速掌握各种资源的编目步骤和技巧,NLC PS(FLR)设计了主要外文资源书目记录的工作流程,以流程表的方式,按步骤指引编目员查找相关条款。为体现 RDA 的弹性,流程中的各环节不是规定性的,而是推荐性的,编目员可依据在编资源的实际情况予以采用。为突出重点,所列环节是资源编目时的主要步骤,并非所有步骤,如果资源具有特殊性,而环节中并未包括该步骤,需要编目员自行添加。工作流程的目的在于指引,因此并未在各环节对规则进行详细说明,而是指示编目员在本地政策中快速定位到适用的条款。

七、索引

NLC PS(FLR)所涉及的条款较多,内容也比较系统全面,如果对全文内容没有全方位的解读,很难在短时间内找到适用于实际情况的条款。为解决这一问题,NLC PS(FLR)特地增加了正文索引。首先,从正文条款中抽取常见词,常见词多为编目实践中反复出现的高频术语,例如,“交替题名”“综合著录”“发行方式”等,然后将这些术语按汉语拼音排序,随后指明其在正文中出现的条款号,以便编目员快速找到所需内容。

八、符号

为简化篇幅,NLC PS(FLR)采用了编目中常用的符号,统一说明如下:“#”表示空位或未定义;“$”表示子字段标识的第 1 个符号;“M”表示必备(Mandatory);“A”表示有则必备(Mandatory if applicable);“O”表示选用(Optional);“R”表示可重复(Repeatable);“NR”表示不可重复(Nonrepeatable);“LDR”表示头标。

九、编撰分工

全书由罗翀拟定大纲,顾犇担任顾问,国家图书馆编目工作委员会专家审定并批准。初稿由以下作者完成:第 0 章,罗翀;第 1 章,罗翀;第 2 章,罗翀;第 3 章,杨恩毅;第 4 章,杨恩毅、赵丹丹;第 7 章,赵丹丹;第 18 章,蔡丹;第 19 章,李菡、罗翀;第 20 章,蔡丹、罗翀;第 21 章,张蔷蔷;第 22 章,张蔷蔷;第 24 章,蔡丹;第 25 章,刘丹;第 26 章,刘丹、霍晓伟;第 27 章,刘丹;第 28 章,刘丹;附录 1,霍晓伟、张蔷蔷;附录 2,赵丹丹;附录 3,李菡;附录 4,杨恩毅;附录 5,蔡丹;附录 6,霍晓伟、宋振佳;索引,齐东峰。全书的统稿和定稿工作由罗翀负责。此外,陈玉玉、白雪、张皎、吴蓓蓓、王新娜提供了部分样例。

NLC PS(FLR)的编制过程得到了国家图书馆馆领导、馆编目工作委员会诸位专家、相关兄弟部门的多方支持,提出了诸多宝贵意见和建议,在此一并感谢。NLC PS(FLR)的编制是我国在 RDA 研究领域从理论迈向实践的重要一步,对于探索 RDA 在非英语国家的实施策略及实践方法具有开创性意义,对于我国中文资源编目 RDA 化道路的探索也具有重要的参考借鉴价值。本地政策声明的编制虽群策群力,力求创新的思维与现实的操作紧密结合,但囿于 RDA 的内容在不断变化,国内尚无全面实施 RDA 的丰富经验可借鉴,编目工作人员在工作过程中仍受某些观念上的窠臼所困,因此政策声明难免存在错误、不当或纰漏之处,敬请各位专家、同行不吝指正。

编者

2017 年 7 月

0
导言

0.0 目的和范围

资源描述与检索(Resource Description & Access,简称RDA)是应数字环境的发展而制定的国际编目规则,其目的是实现书目记录的功能需求(Functional Requirements for Bibliographic Records,简称FRBR)和规范数据的功能需求(Functional Requirements for Authority Data,简称FRAD)两个概念模型所定义的用户任务。

FRBR 定义的用户任务:

①查找——查找符合用户检索条件的资源;

②识别——确认所描述的资源与所查找的资源相符,或者区分具有相似特征的两个或两个以上的资源;

③选择——选择符合用户需求的资源;

④获取——获得或访问所描述的资源。

FRAD 定义的用户任务:

①查找——查找实体信息和与该实体相关资源的信息;

②识别——确认所描述的实体与所查找的实体相符,或者区分具有相似名称等共性特征的两个或两个以上的实体;

③阐明关系——澄清两个或两个以上实体之间的关系,或澄清所描述的实体与其为人所知的名称之间的关系;

④理解——理解为什么某个特定的名称或题名,或者名称或题名的形式被选作实体的首选名称或首选题名。

0.4 RDA 的目标和原则

目标:

①响应用户需求——数据应能实现 FR 概念模型所定义的用户任务;

②成本效率——创建数据时应考虑经济成本问题;

③灵活性——数据应独立于存储或交流格式;

④连续性——数据应能整合进现有的书目数据库,与原有的 AACR2 记录相兼容。

原则:

①区分性——数据应能将所描述资源与其他资源相区分;

②充分性——数据应充分以满足用户选择资源的需求;

③关系——数据应指示所描述资源与其他资源之间的重要关系；

④表达性——数据应如实反映资源本身所呈现的信息；

⑤准确性——资源本身所呈现的信息不明确或容易引起误导时，应提供补充信息予以更正或澄清，以保证所记录元素的准确性；

⑥责任归属——数据通过记录资源和与该资源相联系的代理（个人、家族或团体）之间的关系来反映责任归属，无论这些责任归属是否准确；

⑦通用性或实践性——记录非转录元素应采用创建数据的机构首选语言和文字的通常用法；

⑧一致性——遵循大写、缩写、元素顺序、标识符等附录是为促进书目记录的一致性和标准化。

0.6 核心元素

核心元素是指选作用于支持 FRBR 和 FRAD 某些用户任务的属性和关系。书目记录中的核心元素包括用于支持如下 FRBR 用户任务的元素：识别和选择载体表现；识别体现在载体表现中的作品和内容表达；识别作品的一个或多个创作者。核心元素按核心等级可划分为 4 类：

①RDA 核心元素——在 RDA 中被指定为核心元素的元素；

②RDA 条件核心元素——在某种条件下 RDA 指定其为核心元素。这里的条件包括两种情况：

a. 某元素仅针对某种资源时为核心元素。例如，“比例尺”元素，仅在编制地图资源的书目记录时是核心元素，对于其他资源的书目记录则不是核心元素；

b. 当另一核心元素不存在时上升为核心元素，称为“等级核心元素”。例如，对于出版资源，当出版地无法识别时，发行地为核心元素，当出版地和发行地都无法识别时，生产地为核心元素。出版、发行、生产等说明中等级核心元素的排列顺序如下：出版地、发行地、生产地；出版者、发行者、生产者；出版日期、发行日期、版权日期、生产日期。

③RDA 非核心元素——在 RDA 中未被指定为核心元素的元素；

④本地核心元素——在 RDA 中未被指定为核心元素，但在本地政策声明中被指定为核心元素。NLC PS（FLR）将在各元素说明中明确指定元素的核心等级，如果元素为中国国家图书馆本地核心元素，则注明为“中国国家图书馆核心元素”。

0.11 国际化

0.11.2 语言和文字

转录元素按信息源上呈现的语言或文字如实记录。如果不能用其信息源上的文字记录，则可用音译形式，或者在原始文字形式之外附加音译形式。其他元素一般用创建数据的机构首选的语言或文字记录。

中国国家图书馆做法：

①对于转录元素，按信息源上呈现的语言或文字如实记录。例如，在编目西文、日文及东方小语种、俄文及其他基里尔文资源时，正题名、丛编题名等转录元素按信息源上呈现的语言或文字记录，参见NLC PS(FLR)1.4。如果资源中出现中文信息(如题上项)，按信息源上显示的形式记录。如果包含中文题名，则需在246字段记录汉语拼音形式的变异题名以提供检索点，汉语拼音形式遵循由我国主导修订的国际标准ISO 7098《信息与文献——中文罗马字母拼写法》。

②对于非转录元素，用中国国家图书馆规定的编目语言记录，即西文采用英语作为编目语言，其他外文语种采用相应资源语言作为编目语言。例如，日文编目以日语作为编目语言，俄文编目以俄语作为编目语言。

③RDA提供的某些英语受控术语表，包括"内容类型""媒介类型""载体类型"术语表以及附录I和附录J所定义的关系说明语术语表，适用于所有外文资源。但是，对于某些条款规定采用的英语术语(例如，数量元素中的载体类型RDA要求采用英语术语)，西文之外的其他外文资源不采用英语术语，而采用与编目语言相同的语种表达的术语。参见NLC PS(FLR)附录6(日语、俄语RDA术语对照表)。

例1：

040 ##$aDLC$beng$cDLC$erda$dCcBjTSG

066 ##c1

100 1#$aZhu, Cherrie Jiuhua.

245 10$aHuman resource management in China = $b 人力资源管理在中国 /$cCherrie Jiuhua Zhu.

246 31$a 人力资源管理在中国

246 3#$aRen li zi yuan guan li zai Zhongguo

300 ##$axvi, 285 pages :$billustrations ;$c23 cm

336 ##$atext$2rdacontent

337 ##$aunmediated$2rdamedia

338 ##$avolume$2rdacarrier

504 ##$aIncludes bibliographical references (pages [265]-280) and index.

说明：在编资源为英文图书，信息源上有中文并列题名，直接如实转录中文形式，并将汉语拼音的音译形式作为变异题名提供检索点。040$b用于记录编目语言，中国国家图书馆西文资源均采用英语作为编目语言，同时采用RDA提供的英语术语表。

例2：

040 ##$aNII$bjpn$cNII$erda$dCcBjTSG

066 ##a1$c(B

100 1#$a 莫，言，$d1955-

245 10$a 豊乳肥臀 = $b 丰乳肥臀 /$c 莫言著 ； 吉田富夫訳.

246 31$a 丰乳肥臀

246 3#$aFeng ru fei tun

300 ##$a2 冊 ;$c16 cm.

490 0#$a 平凡社ライブラリー ;$v803, 804

500 ##$a1999 年 9 月平凡社刊.

336 ##$atext$2rdacontent

337 ##$aunmediated$2rdamedia

338 ##$avolume$2rdacarrier

700 1#$a 吉田, 富夫, $d1935-$etranslator.

说明:在编资源为日文图书,信息源上有中文并列题名,直接如实转录中文形式,并将汉语拼音的音译形式作为变异题名提供检索点。040$b 用于记录编目语言,中国国家图书馆日文资源采用日语作为编目语言,同时内容类型、媒介类型和载体类型术语以及 700$e 中的关系说明语均采用 RDA 提供的英语术语。300 字段及 5XX 字段的内容均采用编目语言记录。

例 3:

040 ##$aCcBjTSG$brus$cCcBjTSG$erda

066 ##$a(N$c1c(B

245 00$aИстория Китая с древнейших времен до начала XXI века =$b 中国通史 : в 10 томах. $nТом 3, $pТроецарствие, Цзинь, Южные и Северные династии, Суй, Тан (220-907) / $cглавный редактор С. Л. Тихвинский ; ответственные редакторы : И. Ф. Попова, М. Е. Кравцова.

246 31$a 中国通史

246 3#$aZhongguo tong shi

300 ##$a991 страница, [14] листов иллюстраций, портретов : $bиллюстрации, карты, портреты ; $c25 cm

336 ##$atext$2rdacontent

337 ##$aunmediated$2rdamedia

338 ##$avolume$2rdacarrier

504 ##$aБиблиография: страницы 907-928 и указатель.

700 1#$aТихвинский, Сергей Леонидович, $d1918-$eeditor.

700 1#$aПопова, Ирина Федоровна, $eeditor.

700 1#$aКравцова, Марина Евгеньевна, $eeditor.

说明:在编资源为俄文图书,信息源上有中文并列题名,直接如实转录中文形式,并将汉语拼音的音译形式作为变异题名提供检索点。040$b 用于记录编目语言,中国国家图书馆俄文资源采用俄语作为编目语言,同时内容类型、媒介类型和载体类型术语以及 700$e 中的关系说明语均采用 RDA 提供的英语术语。300 字段及 5XX 字段的内容均采用编目语言记录。

0.11.3 数字

转录元素中的数字按信息源上呈现的形式如实记录,但是特定元素中的数字,可用创建数据的机构首选的形式替代资源上的形式,或作为其补充形式附加。

中国国家图书馆做法:

阿拉伯数字是首选的数字形式。在一些特定元素中(RDA 1.8 所列的元素,如丛编编号)，用阿拉伯数字记录数字。详见 NLC PS(FLR)1.8。

例 1：

245 10$aFOGA'15 ：$bproceedings of the 2015 ACM Conference on Foundations of Genetic Algorithms XIII ：January 17-20，2015，Aberystwyth，UK /$csponsored by ACM SIGEVO ；supported by Aberystwyth University.

说明：信息源上显示的形式原本如此，题名为转录元素，如实记录数字形式。

例 2：

490 0#$aMonumenta Ordinis fratrum praedicatorum historica ；$vv. 31

说明：信息源显示为：MONUMENTA ORDINIS FRATRUM PRAEDICATORUM HISTORICA VOLUMEN XXXI。丛编编号是 RDA 1.8 所指定按创建数据的机构首选数字形式记录的元素之一，阿拉伯数字为中国国家图书馆首选的数字形式，因此，490$v 子字段中的数字直接采用阿拉伯数字形式。此外，中国国家图书馆做法规定大写遵照 RDA 附录 A，因此，丛编题名需转换为小写形式。

0.11.4　日期

转录元素中的日期按信息源上呈现的形式记录，但是特定元素中的日期，可用创建数据的机构首选的形式替代资源上的形式，或作为其补充形式附加。

中国国家图书馆做法：

公历是首选的日期形式。在一些特定元素中(RDA 1.8 所列的元素，如出版日期)，用公历记录日期。详见 NLC PS(FLR)1.8。

例 1：

245 00$a 法人税の重要計算.$n 平成二十八年用 /$c 中央経済社編.

说明：题名信息中出现的数字需如实转录。

例 2：

264 #1$a [京都] ：$b 皇都書林，$c[1868]

500 ##$a 明治元年.

说明：信息源显示为：明治元年。对于出版日期，公历是首选的日期形式，信息源上的形式可记录在附注字段。

例 3：

264 #1$a 서울 ：$b 대원사，$c[1957]

500 ##$a 檀紀 4290 年.

说明：信息源显示为：檀纪 4290 年，公历是首选的日期形式，信息源上的形式可记录在附注字段。

0.11.5　计量单位

转录元素中的计量单位按信息源上呈现的形式记录。非转录元素中，载体和容器的尺寸采用公制计量单位记录，可用创建数据的机构首选的计量体系记录尺寸。

中国国家图书馆做法：

载体和容器的尺寸采用公制计量单位记录，盘片的直径可选用英寸记录，详见 NLC PS(FLR)3.5。播放速度用公制单位(如米每秒)或用转每分、帧每秒等记录。

例 1：

300 ##$a1 audio disc ：$bdigital ；$c4 3/4 in.

344 ##$adigital$boptical$c1.4 m/s$2rda

说明：西文资源的盘片尺寸用英寸记录。

例 2：

300 ##$a コンピュータ・ディスク 1 枚 ：$b 白黒 ；$c12 cm

344 ##$a アナログ $c19 cm/s$2rda

说明：日文资源的盘片尺寸用厘米记录。

例 3：

300 ##$a330，[4] страницы ；$c22 cm + $e1 аудио-диск（цифровой ； 12 cm）

说明：俄文资源的盘片尺寸用厘米记录。

0.12 编码 RDA 数据

RDA 的设计使它能运用于图书馆经常采用的各种元数据方案。对于某些元素 RDA 参照了外部词汇编码方案，而有些元素则提供了 RDA 受控术语表。

中国国家图书馆做法：

①所有外文资源均采用 MARC 21 书目数据格式，通过与 RDA 内容规则的结合编制外文书目记录。RDA 记录的标志包括两点：LDR/18 字符位（编目标准）代码选择“i”，该代码在 2010 年被重新定义，从之前的“ISBD”变更为“ISBD punctuation included”；040$e记录为“rda”，$e 位于 $d 之前。

例：

LDR ^^^^^cam^^2200349^i^4500

040 ##$aDLC$beng$cDLC$erda$dDLC

②一般情况下，尽量采用 RDA 受控术语表，如内容类型、媒介类型和载体类型术语。RDA 术语表为开放术语表，如果适用的术语未列于 RDA 术语表中，编目员可先判断自行使用一个新的术语，并提交至中国国家图书馆编目工作委员会讨论后添加至正式术语表。对于内容类型、媒介类型和载体类型术语，如果专指术语中无适用术语，可用术语“other”替代，详见 NLC PS（FLR）6.9.1.3、3.2.1.3 和 3.3.1.3。对于古籍等特殊资源，如果 RDA 术语表中无适用术语，可由编目员自行判断使用专业术语，并定期汇总后提交中国国家图书馆编目工作委员会讨论通过并备案登记。

1
记录载体表现和单件属性的一般性规则

1.1　术语

1.1.2　资源

RDA 中所谓“资源”包括 FRBR 的第 1 组实体，即作品、内容表达、载体表现和单件。在 RDA 的不同章节，资源指代不同实体。在 RDA 第 1—4 章中，资源是指载体表现和单件。

资源不仅包括单独的实体，还包括实体的集合或其组成部分（如多部分专著、期刊某期中的一篇论文）。

资源不仅包括有形的实体（如图书、连续出版物、DVD 光盘），还包括无形的实体（如在线资源）。

1.1.3　发行方式

RDA 按发行方式将资源分为 4 类：

①独立单元：对于有形资源，包括独立的物理单元（如作为单卷本的专著），或对于无形资源，包括独立的逻辑单元（如作为网络上登载的一个 PDF 文件）。

②多部分专著：以两个或两个以上的部分（同时或陆续）发行、已经出齐或计划以有限的部分出齐的资源（如一部两卷本的词典、作为一套发行的三盒卡式录音带）。

③连续出版物：以连续性分部方式发行的资源，通常载有编号，没有事先确定的终止期限（如期刊、专著丛编、报纸）。

④集成性资源：以更新的方式进行增补或更改的资源，更新部分与整体不是分离的而是融为一体的。集成性资源可以是有形的（如通过换页方式进行更新的活页手册）或无形的（如通过持续或循环方式进行更新的网站）。

发行方式是 RDA 的非核心元素，中国国家图书馆规定其为本地核心元素，参见 RDA 2.13。在 MARC 21 书目记录中，该元素以代码的形式记录在 LDR/07 字符位（书目级别），与上述 4 种资源类型对应的代码如下：

m 独立单元　　　　　　s 连续出版物
m 多部分专著　　　　　i 集成性资源

★ 专题说明 1：资源类型的判断与书目记录结构的确定

确定发行方式是识别资源类型和确定书目记录结构的重要组成部分。除发行方式之外，识别资源类型还包括确定资源的载体类型，如电子资源、音像资源、缩微资源、地图资源等。这些资源特征需记录在 MARC 21 书目记录 LDR/06 字符位(记录类型),该字符位的代码与 LDR/07 字符位(书目级别)的代码共同作用,决定了书目记录的结构。书目记录中的006、007、008 控制字段也需根据 LDR/06-07 的代码来确定模式和字符位定义。为 RDA 新增的 336、337、338 字段用于描述内容类型、媒介类型和载体类型三个元素,它们与 LDR/06、007/00-01 字符位存在对应关系。识别资源类型和确定记录结构包括如下步骤:

1. 分析在编资源的资料类型特征

(1)判定在编资源资料类型特征的种类。例如,印刷型期刊仅具有连续出版物一种资料类型特征,印刷型地图仅具有地图资源一种资料类型特征;再如,电子书具有图书和电子资源两种资料类型特征,电子照片数据库则具有可视资料、电子资源和集成性资源三种资料类型特征。

(2)如果在编资源具有两种或两种以上资料类型特征,则需要进一步判定特征的主次地位。多种特征可以是复合型的,也可以是附加型的(资源带有附件)。对于附加型,主资源和附件的主次地位一目了然,复合型则需要判断主要特征。电子资源常常具有复合特征,一般以其在内容上的特征为主要特征,电子资源为次要特征。例如,对于电子期刊,连续出版物为其主要特征,电子资源为次要特征。

(3)如果在编资源符合 MARC 21 书目数据格式所定义的“电子资源”的范畴,则电子资源就不是具有复合特征的电子资源,而是单纯电子资源,LDR/06 字符位选择代码“m”。单纯电子资源包括计算机软件(如程序、游戏、字体等)、数值型数据(由数字、字母、图形、图像、地图、移动图像、音乐、声音等构成的信息)、多媒体文献及联机系统或服务等。

(4)多载体配套资料(kit)是由图书、小册子、光盘资料等多部分组成的常用于教学的一种特殊资源,其虽具有多种资料类型特征,但各部分之间难以区分主次地位。

2. 编码 LDR/06-07 字符位和 008 字段

(1)依据在编资源的主要资料类型特征编码 LDR/06-07 字符位和 008 字段。如果 LDR/06 字符位(记录类型)选择代码“a”(文字资料),则需要进一步根据 LDR/07(书目级别)代码的选取情况,确定 008 字段的模式。根据 MARC 21 的定义,008 按照不同的资料类型共有 7 种模式,分别为图书(BK)、电子资源(ER)、连续性资源(CR)、地图资源(MP)、音乐资源(MU)、可视资源(VM)、混合型资源(MX)。当 LDR/06 字符位代码为“a”时,如果 LDR/07 字符位的代码为“s”(连续出版物)或“i”(集成性资源),则 008 字段选择“连续性资源”模式。

(2)如果 LDR/06 字符位选择了除“a”之外的其他代码,则不必考虑 LDR/07 字符位的代码情况,直接选择 008 模式。例如,LDR/06 字符位代码为“e”(印刷型测绘资料)或“f”(手稿型测绘资料),则不论 LDR/07 字符位为何代码,均选择 008“地图资源”模式。

(3)如果在编资源符合 MARC 21 书目数据格式对电子资源的定义,则 LDR/06 字符位选择代码“m”(电子资源),008 字段相应选择“电子资源”模式,008/26 字符位记录电子资源的类型。如果电子资源在内容上以其他资料类型更为突出,如文字资料、音乐资料、测绘资料等,则不选择记录类型“m”,而选择与最显著的特征匹配的记录类型代码,008 则不使用“电子资源”模式,此时无论 008 使用何种模式,都应在“载体形态”字符位注明电子资源的代码“s”(不区分直接访问或远程访问)、“o”(仅表示远程访问)或“q”(仅表示直接访问)。例如,图书模式的 008/23 字符位,可视资料模式的 008/29 字符位。

3. 根据在编资源的次要资料类型特征编码 006 字段

(1)如果在编资源具有多种资料类型特征,其主要特征已经通过 LDR/06-07 和 008 字段予以反映,则需要启用 006 字段对其次要特征进行揭示。由于 008 字段不能重复,MARC 21 书目数据格式创建了 006 字段,用于对 008 字段进行补充。

(2)006 字段按资料类型与 008 字段同样定义了 7 种模式,006/01-17 字符位与相应 008 字段中的 008/18-34 字符位的定义相同。例如,电子书,图书作为主要资料类型特征通过 LDR/06-07 代码“am”反映,电子资源作为次要特征需要通过 006 字段反映。006 采用“电子资源”模式,006/00 字符位代码为“m”,006/01-17 字符位的代码定义与 008 电子资源模式中 18-34 字符位的定义相同,006/09 字符位对应于 008/26 字符位的“电子资源类型”。

(3)006 字段本身为可选用字段,且可重复。

4. 根据在编资源的载体特征编码 007 字段

(1)007 字段用于以代码的形式描述在编资源的载体特征。不管是主要特征还是次要特征,只要是非书资料特征,就可以启用 007 字段。

(2)007/00 字符位用于定义载体类型,包括 15 种代码,分别对应于地图、电子资源、球仪、触摸资料、放映图像、缩微资料、非放映图像、电影、多载体配套资料、乐谱、遥感影像、录音资料、文本和其他。每种资料类型 007 字段的字符位位数均不相同。

(3)007/01 字符位是进一步细化 007/00 字符位的特定载体特征。例如,007/00 字符位代码为“c”表示在编资源为电子资源,007/01 字符位继续选择代码以区分“盒式磁带”“盒式计算机芯片”“计算机盘”“远程访问”等载体特征。

(4)336、337 和 338 字段所记录的内容类型、媒介类型与载体类型元素分别与 LDR/06 字符位(记录类型)的代码、007/00 字符位(资料类型)的代码、007/01 字符位(特定资料标识)的代码之间存在对应关系[详见 NLC PS(FLR)附录 2]。

中国国家图书馆做法:

① 006 和 007 字段为可选用字段。对于电子资源,如适用,需添加 006 和 007 字段用于描述电子资源的载体类型特征。对于其他类型资源,是否需要添加 006 和 007 字段由编目员自行判断决定。

② 336、337 和 338 字段可重复。在编资源具有电子资源的复合特征或带有非书资料的附件时,如适用,需重复上述 3 个字段分别描述多个内容类型、媒介类型和载体类型。

例 1:在编资源:Journal of Applied Physics(远程访问 PDF 格式)

LDR/06	a
LDR/07	s
006/00	m
006/09	d
007/00	c
007/01	r
008	CR
008/23	s

336 ##$atext$2rdacontent

337 ##$acomputer$2rdamedia

338 ##$aonline resource$2rdacarrier

说明:在编资源为印刷型期刊的电子版,资源的主要内容特征为文本,LDR/06 字符位选择代码“a”(文字资料),由于期刊为连续性资源,LDR/07 字符位选择代码“s”(连续出版物)。008 字段根据 LDR/06-07 代码“as”,选择“连续性资源”模式,008/23(载体类型)标注“s”(电子资源)。由于在编资源为电子资源,需启用 006 字段补充记录电子资源特征,006/00 字符位选择代码“m”(电子资源),006/09 字符位选择代码“d”,表示电子资源的类型为文本。007 字段采用电子资源模式,007/00 字符位选择代码“c”,007/01 字符位选择代码“r”,表示资源类型为“远程访问”。相应地,336 字段(内容类型)选择术语“text”(文本),337 字段(媒介类型)选择术语“computer”(电子计算机),338 字段(载体类型)选择术语“online resource”(在线资源)。

例 2:在编资源:可操作数值型数据的数据库(光盘版)

LDR/06	m
LDR/07	m
007/00	c
007/01	o
008	ER
008/26	a

336 ##$acomputer dataset$2rdacontent

337 ##$acomputer$2rdamedia

338 ##$acomputer disc$2rdacarrier

说明:在编资源为可操作的数值型数据库,属于 MARC 21 定义的单纯电子资源范畴。LDR/06 字符位选择代码“m”(电子资源),LDR/07 字符位选择代码“m”(专著)。008 字段根据 LDR/06 代码“m”,选择“电子资源”模式,008/26 代码“a”,表示电子资源类型为“数值型数据”。由于 008 字段已采用电子资源模式,无须启用 006 字段补充记录电子资源的特征。007 字段采用电子资源模式,007/00 字符位选择代码“c”,007/01 字符位选择代码“o”,表示资源类型为“盒式光盘”。336 字段(内容类型)依据 LDR/06 字符位代码“m”选择术语“computer dataset”,337 字段(媒介类型)依据 007/00 字符位代码“c”选择术语“computer”,338 字段(载体类型)依据 007/01 字符位代码“o”选择术语“computer disc”。

例 3:

300 ##$aiii, 171 pages :$billustrations (some color) ;$c30 cm +$e1 CD-ROM (4 /3/ 4 in.)

336 ##$atext$2rdacontent

336 ##$astill image$2rdacontent

337 ##$aunmediated$2rdamedia

337 ##$acomputer$2rdamedia

338 ##$avolume$2rdacarrier

338 ##$acomputer disc$2rdacarrier

说明:在编资源带有附件,且为电子资源,重复 336、337 和 338 字段描述主资源和附件的内容类型、媒介类型和载体类型。

例 4:

300 ##$avi, 321 ページ :$b 図 ;$c26 cm +$eDVD(2 枚 ; 12 cm)
336 ##$atext$2rdacontent
336 ##$atwo-dimensional moving image$2rdacontent
337 ##$aunmediated$2rdamedia
337 ##$acomputer$2rdamedia
338 ##$avolume$2rdacarrier
338 ##$acomputer disc$2rdacarrier

说明:在编资源为日文图书带有附件 DVD 盘,内容类型、媒介类型和载体类型均采用英语术语。

1.3 核心元素

NLC PS(FLR)列出了识别载体表现和单件实体常用元素在 RDA 中的核心情况以及在本地政策中的核心情况,详见各元素的说明。

1.4 语言和文字

编目机构通常选择其惯用的语言来创建书目记录和规范记录,在 RDA 中表述为"用创建数据的机构首选的语言和文字"(RDA 0.11.2)。例如,大部分的美国图书馆(包括 LC),首选英语,而加拿大的图书馆和档案馆有两个首选语言,法语和英语,创建记录时可以用其中之一,或两者皆用。机构首选的语言通常被称为"编目语言"(Language of Cataloging),该语言不是在编资源上所呈现的语言,而是编制记录时所用的工作语言。编目语言以语言代码的形式记录在书目记录的 040$b。RDA 1.4 列出了需转录的元素,即需用信息源上出现的语言和文字记录(资源上呈现的语言),未列出的则为记录元素,即需用创建数据的机构首选的语言和文字记录(编目语言)。RDA 1.4 提供了交替规则和可选择附加的规则(对于非拉丁文字的资源)。

1.4 交替规则

如果 RDA 1.4 所列元素不能用信息源上所使用的文字记录,则记录其音译形式。

1.4 可选择的附加

除了记录信息源上的形式之外,还记录其音译形式。

★ 专题说明 2:多文种记录的处理

多文种记录(Multiscript Records)是指一条书目记录经过计算机的自动处理,能显示和提供两种文字的书目记录，以便使用不同文种的用户浏览和检索机读目录。多文种并非指文献包含多个语种，而是指在书目记录中，数据内容同时包含 MARC 缺省（如拉丁字母书写的文字）和非缺省（如中文、日文、阿拉伯文）字符集的文字。例如，文献语种与编目语种分属两个字符集，文献语种是缺省字符集的文字，编目语种为非缺省字符集的文字，反之亦然。再如，非缺省字符集中的文字被音译为拉丁化的文字之后，两种文字同时包含在一条书目记录中。多文种记录按处理方法可分为原始多文种记录和音译多文种记录两种。

1. 原始多文种记录

原始多文种记录又称为简单多文种记录（Simple Multiscript Records）。当在编资源的语种与编目语种分属不同的字符集（缺省字符集和非缺省字符集）时，在 040$b 记录编目语种，在转录字段直接以资源所使用的文字予以客观记录，如题名（245）、出版信息（264）、丛编（490）等，在需使用编目语种的字段用编目语种描述，如附注（5XX）、载体形态（300）、主题（6XX）。原始多文种记录无须启用连接字段（880）和连接子字段（$6）。

例 1：

008/35-37　rus

040 ##$a*** $beng$c***

041 0#$arus$aara

066 ##$a(N$c(B$c(3

100 1#$aRuzhkov, V. I.$q(Viktor Ivanovich)

245 10$a[基里尔文字] = $b[阿拉伯文字] : [基里尔文字] /$c[基里尔文字]

246 31$a[阿拉伯文字]

264 #1$a[基里尔文字] :$b[基里尔文字],$c1988.

300 ##$a536 pages ;$c21 cm

650 #0$aTechnology$vDictionaries$xRussian.

650 #0$aRussian language$vDictionaries$xArabic.

700 1#$aTkhorzhevskii, L. L.$q(Lev L'vovich),$eeditor.

说明：在编资源包含俄语（基里尔文）和阿拉伯语（阿拉伯文），俄语为主要语种，两个语种都是非缺省字符集中的文字，编目语种为英语（040$b），是缺省字符集中的文字。066 ##$a(N$c(B$c(3 表示该记录的基本字符集为基里尔文（$a(N)，交替字符集为英文（$c(B）和阿拉伯文（$c(3）。300$a 中的“pages”、$c 中的“cm”、6XX 主题字段、X00 个人名称标目字段为非转录字段，使用编目语种（英语）记录。

例 2：

008/35-37　rus

040 ##$a***$brus$c***

041 0#$arus$aeng

066 ##$a(N$c(B

245 00$a[基里尔文字] = $b 英文/$c[基里尔文字].

246 31$a 英文

264 #1$a[基里尔文字] :$b[基里尔文字],$c1992.

300 ##$a357 [基里尔文字] ;$c28 [基里尔文字].

546 ##$a[基里尔文字]

650 #0$a[基里尔文字] $z[基里尔文字] $v[基里尔文字].

700 1#$a[基里尔文字] $q([基里尔文字])

说明:在编资源包含俄语(基里尔文)和英语(拉丁文字),而编目语种是非缺省字符集中的文字基里尔文(040$b),因此采用多文种记录的做法。066 ##$a(N$c(B 表示该记录的基本字符集为基里尔文($a(N),由于题名还包含缺省字符集中的文字英文,因此交替字符集为拉丁文字($c(B)。300$a 中的“页码”、$c 中的“厘米”等标识、6XX 主题字段、X00 个人名称标目字段等非转录字段使用编目语种(俄语)记录。

2. 音译多文种记录

音译多文种记录(Vernacular and Transliteration)又称为本国语言和音译模式。在该模式下,书目记录由两部分组成,一部分是按原文语种(非缺省字符集中的文字)转录的形式,另一部分是与之对应的音译后的文字表示的形式,即音译形式。两部分通过连接字段(880)和连接子字段($6)相互连接,确保对应关系。在需使用编目语种的字段用编目语种描述,如附注(5XX)、载体形态(300)、主题(6XX)。音译多文种记录的编制要点包括:

(1)设置 066 字段

066 字段(字符集表示)包含记录中出现的非 ISO 10646(或Unicode)字符集的信息,其表示方法是用特殊的标识符号来表示相应的字符集。如果记录中出现 MARC 非缺省的字符,需启用 066 字段指明该文种的识别代码。

MARC 21 定义了两个基本字符集 G0 和 G1(基本扩展字符集),分别用子字段 $a 和 $b 予以记录。“ASCII”“MARC Greek”“MARC subscript”或“MARC superscript”为 G0 缺省字符集,即当书目记录以这些字符集作为基本字符集时,无须记录 $a 子字段。“ANSEL”是 G1 缺省字符集,即当书目记录以这个字符集为基本扩展字符集时,无须记录 $b 子字段。 $a 和 $b 为可选用子字段, $c 为 066 字段的必备子字段,表示交替 G0 或 G1 字符集,即与书目记录中基本字符集($a 或 $b)交替使用的字符集代码。常用的字符集代码有以下 6 种:“(3”表示阿拉伯文;“(B”表示拉丁文;“$1”表示中文、日文、朝文;“(N”表示基里尔文;“(S”表示希腊文;“(2”表示希伯来文。

(2)连接字段和连接子字段的配合使用

音译多文种记录需使用 880 字段(交替图形文字表示法)和控制子字段 $6 来连接原始非拉丁文字和音译后拉丁文字构成的书目记录的两部分,音译部分称为一般字段部分,原始文字部分称为 880 字段部分。880 字段需要成对出现,并与 $6 配合使用。

880 字段部分的结构为: $6[连接字段的字段号]-[序号]/[文种识别代码]/[字段方向从右至左标识]。一个一般字段可与一个或多个包含相同数据不同文字的 880 字段相连接。880 字段指示符与子字段的定义和值与其对应连接字段的定义和值相同。连接字段后的序号由编目员任意分配,由两位数字组成,不足两位的左边用“0”补足。每一记录中每对字段的序号相同,但每对不同字段的序号不能重复。序号仅表示每对字段的匹配关系,不代表在记录中的顺序。如果 880 字段部分没有一般字段与之对应,序号用“00”表示。文种识别代码是标识字段中按从左至右顺序遇到的第一个文字的代码,其前均冠以斜线(/)。字段方向代码仅当字段数据是从右至左顺序录入时才需标记,代码取“r”,如阿拉伯文。

(3)编目语种和文献语种的正确选用

通常,在一般字段部分包含编目语种和音译文字,需使用编目语种的字段有 3XX、5XX 和 6XX 字段块,其他字段均需记录音译形式。在 880 字段部分包含原始文献的语种,与相对应的一般字段的音译形式相互连接。此外,需在 040$b 记录编目语种代码。结构如下:

040 ##$a**$b 编目语种 $c**

066 ##$c 交替图形字符集代码

100 1#$6880-01$a 音译个人名称主要款目标目.

245 10$6880-02$a 音译题名 /$c 音译责任说明.

250 ##$6880-04$a 音译版本说明

264 #1$6880-05$a 音译出版地 :$b 音译出版者,$c 出版年.

300 ##$a 数量 ;$c 尺寸 (编目语种)

504 ##$a 书目附注(编目语种)

650 #0$a 主题(编目语种)

700 1#$6880-06$a 音译个人名称附加款目标目.

880 1#$6100-01/交替图形字符集代码 $a 文献语种个人名称主要款目标目

880 10$6245-02/交替图形字符集代码 $a 文献语种题名 /$c 文献语种责任说明.

880 ##$6250-04/交替图形字符集代码 $a 文献语种版本说明.

880 #1$6264-05/交替图形字符集代码 $a 文献语种出版地 :$b 文献语种出版者,$c 出版年.

880 ##$6500-00/交替图形字符集代码 $a 文献语种附注

880 1#$6700-06/交替图形字符集代码 $a 文献语种个人名称附加款目标目

例 1:

008/35-37 rus

040 ##$a***$beng$c***

066 ##$c(N

100 1#$6880-01$aZhavoronkov, N. M.$q(Nikolai Mikhailovich)

245 10$6880-02$aOkhrana okhotnich'ikh zhivotnykh v SSSR /$cN. M. Zhavoronkov.

250 ##$6880-03$aIzd. 2-e, perer.

264 #1$6880-04$aMoskva :$bLesnaia promyshlennost'. ,$c1982.

300 ##$a167, [1] pages, [16] leaves of plates. :$bcolor illustrations ;$c19 cm

500 ##$aBibliography: p. 167-[168].

650 #0$aAnimals$zSoviet Union.

880 1#$6100-01/(N$a[基里尔文字] $q[基里尔文字]

880 10$6245-02/(N$a[基里尔文字] /$c[基里尔文字]

880 ##$6250-03/(N$a[基里尔文字]

880 #1$6264-04/(N$a[基里尔文字] :$b[基里尔文字],$c1982.

说明:在编资源的语种为俄语(基里尔文),编目语种为英语(040$b),是拉丁文字,记录分为上下两部分,上半部分为拉丁化形式的数据内容(音译形式),下半部分为非拉丁化的数据内容(原文语种),因此采用多文种记录的做法。066 ##$c(N 表示该记录的交替字符集为基里尔文($c(N),由于基本字符集为“MARC Latin”缺省的字符集,因此无须标识,仅标识交替字符集。启用 880 字段和 $6 子字段连接拉丁化和非拉丁化的两部分。300、5XX、6XX 等字段采用编目语种记录。

例 2:

008/35-37 heb

040 ##$a**$beng$c**

066 ##$c(2

100 1#$6880-01$aZilbershtain, Yitshak ben David Yosef.

245 10$6880-02$aTorat ha-yoledet /$cne`erakh `a. y. Yitshak ben David Yosef Zilvershtain, Mosheh ben Yosef Rotshild.

246 14$6880-03$aSefer Torat ha-yoledet

250 ##$6880-04$aMahad. 2. `im hosafot.

264 #1$6880-05$aBene-Berak : $bMekhon " Halakhah u-refu`ah", $c747 [1986 or 1987]

300 ##$a469 pages ; $c23 cm

504 ##$aIncludes bibliographical references and index.

650 #0$aChildbirth$xReligious aspects$xJudaism.

650 #0$aSabbath (Jewish law)

650 #0$aFasts and feast$xJudaism.

700 1#$6880-06$aRotshild, Mosheh ben Yosef.

880 1#$6100-01/(2/r$a[希伯来文字]

880 10$6245-02/(2/r$a[希伯来文字] /$c[希伯来文字]

880 14$6246-03/(2/r$a[希伯来文字]

880 ##$6250-04/(2/r$a[希伯来文字] .2 [希伯来文字]

880 #1$6264-05/(2/r$a[希伯来文字] :$b[希伯来文字],$c747 [1986 or 1987]

880 1#$6700-06/(2/r$a[希伯来文字]

说明:在编资源的语种为希伯来语(希伯来文),编目语种为英语(040$b),是拉丁文字,记录分为上下两部分,上半部分为拉丁化形式的数据内容(音译形式),下半部分为非拉丁化的数据内容(原文语种),因此采用多文种记录的做法。066 ##$c(2 表示该记录的交替字符集为希伯来文($c(2),由于基本字符集为“MARC Latin”缺省的字符集,因此无须标识,仅标识交替字符集。启用 880 字段和 $6 子字段连接拉丁化和非拉丁化的两部分。因为是希伯来文,其行文方式为从右至左,因此 880 中第 2 个斜线(/)后添加“r”予以表示。300、5XX、6XX 等字段采用编目语种记录。

中国国家图书馆做法:

①无论编目何种资源,均需在 040$b 注明编目语言的语种代码。

例 1:

040 ##$aDLC$beng$cDLC$erda

说明:编目语言为英语。

例 2:

040 ##$aCcBjTSG$brus$cCcBjTSG$erda

说明:编目语言为俄语。

例 3:

040 ##$aCcBjTSG$bkor$cCcBjTSG$erda

说明:编目语言为朝鲜语。

②如果书目记录中的基本字符集是 MARC 非缺省字符集的文字,但不存在交替字符集出现的情况,不必启用 066 字段注明语种识别代码。例如,书目记录从资源语言到编目语言都是俄文,没有出现其他字符集的文字,不属于多文种记录,无须启用 $c 记录交替语种代码。由于书目记录的基本字符集是基里尔文,不属于 MARC 定义的缺省字符集,本应启用 066$a 予以记录。但是 066 字段只有 $c 是必备子字段,因此可不记录 $a。

③如果书目信息中同时存在 MARC 缺省和非缺省字符集的文字,需启用 066$c 记录交替字符集信息。

例 1:

040 ##$aCcBjTSG$beng$cCcBjTSG$erda

066 ##c1

245 00$aChina and APEC :$bpositive interaction, cooperation and win-win = 中国携手 APEC :积极互动,双赢合作.

246 31$a 中国携手 APEC :$b 积极互动,双赢合作.

246 3#$aZhongguo xie shou APEC :$bji ji hu dong, shuang ying he zuo.

说明:由于存在中文并列题名,因此书目信息中包含 MARC 缺省字符集和非缺省字符集的文字。由于记录的基本字符集为英文,属于 MARC 缺省字符集的范畴,因此 066 字段无须启用 $a,仅启用 $c 指明交替的字符集。

例 2:

040 ##$aDLC$beng$cDLC$erda$dCcBjTSG

066 ##$c(N

100 1#$aBrown, Tony$q(Newel Anthony)

245 10$aMastering Russian through global debate = $bМировые дебаты : русский язык на продвинутом уровне /$cTony Brown, Tatiana Balykhina, Ekaterina Talalakina, Jennifer Bown, Viktoria Kurilenko.

说明:由于存在俄文并列题名,因此书目信息中包含了 MARC 缺省和非缺省字符集的文字。由于记录的基本字符集为英文,属于 MARC 缺省字符集的范畴,因此 066 字段无须启用 $a,仅启用 $c 指明交替的字符集。

例 3:

040 ##$aNII$bjpn$cNII$erda$dCcBjTSG

066 ##a1$c(B

245 00$a 日本精神保健福祉士協会 50 年史 = $b50 years' history of Japanese Association of Psychiatric Social Workers /$c 日本精神保健福祉士協会 50 年史編集委員会編.

246 31$a50 year's history of Japanese Association of Psychiatric Social Workers

说明:由于存在英文并列题名,因此书目信息中包含了 MARC 缺省和非缺省字符集的文字。由于记录的基本字符集为日文,属于 MARC 非缺省字符集的范畴,因此需启用 066 字段 $a 记录日文的语种识别代码"$1",还需启用 $c 指明交替的字符集为拉丁字符,语种识别代码为"(B"。

例 4:

040 ##$aCcBjTSG$bkor$erda$cCcBjTSG

066 ##a1$c(B

245 00$a 이벤트의 마술 = $bHow to make the mass mobilization / $c도비오카 겐 지음.

说明:由于存在英文并列题名,因此书目信息中包含了 MARC 缺省和非缺省字符集的文字。由于记录的基本字符集为朝鲜文,属于 MARC 非缺省字符集的范畴,因此需启用 066 字段 $a 记录朝鲜文的语种识别代码"$1",还需启用 $c 指明交替的字符集为拉丁字符,语种识别代码为"(B"。

例 5:

040 ##$aNII$bjpn$cNII$erda$dCcBjTSG

245 00$a 新旧対照市制町村制正文 /$c 自治館編輯局編纂.

250 ##$a 復刻版.

264 1#$a 東京 :$b 信山社,$c2015.

说明:书目信息中仅包含日文,不存在多文种记录的情况。虽然日文属于 MARC 非缺省字符集,但不必启用 066$a 记录基本字符集语种的识别代码"$1"。

例 6:

040 ##$aCcBjTSG$brus$cCcBjTSG$erda

066 ##$a(N$c1c(B

041 0#$arus$fchi

100 1#$aСамедзаде, Зияд Алиаббас оглу, $d1940-

245 10$aКитай в глобальной мировой экономике = $b 全球经济中的中国 = China in global world economy /$cЗияд Самедзаде.

246 31$a 全球经济中的中国

246 3#$aQuan qiu jing ji zhong de Zhongguo

246 31$aChina in global world economy

264 #1$aСтокгольм :$bCA&CC Press, $c2010.

300 ##$a631 страница, [40] листов иллюстраций, портретов, факсов :$bпортреты, таблицы ;$c25 cm

说明:书目信息包含俄文、中文和英文信息,俄文是基本字符集,中文和英文是交替字符集,启用 066$a 记录基本字符集语种的识别代码"(N",记录交替字符集的语种识别代码"$1"和"(B"。

1.5 著录类型

RDA 将著录类型分为下列 3 种:

综合著录:将资源作为一个整体进行描述的著录。

分析著录:对较大资源中的一部分进行描述的著录。

分级著录:将描述整个资源的综合著录和描述资源的一个或多个部分的分析著录相结合的著录。又称为分层次著录。

★ 专题说明3:多部分专著和有多个信息源的汇编文献的处理

中国国家图书馆做法:

1. 多部分专著的处理

多部分专著,在编目实践中常称为多卷书,对其的处理涉及著录类型选择的问题。一般来说,多卷书既可以采用综合著录,又可以采用分析著录。

(1)考虑的因素

多卷书到馆情况。如果多卷书是一次性到馆完整,原则上既可采用综合著录,又可采用分析著录,需具体问题具体分析。如果多卷书不是一次完整到馆,而是陆续到馆,则需要查看数据库中已有相关记录的情况。总体原则是与已有记录保持一致做法。如果已有数据采用综合著录,则后续卷期需续入现存的书目记录;如果已有数据采用分析著录,则后续卷期需新建书目记录。

多卷书本身的情况。对于一次性到馆完整的多卷书,采用综合还是分析著录,需根据多卷书自身的情况决定。下列类型的多卷书更适合采用综合著录:多卷书有分卷标识,但无从属题名;多卷书有从属题名,但从属题名不具备独立的检索意义,例如,"v. 1. A – L, v. 2. L – Q""v. 1. Spring, v. 2. Autumn""v. 1. 1950 – 1956, v. 2. 1957 – 1960";虽然从属题名能够独立地表达一个主题概念,但各分卷的内容主题相似,且只有一个总的 ISBN 号。下列类型的多卷书更适合分析著录:无论有无分卷标识,只要有从属题名,且各从属题名能够独立地表达一个主题概念,即具备独立检索意义,每卷经常具有各自的 ISBN 号;多卷书的"index""supplement"等补充材料,需建立单独的记录。

(2)多卷书采用综合著录的做法

①记录多卷书总的 ISBN 号,各分卷的 ISBN 号由编目员自行决定是否记录。如果记录分卷的 ISBN 号,则记录在重复的 020 字段,ISBN 号后添加限定信息并记录在 $q 子字段。

②以多卷书的共同题名作为正题名,记录在 245$a,从属题名记录在 505 字段。

③如果多卷书已经到齐,则在 300 字段数量元素记录完整的数量信息,如果仍未到齐,则仅记录已到馆的卷期标识,并置于尖角括号内。

④在 008/07—14 字符位记录多卷书的出版日期。如果为同一年出版,则 008/06 字符位代码选择"s"(单一日期),如果出版时间为一个时间范围,记录起讫年,008/06 字符位代码选择"m",如果手头文献不是首卷,则记录最早卷期的出版年,待首卷到馆后随之修改相应信息。

⑤如果多卷书不是一次到齐,每到馆一卷,需相应修改已有的书目记录。

多卷书综合著录的编目模型

整套书一次性到馆(以共35卷为例)

字段	指示符	子字段	内容
020		$a	ISBN $qvolume 1
020		$a	ISBN $qvolume 2
…			…
020		$a	ISBN $qvolume 35
245		$a	共同题名 /
		$c	责任说明.
264		$a	出版地:
		$b	出版家,
		$c	第1卷出版年－最后一卷出版年.
300		$a	35 volumes :
		$b	插图说明;
		$c	尺寸.
505	0#	$a	分卷标识1. 从属题名1-- 分卷标识2. 从属题名2-- 分卷标识3. 从属题名3-- … 分卷标识35. 从属题名35.

各分卷陆续到馆

字段	指示符	子字段	内容
020		$a	ISBN $qvolume 1
020		$a	ISBN $qvolume 2
…			…
020		$a	ISBN $qvolume 10
245		$a	共同题名 /
		$c	责任说明.
264		$a	出版地:
		$b	出版家,
		$c	第1卷出版年－
300		$a	volumes <1-3, 5, 9-10> :
		$b	插图说明;
		$c	尺寸.
505	1#	$a	分卷标识1. 从属题名1-- 分卷标识2. 从属题名2-- 分卷标识3. 从属题名3-- 分卷标识5. 从属题名5-- 分卷标识9. 从属题名9-- 分卷标识10. 从属题名10

例:

020 ##$a9780521885430$qvolume 1
020 ##$a9780521885447$qvolume 2
…
020 ##$a9780521886024$qvolume 22
110 2#$aWorld Trade Organization.
245 10$aDispute settlement reports 2005 /$cby World Trade Organization.
264 #1$aCambridge :$bCambridge University Press,$c2007-
300 ##$avolumes <1-22> :$billustrations ;$c25 cm
336 ##$atext$2rdacontent
337 ##$aunmediated$2rdamedia
338 ##$avolume$2rdacarrier
505 1#$avolume 1. Pages 1-296 -- volume 2. Pages 297-764 --…-- volume 21. Pages 10223-10634 -- volume 22. Pages 10635-11002

(3)多卷书采用分析著录的做法

①如果有总的ISBN和分卷ISBN,均需记录,ISBN后添加限定信息并记录在$q子字段。

②以多卷书的共同题名作为正题名。分卷标识和从属题名分别记录在245$n和245$p。

③从属题名作为变异题名记录在246字段,指示符为“30”。

多卷书分析著录的编目模型

245		$a	共同题名.	245		$a	共同题名.
		$n	分卷标识,			$n	分卷标识,
		$p	从属题名 /			$p	从属题名:
		$c	责任说明.			$b	从属题名其他题名信息 /
						$c	责任说明.
246	30	$a	从属题名	246	30	$a	从属题名
				245		$a	共同题名:
						$b	共同题名其他题名信息.
						$n	分卷标识,
						$p	从属题名 /
						$c	责任说明.
				246	30	$a	从属题名

例 1:

020 ##$a9780415438216$qvolume 4

245 00$aSustainable urban development.$nVolume 4, $pRethinking professionalism in Europe /$cedited by Ian Cooper and Martin Symes.

246 30$aRethinking professionalism in Europe

264 #1$aLondon ;$aNew York :$bRoutledge, $c2009.

300 ##$axviii, 305 pages :$billustrations ;$c25 cm

336 ##$atext$2rdacontent

337 ##$aunmediated$2rdamedia

338 ##$avolume$2rdacarrier

504 ##$aIncludes bibliographical references and index.

700 1#$aCooper, Ian, $d1949-$eeditor.

700 1#$aSymes, Martin, $eeditor.

例 2:

020 ##$a9784764203259$q 第 3 巻

245 00$a 初期哲学論集.$n 第 3 巻, $p アウグスティヌス /$c 泉治典編集.

246 30$a アウグスティヌス

264 #1$a 東京 :$b 教文館, $c2015.

300 ##$a630, xxii ページ ;$c22 cm

336 ##$atext$2rdacontent

337 ##$aunmediated$2rdamedia

338 ##$avolume$2rdacarrier

500 ##$a 索引あり.

700 1#泉治, 典, $eeditor.

例 3：

020 ##$a9785485004491

020 ##$a9785485004521$qтом 3

100 1#$aТютчев, Федор Иванович, $d1803-1873.

245 10$aЮбилейное издание :$bв 3 томах.$nТом 3, $pПисьма /$cФедор Иванович Тютчев ; автор-составитель-Б. Н. Тарасов.

246 30$aПисьма

264 #1$aМосква :$bДаръ, $c2013.

300 ##$a367 страниц, [8] листов иллюстраций, портретов ;$c21 cm.

336 ##$atext$2rdacontent

337 ##$aunmediated$2rdamedia

338 ##$avolume$2rdacarrier

490 0#$aРусская классическая библиотека

504 ##$aБиблиография в комментариях.

700 1#$aТарасов, Борис Николаевич, $ecompiler.

2. 汇编资源的处理

如果汇编资源中的每部作品都有各自独立的首选信息源,如有各自的题名页,则该汇编文献既可采用综合著录,也可采用分析著录。国家图书馆采用综合著录,将各自独立的信息源作为集合信息源处理。

例：

245 00$aAs you like it /$cWilliam Shakespeare ; illustrations by Robert Jude ; introduction and comments by Lora Maxwell. Widowers' Houses / George Bernard Shaw; illustrations by Robinson James ; introduction and comments by Moby George.

264 1#$aLondon :$bPenguin Literature, $c2010.

300 ##$a212 pages :$billustrations ;$c24 cm

336 ##$atext$2rdacontent

337 ##$aunmediated$2rdamedia

338 ##$avolume$2rdacarrier

500 ##$aTwo works issued together, bound opposite each other so that each begins from the outer cover of the book.

504 ##$aIncludes bibliographical references.

700 12$iContainer of (work):$aShakespeare, William, $d1564-1616.$tAs you like it.

700 12$iContainer of (work):$aShaw, Bernard, $d1856-1950.$tWidowers' Houses.

700 1#$aJude, Robert, $eillustrator.

700 1#$aMaxwell, Lora, $ewriter of added commentary.

700 1#$aJames, Robinson, $eillustrator.

700 1#$aGeorge, Moby, $ewriter of added commentary.

说明：汇编文献采用综合著录。

1.6 需要一种新著录的变化

1.“创建新著录”需要考虑的因素

在数据库环境中,“创建新著录”即指为在编资源创建一条新的书目记录。是否需要创建新著录,需要同时考虑下列三方面的因素:

(1)RDA 将资源按发行方式分为独立单元、多部分专著、连续出版物和集成性资源,只有后三种类型的资源涉及需要创建新著录的问题。

(2)多部分专著、连续出版物和集成性资源只有在后续卷期或部分发生变化的情况下,才需要考虑创建新著录的问题,如果不发生变化,则不涉及该问题。在发生变化时,还需考虑变化影响资源的程度,只有变化引发了资源的本质变化,才需要创建新著录,否则无须创建新著录。

(3)数据库中是否已经存在该资源的书目记录,如果存在则涉及该问题,如果不存在则不涉及。

2. RDA 涉及“创建新著录”的主要条款

(1)RDA 1.6(需要一种新著录的变化)

该条款明确规定了多部分专著、连续出版物和集成性资源在发行方式、媒介类型等发生变化时需要创建新著录。

(2)RDA 2.3.2.12(记录正题名的变化)

该条款区分了连续出版物题名发生变化的情况,将其分为主要变化和次要变化,只有连续出版物的正题名发生主要变化时,才需要创建新著录,多部分专著和集成性资源的题名发生变化无须创建新著录。

(3)RDA 6.1.3(影响作品识别的变化)

该条款列出了影响作品识别的变化,这些变化也会引发资源发生实质变化,从而要求建立新著录。

本政策声明将上述涉及条款的内容均在 1.6 中进行综合说明。

1.6.1 多部分专著

多部分专著仅在两种情况下需要创建新著录:

①发行方式发生变化,即资源从多部分专著变为连续出版物或变为集成性资源;

②媒介类型发生变化,例如,从印刷型变为缩微型或变为电子型。

在编目实践中,多部分专著发行方式或媒介类型发生变化非常少见,通常发生变化的是正题名、责任说明或出版说明。除发行方式或媒介类型发生变化需要新建书目记录之外,其他变化无须创建新的书目记录,仅需在多部分专著之前的原始书目记录中补充说明变化的情况即可。

中国国家图书馆做法:

①如果多部分专著的正题名发生变化,将变化后的题名作为变异题名记录在 246 字段或

作为附注说明记录在500字段。

②如果责任说明或出版说明发生变化,通常记录在5XX附注字段;RDA 18.4.2.1规定:如果在多部分专著的各部分之间发生责任的变化,对检索重要时,需提供与后来部分相关的任何个人、家族或团体的附加检索点。据此,如果变化后的责任者对识别资源重要,应添加7XX附加检索点。

③如果责任说明或出版说明等变化较多,不必逐一记录,而用一个一般性说明概括即可,例如,"Name of publisher varies"。

例1:

245 00$aSome eminent Indian mathematicians of the twentieth century /$cedited by J. N. Kapur.

246 1#$iVolume 5 have title:$aEminent Indian mathematicians of the twentieth century

264 #1$aNew Delhi :$bMathematical Sciences Trust Society,$c1989- <1993>

300 ##$avolumes <1-5> ;$c23-25 cm

说明:多部分专著从1989年开始发行,至1993年共出版了5卷,仍未发行完毕。其中,前4卷的正题名均为"Some eminent Indian mathematicians of the twentieth century",并未发生变化,到第5卷出版时正题名变为了"Eminent Indian mathematicians of the twentieth century"。然而,这个变化并未使题名的含义发生质的改变,对于作品的识别或检索也不会产生实质性影响,因此无须创建新记录,仅需在为前4卷所编制的书目记录中补充第5卷的信息。为了说明变化,可将变化后的正题名作为变异题名记录在246字段,或者记录在500附注字段。

例2:

245 00$aTerrorism :$bdocuments of international and local control.

264 #1$aNew York :$bOceana :$bOxford University Pr.,$c2008-

300 ##$avolumes <1-5> :$billustrations ;$c26 cm

500 ##$aSome volumes also have a distinctive title.

504 ##$aIncludes bibliographical references and indexes.

505 1#$av. 1. [without special title] / edited by Robert A. Friedlander-- v. 2. A world on fire / edited by Howard S. Levie -- v. 3. Lebanon and Hezbollah / edited by Donald J. Musch -- v. 4. Global Issues / edited by Yonah Alexander and Donald J. Musch -- v. 5. Extraordinary rendition / edited by Douglas C. Lovelace

700 1#$aFriedlander, Robert A.,$eeditor.

700 1#$aLevie, Howard S.,$d1907-$eeditor.

700 1#$aMusch, Donald J.,$eeditor.

700 1#$aAlexander, Yonah,$eeditor.

700 1#$aLovelace, Douglas C.,$eeditor.

说明:多部分专著仍在出版,不同卷期责任者有所变化,同时还有各自的分卷题名。多部分专著的后续责任者发生变化无须建立新记录,可通过505附注字段反映各卷的责任说明及分卷题名变化。编目员认为各卷责任者重要,因此为其添加诸个检索点。

1.6.2　连续出版物

连续出版物通常在5种情况下需要创建新著录:

①发行方式发生变化,即资源从连续出版物变为多部分专著或变为集成性资源;

②媒介类型发生变化,例如,从印刷型变为缩微型或变为电子型;

③正题名发生主要变化;

④责任发生变化以至影响作品识别;

⑤版本说明发生变化导致连续出版物范围出现显著变化。

1. 媒介类型发生变化

相对于发行方式发生变化,媒介类型的改变是连续出版物更常见的情况,例如,连续出版物的载体从印刷型变成了电子型,或是在电子型的基础上又同步发行了印刷型等。当媒介类型发生变化时,需为变化后的卷期编制一条新的书目记录,并为变化后的连续出版物题名添加特定术语以区分。例如,连续出版物由印刷型变为电子型之后,需在资源首选题名中添加术语“online”进行区分。

例:

印刷型期刊的书目记录:

022 0#$a1687-7470$l1687-7489

245 00$aAdvances in artificial intelligence.

264 #1$aNew York, NY :$bHindawi Publication,$c[1992-1999]

300 ##$a8 volumes ;$c22 cm

336 ##$atext$2rdacontent

337 ##$aunmediated$2rdamedia

338 ##$avolume$2rdacarrier

362 1#$aBegan with volume 1, number 1 (November 1992); ceased with volume 9, number 8 (December 1999)

530 ##$aIssued also and continued in an online format.

776 08$iOnline version:$tAdvances in artificial intelligence (Online)$x1687-7489

电子型期刊的书目记录:

022 0#$a1687-7489$l1687-7470

130 0#$aAdvances in artificial intelligence (Online)

245 10$aAdvances in artificial intelligence.

264 #1$aNew York, NY :$bHindawi Publication

300 ##$a1 online resource

310 ##$aIrregular

336 ##$atext$2rdacontent

337 ##$acomputer$2rdamedia

338 ##$aonline resource$2rdacarrier

530 ##$aIssued also in a print format.

776 08$iPrint version:$tAdvances in artificial intelligence$x1687-7470

说明:由于连续出版物的媒介类型发生变化,因此为后续的电子型资源编制新记录,同时用连接字段776分别在两个相关联的书目记录中建立系统内的连接,同时用附注字段530说明另一种载体的存在。022字段$l子字段用于记录该资源另一种载体的ISSN。

2. 正题名发生主要变化

连续出版物经常会变更题名，题名的变化可按程度分为主要变化和次要变化，显著的变化可视为引发了连续出版物本质上的变化，因而需要为后续资源创建新著录。RDA 2.3.2.13.1 规定，对于连续出版物，正题名的主要变化包括：

①增加、删除、改变或重新排列前五个词（如果起首为冠词，则为前六个词）中任何一个；

②增加、删除或改变前五个词（如果起首为冠词，则为前六个词）后的任何词，由此改变了题名的含义，或揭示了不同的主题内容；

③题名中任何一处的团体名称有变化，如果该变化指示一个不同的团体。

RDA 2.3.2.13.2 规定，对于连续出版物，正题名的次要变化主要包括：

①题名中任何一处的一个或多个词的表现形式有差异（例如，一种拼写对另一种拼写；缩略词或符号或标记对完全拼写形式；阿拉伯数字对罗马数字；数字或日期对完全拼写形式；带连字符的词对不带连字符的词；单词复合词对带连字符或不带连字符的双词复合词；可拼读的首字母缩略词或首字母缩略词对全称形式；或语法形式的变化，例如，单数对复数）；

②增加、删除或改变题名中任何一处的冠词、介词或连接词；

③增加、删除或改变题名中任何一处的标点符号；

④信息源上题名采用多种语言时题名的顺序有差异，只要选作正题名的题名仍作为并列正题名出现；

⑤增加、删除或改变题名中任何一处将题名与编号相连接的词；

⑥按固定的形式在连续出版物的不同卷期使用了两个或两个以上的正题名；

⑦题名中任何一处所罗列的词有增加、删除或顺序的改变，只要主题内容没有重大变化；

⑧增加、删除或重新安排题名中任何一处说明资源类型的词，诸如“杂志”“期刊”或“通报”，或其他语言的等同词。

例 1：

245 00$aBulletin of bibliography & magazine notes.

780 00$tBulletin of bibliography (Boston, Mass. : 1953) $w(DLC)06008140 $w(OCoLC)4292801

785 00$tBulletin of bibliography (Westwood, Mass. : 1979) $x0190-745X $w(DLC)81642222$w(OCoLC)4752631

说明：连续出版物两次更名，符合正题名为主要变化的条件，两次建立新著录。

例 2：

245 00$a1/2 lyre /$cthe Detroit Folklore Society.

246 1#$iSome issues have title: $aHalf lyre

说明：连续出版物后续卷期更名，但属于正题名的次要变化，无须建立新著录，仅需将后来的题名作为较晚正题名记录在 246 字段。

3. 责任发生变化以至影响作品识别

连续出版物责任变化以至需要创建新著录的判断标准是该变化影响到了作品识别，即作品的规范检索点发生了变化。依据 RDA 6.27，作品的规范检索点由对作品负有责任的个人、家族或团体的规范检索点组合作品的首选题名而构建，或者由作品单独的首选题名构建而成。在个人、家族或团体对作品负有责任的前提下，如果该责任发生变化，则作品的识别也将受到影响，此时编目员需要为作品创建一条新的书目记录。

RDA 19.2.1.1.3 说明了个人和家族对连续出版物负有创作责任的几种情况。依据该条款，如果个人或家族对作为整体的连续出版物而非单期或几期负有责任，该个人或家族才能视为连续出版物的创作者，而这种情况是比较少见的。相对而言，团体是连续出版物的创作者是比较常见的情况。

团体作为连续出版物创作者也是有限制条件的，详见 NLC PS(FLR)19.2.1.1.1。例如，团体内部的名录、资源清单、政策，团体会议的会议录、论文，团体考察报告等，这些都属于团体本身的行政性作品，团体应视为作品的创作者。再如，法律、条约等法律性作品也是团体作品的常见类型。在编目实践中，如果团体名称发生变化，通常视为产生了新团体，在规范文档中需要为新名称的团体创建单独的规范记录。

综上，如果连续出版物属于团体是创作者的范畴，在团体发生变化时(例如，团体名称变更)，代表连续出版物的规范检索点也随之发生变化，该变化影响了连续出版物的识别，需要为该连续出版物建立新的书目记录。

例：

连续出版物先前书目记录：

110 1#$aVermont.$bDepartment of Agriculture.

245 10$aAgriculture of Vermont :$bannual report of the Commissioner of Agriculture of the State of Vermont.

785 00$aVermont. Department of Agriculture, Food, and Markets.$tAgriculture of Vermont$w(DLC)2006220597$w(OCoLC)72582698

团体名称变更后书目记录：

110 1#$aVermont.$bDepartment of Agriculture, Food, and Markets.

245 10$aAgriculture of Vermont :$bbiennial report of the Commissioner of Agriculture of the State of Vermont.

780 00$aVermont. Department of Agriculture.$tAgriculture of Vermont$w(DLC)10003885 $w(OCoLC)2720753

说明：资源为团体创作的连续出版物，连续出版物的规范检索点由团体名称及作品的首选题名组合构建。后来，团体名称由“Vermont. Department of Agriculture”变更为“Vermont. Department of Agriculture, Food, and Markets”，视为产生了新团体，因而该连续出版物的规范检索点也变为了由团体新名称组合首选题名而构建，连续出版物的识别因此受到影响，需要建立新的记录以反映这个变化。

1.6.3 集成性资源

集成性资源通常在 4 种情况下需要创建新著录：

①发行方式发生变化，即资源从集成性资源变为多部分专著或变为连续出版物；

②媒介类型发生变化，例如，从印刷型变为电子型；

③重新确定基础卷；

④版本说明指示该资源所覆盖的范围发生了显著变化。

同多部分专著和连续出版物一样,如果集成性资源的发行方式或媒介类型发生变化,也需要为资源创建新著录,但是这样的情况同样非常少见,更为常见的是集成性资源重新确定基础卷,即出版者将之前集成性资源的所有变化整合在一起重新出版基础卷。当集成性资源重新确定基础卷而出版时,资源上往往会出现诸如“This book replaces all previous editions of ...”等提示信息,表明该资源已经整合之前的更新重新出版。此时,需要为新出版的基础卷编制新的书目记录。对于集成性资源,经常需要在588字段说明著录依据,即编制记录时所参考的卷期;如果是网络资源,该信息一般为浏览网页的时间。版本说明变化引发的覆盖范围变化信息比较隐形,不太明显,通常需要依靠编目员仔细观察和敏锐分析方能判断。

例:

245 00$aBusiness and commercial litigation, 2007 /$cKenneth A. Kroot, Joseph L. Kish, general editors ; chapter authors, Michael T. Beirne [and twenty-four others].

264 31$aSpringfield, IL :$bIllinois Institute for Continuing Legal Education,$c2007-

300 ##$avolumes (loose-leaf) :$billustrations, forms ;$c30 cm +$e1 CD-ROM (4 3/4 in.)

500 ##$a"This handbook replaces all previous editions of Business and commercial litigation."

588 ##$aDescription based on: 2007; title from title page.

说明:不断更新的活页出版物重新确定基础卷出版,因此需要新建记录。

★ 专题说明4:复本的处理

除上述3种资源之外,复本的处理也涉及新建书目记录的问题。

中国国家图书馆做法:

如果经查重确定到馆资源为复本,则无须新建书目记录,将复本信息续入相应书目记录所连接的管理记录中(添加单册信息和复本标识等)。对于复本的认定,以作品内容作为判断的主要标准,兼顾载体表现的相关元素。除题名和责任者相同外,图书的版本、出版年、页数和丛编也应相同。属于下列情况之一可视为复本:

①仅印次不同的图书:满足题名、责任者、版本、出版年、页数和丛编的信息均相同这一条件。常见标识如“third impression”“second printing”等。

例1:

100 1#$aMukherjee, Mithi.

245 10$aIndia in the shadows of empire :$ba legal and political history (1774-1950) /$cMithi Mukherjee.

264 #1$aNew Delhi :$bOxford University Press,$c2010.

300 ##$axxxviii, 302 pages ;$c22 cm

500 ##$a"First published 2010. Second impression 2011." --copy 2.

例 2:

100 1#$a 木村，英生.

245 10$a「下川エンド」20 年の臨床 ：$b 長期症例でみるエンド治療成功への道 / $c木村英生著.

264 #1$a 東京 ：$b 医歯薬出版，$c2010.

300 ##$a156 ページ ；$c28 cm

500 ##$a 第 2 刷.

②精装和简装图书：满足题名、责任者、版本、出版年、页数和丛编的信息均相同这一条件。

例：

020 ##$a9780521323352$qhbk.

020 ##$a9780521025560$qpbk.

100 1#$aLeakey, F. W.

245 10$aBaudelaire, collected essays, 1953-1988 /$cF. W. Leakey ; edited by Eva Jacobs ; with forewords by Eva Jacobs and Claude Pichois.

264 #1$aCambridge [England] ; $aNew York : $bCambridge University Press, $c2006.

300 ##$axxv, 320 pages : $billustrations ; $c22 cm

对于资源中明确指出本版在内容上与之前版本有变化或者是更正的图书，以及没有明确说明但是题名、责任者、版本、出版年、页数和丛编的信息有任何一处不同的图书均不作为复本，需新建书目记录。属于下列情况之一即判定为不是复本：

① 不同机构同时出版发行的图书：图书由不同机构在相同年份分别出版，如同时在英美由不同的出版者出版发行，虽然题名、责任者、版本、出版年、页数和丛编的信息均相同，但不视为复本。

② 重印图书：常见标识为“reprinted ...”。

例：

008 061013r20092007njua^^^^^b^^^^001^0^eng^^

100 1#$aNewman, Barbara M.

245 10$aTheories of human development /$cBarbara M. Newman, Philip R. Newman.

264 #3$aNew York : $bPsychology press, $c2009.

300 ##$aix, 338 pages : $billustrations ; $c26 cm

534 ##$pReprint. Originally published : $cMahwah, N. J. : Lawrence Erlbaum Associates, c2007.

③数字印刷图书：常见标识为“Transferred to digital printing ...”。

例：

008 080410r20071999nyua^^^^^b^^^^001^0^eng^d

245 04$aThe end of the welfare state? : $bresponses to state retrenchment /$cedited by Stefan Svallfors and Peter Taylor-Gooby.

264 #3$aNew York : $bRoutledge, $c2007.

300 ##$axii, 244 pages : $billustrations ; $c24 cm

500 ##$a"Transferred to digital printing 2007."

④出版日期不同版权日期相同的图书:其中包括版权日期相同但于不同年份先后出版的精装书和简装书。

例:

008　000622t20012000iaua^^^^^b^^^^001^0^eng^^

020 ##$a9780813804095$qpbk.

100 1#$aPaarlberg, Don, $d1911-2006.

245 14$aThe agricultural revolution of the 20th century /$cDon Paarlberg and Philip Paarlberg.

264 #1$aAmes :$bIowa State University Press, $c2001.

264 #4$c© 2000

300 ##$axvi, 154 pages :$billustrations ;$c24 cm

⑤按需印刷的图书:题名、责任者、版本、版权年、页数和丛编的信息均相同,有明确的按需印刷标识,如"ISBN POD edition""Printer/binder POD edition",但无法确定按需印刷的年份。

例:

008　820506r20131982nyua^^^^^bc^^^000^0^eng^^

020 ##$a0870993046$qpbk.

020 ##$a9780300193435$qPOD edition

100 1#$aThorp, Robert L., $d1946-

245 10$aSpirit and ritual :$bthe Morse collection of ancient Chinese art /$ctext by Robert L. Thorp and Virginia Bower.

264 #1$aNew York :$bAmerican Federation of Arts, $c[2013]

264 #2$aCharlestown, MA :$bAcme Bookbinding

264 #4$a© 1982

300 ##$a91 pages :$billustrations (some color) ;$c29 cm

如果不能判断为上述情况,但又不能确定资源内容是否有变化,倾向于不是复本。

1.7　转录

"Take what you see and accept what you get"——"所见即所得"是 RDA 的基调,体现了 RDA 的"表达性原则"。"转录"(transcribe)是指编目员完全按照信息源上呈现的情况记录信息,而与之相对的"记录"(record)是指编目员在信息源上没有找到适用的信息,但可以从信息源之外获得,根据实际需要记录信息,所记录信息与信息源上呈现情况有所差异。"record"体现了 RDA 的"准确性"原则。RDA 1.7 列举了在编目实践中转录元素无须"如实转录"的几种特殊情况。

1.7.2 大写

信息源上呈现的大小写既可遵循“如实转录”的原则,也可不遵循,而依 RDA 附录 A 的规则。

例:

245 00$aACCREDITED INVESTORS : $bQUALIFYING CRITERIA AND ALTERNATIVES FOR CONSIDERATION

或

245 00$aAccredited investors : $bqualifying criteria and alternatives for consideration

说明:信息源显示为字母全部大写。

中国国家图书馆做法:

遵循 RDA 附录 A 有关大写的规定,不采用如实转录大小写的做法。具体如下:

①题名首词首字母大写,包括正题名、并列正题名、变异题名、较早正题名、较晚正题名、识别题名、缩略题名、自拟题名、丛编正题名、丛编并列正题名、分丛编正题名、分丛编并列正题名。

例 1:

245 00$aModel pengembangan program-program unggulan di madrasah aliyah /$coleh tim peneliti Puslitbang Pendidikan Agama dan Keagamaan.

说明:正题名首词首字母大写。

例 2:

245 00$aInternational securities regulation.$pPacific Rim /$cGordon R. Walker, general editor, Pacific Rim ; Robert C. Rosen, general editor, Sharan S. Ramchandani, associate editor.

说明:分卷题名首词首字母大写。

例 3:

210 0#$aAdv. life sci. health

说明:缩略题名首词首字母大写。

例 4:

222 #0$aGuide to U. S. food labeling law

说明:识别题名首词首字母大写。

例 5:

490 0#$aPublications of the American Folklife Center ; $vno. 4

说明:丛编正题名首词首字母大写。

例 6:

245 10$a10 things I hate about you.$nVolume one /$cABC Studios.

说明:分卷标识首词首字母大写。

例 7:

245 00$aAcuerdo para la conservación de bosques tropicales = $bTropical forest conservation agreement /$cedición general, Ricardo Espinosa.

说明：并列正题名首词首字母大写。

②各类型其他题名信息的首词首字母不大写，包括其他题名信息、并列其他题名信息、丛编其他题名信息、丛编并列其他题名信息、分丛编其他题名信息、分丛编并列其他题名信息。

例 1：

245 10$aThe particle and philosophy in crisis :$btowards mode of information /$cAnil Rajimwale.

说明：题名页显示为：TOWARDS MODE OF INFORMATION。

例 2：

245 10$aВселенские соборы VI, VII и VIII веков :$bc приложениями к "Истории Вселенских соборов" /$cA. П. Лебедев.

说明：题名页显示为：С приложениями к "Истории Вселенских соборов"。

③其他词依所涉及语言的语法规则进行大写，例如，德语的名词首字母均大写。

例：

245 14$aDer Markt im Klimaschutz :$bwelchen Beitrag leisten Emissionshandel und Ökosteuern zur Erreichung der Klimaziele in Deutschland und Europa? /$cherausgegeben von Sven Rudolph und Sebastian Schmidt.

④当以阿拉伯语和希伯来语的冠词为起首词时，不予大写，例如，"al""el""es""ha""he"。

例：

245 03$aha-Milon he-hadash.

⑤对于带有非常规大写的题名，按信息源中所见大写。

例 1：

245 10$aCrash course in eBooks /$cMichele McGraw and Gail Mueller Schultz.

例 2：

245 00$a 国際財務報告基準〈IFRS〉詳説 $b iGAAP 2016 = iGAAP 2016 : a guide to IFRS reporting /$c トーマツ訳.

例 3：

245 00$awww. juizlalau. fhc. acm. corrupcao. ladrao. justica.

⑥如果题名冠以标点符号，用于指示获取题名的短语的开始部分被省略，则题名的首词首字母不予大写。

例：

245 14$a...and master of none

⑦当一部作品吸收或合并了另一部作品，并将该作品题名与本身题名合并时，合并后题名的首词首字母不予大写。

例：

245 00$aFarm chemicals and crop life.

说明：Farm chemical 和 Crop life 合并成的作品。

⑧版本说明中版本标识的首词首字母或首词的缩写需大写。

例:

250 ##$aSecond edition.

250 ##$aPrimera edición.

⑨连续出版物编号中,编号序列首期或第一部分的数字和/或字母标识的首词首字母或首词的缩写需大写。

例:

362 0#$aVolume 1, issue 1 (2012)-

362 0#$aVol. 1, no. 1 (Mar. 2005)-Vol. 1, no. 6 (Jan. 2010)

⑩丛编和分丛编中编号部分的术语首字母不大写,除非是所涉及语言所要求的。

例:

490 0#$aScientific and technical report series ; $vno. 23

490 0#$aPhilosophische Bibliothek ; $vBand 659

1.7.3 标点符号

1. 转录标点符号

标点符号按信息源上出现的形式转录,取消了 AACR2 中一些标点符号要求被其他符号所替代的规定。例如,省略号无须转换为破折号,方括号无须转换为圆括号。

例 1:

245 00$aInternet access in U. S. public schools and classrooms ... /$cNational Center for Education Statistics.

说明:不用 245 00$aInternet access in U. S. public schools and classrooms --。

例 2:

245 00$a"Einen Spiegel hast gefunden, der in allem Dich reflectirt" /$cJohannes von Müller ; herausgegeben von André Weibel.

例 3:

245 00$a[Hlysnan] :$bthe notion and politics of listening /$ceditied by Berit Fischer.

说明:不用 245 00$a(Hlysnan) :$bthe notion and politics of listening /$ceditied by Berit Fischer.

例 4:

245 10$aA зори здесь тихие... :$bповести /$cБорис Васильев.

说明:不用 245 10$aA зори здесь тихие--

例 5:

100 1#$a 森村, 誠一.

245 10$a 棟居刑事の代行人[ジ・エージェント] /$c 森村誠一著.

说明:信息源显示为:棟居刑事の代行人[ジ・エージェント],不用:棟居刑事の代行人(ジ・エージェント)。

例 6:

245 00$a#youthaction :$bbecoming political in the digital age /$cedited by Ellen Middaugh, Mills College, Ben Kirshner, University of Colorado.

2. 省略

连续出版物的题名在各期中包含不同的日期、名称、编号等,则省略这些日期、名称、编号等,用省略号表示所做的省略,即使这些日期、名称、编号出现在题名的起始处也用省略号表示所做的省略,而在 AACR2 中,如果这些日期、名称、编号出现在题名的起始处,要求不用省略号。如果来源上出现用于分隔正题名和其他题名的分号、用于分隔多个出版地的逗号等标点符号应省略。

例 1:

245 10$a... annual report

说明:不用 245 10$aAnnual report。

例 2:

245 00$aDDC 21 : $binternational perspectives.

说明:信息源显示为:DDC 21 ; International perspectives。

3. 为清晰表达,必要时还可添加标点符号

如果信息源上没有交替题名的标志词"or"(或其他语言的等同词)前后的逗号,编目员需自行添加。

例 1:

245 10$aYasmina Khadra, ou, La recherche de la vérité : $bétude de la trilogie sur le malentendu entre l'Orient et l'Occident /$cYoussef Abouali.

说明:"ou"前后的逗号系自行添加。

例 2:

245 10$aAlicia Alonso, o, La eternidad de Giselle :$b1943-2013, 70. aniversario del debut de Alicia Alonso en Giselle, Metropolitan Opera House, Nueva York, noviembre 2, 1943, Ballet Theatre /$cMayda Bustamante [compiladora].

说明:"o"前后的逗号系自行添加。

例 3:

245 00$aジュリエット物語, あるいは, 悪徳の栄え

说明:"あるいは"前后的逗号系自行添加。

例 4:

245 10$aТрижды Величайший, или, Повествование о бывшем из небывшего ...

说明:"или"前后的逗号系自行添加。

4. 句点

依据 ISBD 对标识符的规定,附注项(第 7 项)之前的每一项与前一项之间以句点、空格、破折号、空格(. --)分隔。在 MARC 21 书目数据格式中,该句点不是自动提供的,编目员必须在 ISBD 新的一项之前的字段结尾处手动添加句点。如果该字段的结尾处已经以句点结束,如缩写的句点或省略号的句点,则作为分隔符的句点应省略。而 RDA 取消了省略句点的规则,要求不能省略其中任何一个句点。ISBD 第 5 项载体形态项记录在 300 字段,通常以尺寸元素结束,即通常以"cm"或"mm"结束。在 RDA 中"cm"或"mm"已不再作为缩写,而作为标志,因此其后无句点。如果第 6 项丛编项出现在记录中,ISBD 规定该项需前置(. --),因此需要在 300 字段的结尾处添加句点。如果书目记录中无第 6 项,其后直接随以第 7 项附注项,则

没有分隔符,无须在 300 字段结尾处添加句点。简言之,在 RDA 实践中,如果 300 字段以"cm"或"mm"结尾,其后有 490 字段丛编说明,则 300 字段有句点,否则 300 字段无句点。

例 1:

250 ##$a3rd ed. .

说明:不用 250 ##$a3rd ed.

例 2:

245 00$aAgroforestry, the future of global land use /$cP. K Ramachandran Nair, Dennis Garrity, editors.

300 ##$axxi, 541 pages :$billustrations (some color) ; $c24 cm.

490 1#$aAdvances in agroforestry, $x1875-1199 ; $vvolume 9

说明:书目记录中有 490 字段,300 字段有句点。

例 3:

245 00$aAir quality and the natural gas industry :$bissues, considerations, and regulation /$cJamie D. Zaleski, editor.

300 ##$aviii, 136 pages :$billustrations ; $c23 cm

504 ##$aIncludes bibliographical references and index.

说明:书目记录中无 490 丛编项,载体形态项后直接随以第 7 项附注项,"cm"不是缩写,因此 300 字段结尾处无句点。

5. 单独的方括号

依据 ISBD,如果一个项目中的几个相邻单元须加方括号,将它们置于一个方括号内,RDA 取消了该规定,要求用单独的方括号将每个元素分别括起来。

例 1:

264 #1$a[Maryland] :$b[Scarecrow Press], $c[2007]

说明:不用 264 #1$a[Maryland :$bScarecrow Press, $c2007]。

例 2:

246 #1$a[東京] :$b[共同通信社], $c[2015]

说明:不用 264 #1$a[東京 :$b 共同通信社, $c2015]。

1.7.4 变音符号

对于德语、法语等一些语言中重音等变音符号,按信息源上出现的形式进行转录。

1.7.4 可选择的附加

编目员可依据语言规则予以添加信息源上未出现的变音符号。

例:

245 00$aStadtzukunfte in Deutschland

或

245 10$aStadtzukünfte in Deutschland

说明:信息源显示为:STADTZUKUNFTE IN DEUTSCHLAND。

中国国家图书馆做法:

本馆具备相应语言的专业人才时,应用可选择的附加规则,即编目员需按语言标准用法添加变音符号。对于回溯编目或不具备专业人才的情况,应用一般规定,即编目员按信息源上呈现的形式转录。

1.7.5 标志

对于标志或其他特殊符号,按信息源上出现的形式转录。对于无法复制的标志或符号,如各种图形信息,应对其进行描述并将描述语置于方括号内。如有必要,可编制一个附注说明。

中国国家图书馆做法:

对于图形等无法复制的标志,不予转录,将对其的描述记录在方括号内,记录可能的变异题名,并用附注字段说明标志。忽略表示商标、专利等的标志。这些标志包括上标或下标的圆圈内的"R"(®)和上标或下标的字母"TM"(™)。

例 1:

245 10$a[Copyright]/$cFree Spirits, Inc.

500 ##$aThe title consists solely of the copyright symbol.

说明:信息源显示为:©。

例 2:

245 10$aBologna-Raticosa :$buna storia di uomini e motori = a story of men and machinery /$cFrancesco Amante, Carlo Dolcini.

500 ##$aThe hyphen in the title appears as a North East arrow.

说明:信息源显示为:↗。

例 3:

245 14$aThe Gumby books of letters.

说明:信息源显示为:The Gumby ® books of letters

例 4:

245 10$aアイ[ラブ]ユーゴ :$bユーゴスラヴィア・ノスタルジー /$c鈴木健太著.

246 3#$aアイハートユーゴ :$bユーゴスラヴィア・ノスタルジー

246 3#$aI [love] Yugo :$bYugoslavia nostalgia

500 ##$a[ラブ]はハートマークによる表示.

说明:信息源显示为アイ♥ユーゴ。

例 5:

245 10$aCO[2]事典 /$c[L・D・ダニー・ハーヴィー著];立木勝,広瀬朗子,佐々木知子翻訳.

500 ##$a[2]は下付き文字.

说明:信息源显示为:CO_2事典。

1.7.6 首字母缩写和可拼读的首字母缩略词之间的空格

无论信息源上首字母缩写之间是否有句点,是否有空格,在转录时,首字母缩写之间均不空格。

例 1:

245 04$aThe ABC in verse for young learners.

说明:信息源显示为:The A B C in verse for young learners。

例 2:

245 00$a8th Iberoamerican optics meeting and 11th Latin American meeting on optics, lasers and applications : $b22-26 July 2013, Porto, Portugal /$cManuel Filipe P. C. Martins Costa, editor.

说明:信息源显示为:Manuel Filipe P. C. Martins Costa, editor,记录时应省略缩写之间的空格。

1.7.7 本应出现一次以上的字母或词

如果一个字母或词在信息源上仅出现一次,但是从信息源上能看出该字母或词需要出现多次,则重复该字母或词。

例 1:

245 00$aCanadian citations = $bCitations canaiennes.

说明:信息源显示为:Canadian CITATIONS canadiennes。

例 2:

245 10$aEschatologie = $bEschatology : the sixth Durham-Tübingen Research Symposium /$cherausgegeben von Hans-Joachim Eckstein = edited by Hans-Joachim Eckstein.

说明:信息源显示为:herausgegeben von /edited by Hans-Joachim Eckstein。

例 3:

245 10$a 少女再見 = $b 再見少女 /$c 三木美紀著.

说明:信息源显示为:少女再見少女。

1.7.8 缩写

缩写按信息源上呈现的形式转录,RDA 附录 B 要求的缩写除外。RDA 附录 B.7—B.11 提供了缩写词的列表,包括编号术语的缩写、时间单位的缩写、希腊字母的缩写以及地理名称的缩写等。例如,编号术语方面,"number"缩写为"no.";"volume"缩写为"v.";"tome"缩写为"t.";"Band"缩写为"Bd."等。在时间单位方面,"hour"缩写为"hr.";"minute"缩写为"min.";"second"缩写为"sec."。在地理名称方面,澳大利亚、加拿大、美国的州、省、领地等的名称要求按列表缩写。

例 1:

264 #1$aEvanston, Illinois : $bSummey-Birchard Publishing Company, $c1960.

说明:不用 264 #1$aEvanston, Ill. : $bSummy-Birchard Pub. Co., $c1960.

例 2:

264 #1$a[Place of publication not identified] : $b[publisher not identified], $c[2006]

说明:不用 264 #1$a[S. l. : $bs. n., $c2006]

例 3:

300 ##$a1 audio disc (20 min.) ;$banalog, 33 1/3 rpm, stereo ;$c12 in.

说明:“minute”按 RDA 附录 B 的要求缩写为“min.”

例 4:

264 #1$a[Без места] :$b[без издателя],$c2015.

说明:不用 264 #1$a[Б. м. :$bб. и.],$2015.

例 5:

264 #1$a :[لايعرفـمكانالنشر]$b، [لايعرفـدارالنشر]$c[2006]

说明:不用 264 #1$a[: . د م . $b‘.د.ن$c2006]

1.7.9 差错

对于转录元素,需按信息源显示的形式记录差错,同时为正确的形式提供检索点,即将正确的形式作为变异题名记录。但是,对于连续出版物或集成性资源,如果正题名中有差错,需更正差错后将正题名记录在 245 字段,同时将错误的题名形式作为变异题名记录。取消 AACR2 用[sic]或[i. e.]等订正的方法。

例 1:

245 10$aRace in Amrica /$cSusan Henneberg, editor.

246 1#$iTitle should read:$aRace in America

说明:不用 245 10$aRace in Am[e]rica。

例 2:

245 10$aDuetschland und die Osterweiterung der Europäischen Union

246 1#$iTitle should read:$aDeutschland und die Osterweiterung der Europäischen Union

说明:不用 245 10$aDuetschland [i. e. Deutschland] und die Osterweiterung der Europäischen Union。

例 3:

245 00$a 小説家芥川龍介之の一生

246 1#$i 正しいタイトル:$a 小説家芥川龍之介の一生

例 4:

245 00$aИскуство Древнего Египта.

246 1#$iЗаглавие следует писать :$aИскусство Древнего Египта

说明:不用将遗漏的字母直接添加在题名中并置于方括号内:245 00$aИскус[с]тво Древнего Египта。

例 5:

245 00$aAdvancement in online education :$bexploring the best practices.

246 1#$iTitle appears on v. 1:$aAdvancement in enline education

说明:对于连续出版物题名中的差错,RDA 做法与 AACR2 相同,即在正题名中进行订正,将错误形式作为变异题名记录。

1.8 用数字或词表达的数

当记录 RDA 1. 8. 1 所列元素时,如果出现数字或用词表达的数,需用创建数据的机构首选的形式。如果在这些元素中数字以词的形式表达,则需替换成数字的形式。

1.8 交替规则

如实转录,或者在如实转录的基础上,补充创建数据的机构首选的数字形式。

对于早期印刷型资源,在丛编编号、制作日期、出版日期、发行日期或生产日期中出现的用数字或词表达的数,按信息源上出现的形式转录。

中国国家图书馆做法:

①以阿拉伯数字为首选的数字形式,不应用交替规则。在 RDA 1.8.1 所列元素中,不论信息源上数字以何种形式呈现,均采用阿拉伯数字记录,并置于方括号内。

例 1:

264 #1$aTübingen :$bMohr Siebeck,$c[1977]

500 ##$aMDCCCCLXXVII.

说明:信息源显示为:MDCCCCLXXVII。

例 2:

264 1#$a 東京 :$b 社会評論社,$c[2014]

500 ##$a 平成二十六年.

说明:信息源显示为:平成二十六年。

②对于早期印刷型资源,应用交替规则,即遵循"如实转录"的原则,不必转换成阿拉伯数字。1912 年辛亥革命之前出版的资源界定为早期印刷型资源。

1.9 日期

日期通常都是以数字的形式出现,当记录的元素并非转录元素时,日期的记录方法遵循 RDA 1.8 的说明。RDA 1.9 所指日期是提供的日期(Supplied dates),即信息源上找不到,而从资源本身之外所获取的日期。提供的日期需置于方括号内,以表示信息取自资源之外。提供的日期不使用缩写。

(1)如果已知实际的年,则记录该年。

(2)如果日期已知是两个连续的年之一,则记录两个年,中间用"or"或其他语言的等同词分隔。

(3)如果已知可能的年,则记录该年,其后随以问号。

(4)如果可能的年在若干范围内,以"between...and..."或其他语言的等同词记录。

(5)如果最早可能的年已知,以"not before"或其他语言的等同词记录;如果最后可能的年已知,以"not after"或其他语言的等同词记录。

例 1:

264 #1$c[2003]

说明:信息源上虽然无出版年信息,但是可以确定该日期,用法与 AACR2 相同。

例 2：

264 #1$c[2001 or 2002]

264 #1$c[2007 または 2008]

264 #1$c[1991 или 1992]

说明：两个连续的年中间用“or”或其他语言的等同词连接，用法与 AACR2 相同。

例 3：

264 #1$c[1992?]

说明：可能的年后随以问号，用法与 AACR2 不同，AACR2 表示为：[ca. 1992]。

例 4：

264 #1$c[between 1800 and 1899?]

264 #1$c[1905 から 1945 の間]

264 #1$c[между 1908 и 1913]

说明：可能的时间范围，用“between”和“and”或其他语言的等同词连接，AACR2 中该用法只能用于相距 20 年之内的情况，“19 世纪”AACR2 表示为：[18--?]。

例 5：

264 #1$c[not before May 13, 1476]

264 #1$c[1527 年 10 月 22 日以後]

264 #1$c[not after February 10, 1991]

264 #1$c[1995 年 3 月 27 日以前]

说明：表示“不早于”或“不晚于”某个时间，AACR2 中没有该用法。

1.10　附注

在引号内记录从资源或其他来源获取的引语，其后随以引语的来源，除非该来源是识别资源的首选信息源。

例 1：

500 ##$a"This printed version of FGAR is updated each year after the legislative session." --Introduction.

例 2：

500 ##$a「自治館明治 44 年 8 月刊第三版の復刻」--序文.

2
识别载体表现和单件

2.1 识别资源的依据

信息源的选择是编目工作的开端。确定信息源与著录类型和资源呈现格式相关,RDA 2.1 详细说明了在综合著录和分析著录的情况下信息源选择的规则,RDA 2.2 详细说明了不同呈现格式的资源信息源选择的规则。

对于综合著录[著录类型详见 NLC PS(FLR)1.5],按资源发行方式的不同遵循如下信息源选择的规则:

1. 独立单元

选择识别资源整体的信息源,如果没有,则将识别单独内容的信息源作为集合性信息源。

2. 多部分发行的资源(多部分专著、连续出版物、多载体配套资料)

(1)如果卷期或部分顺序编号,则选择已有编号最小的卷期或部分的信息源。例如,多部分专著如果可获得第 1 卷,则以第 1 卷的信息源作为该资源的信息源;连续出版物以第 1 个可获得的卷期的信息源作为资源的信息源,即使该卷期并非连续出版物的第 1 卷期。

(2)如果卷期或部分未编号或非顺序编号,则选择具有最早发行日期的卷期或部分的信息源。例如,资源为未编号的丛编,综合著录时以该丛编最早出版发行的卷期的信息源为资源的信息源。

(3)如果顺序发行的概念不适用,则选择可识别资源整体的信息源(如多载体配套资料)。

(4)如果没有识别资源整体的信息源,但是有识别资源主要内容的来源,则使用该信息源。

(5)如果上述情况均不适用,则将所有部分作为集合性信息源。

如果作为著录基础的卷期或部分不是该资源的第 1 卷期或部分时,需编制一个附注,说明识别资源所依据的卷期或部分。

中国国家图书馆做法:

对于连续出版物,无论作为著录基础的卷期或部分是否为该资源的第 1 卷期或部分,均需编制附注予以说明。

例 1:

362 1#$aBegan in 2012.

588 ##$aDescription based on: 2nd edition (© 2012); title from title page.

说明:作为著录依据的卷期为连续出版物首期。

例 2：

362 1#$aBegan with no 001 (juillet/sptembre 2005); ceased/suspended after no 015 (octobre/décembre 2009)?

588 ##$aDescription based on: No 013 (avril/juin 2009); title from cover.

说明：作为著录依据的卷期不是连续出版物首期。

例 3：

362 1#$aBegan with: Vol. 1, no. 1 (1998).

588 ##$aDescription based on: Vol. 8, no. 1 (Jan. 2004); title from cover.

说明：作为著录依据的卷期不是连续出版物首期。

3. 集成性资源

选择可识别当前更新后的整体的信息源。对于集成性资源，需要编制一个附注，说明描述时所查阅的最新更新后的整体。如果集成性资源为在线资源，该附注说明的是浏览日期。

例 1：

300 ##$avolumes (loose-leaf) :$billustrations, forms ;$c30 cm +$e1 CD-ROM (4 3/4 in.)

588 ##$aDescription based on: 2007; title from title page.

例 2：

300 ##$a1 online resource (streaming video files) :$bsound, color

362 1#$aBegan in October 2013.

588 ##$aDescription based on contents viewed on June 2, 2015; title from home page.

2.2 信息源

RDA 2.1 说明了资源有多个识别依据时，哪个卷期或部分应作为著录的基础。RDA 2.2 说明的是在确定作为著录基础的卷期或部分当中，哪个位置可作为各元素的信息源。RDA 用“首选信息源”的概念代替了 AACR2 中的“主要信息源”，说明 RDA 扩大了元素信息源的选择范围。当相同的信息在资源的不同地方出现多次时，就需要确定选择信息的优先顺序，即确定“首选信息源”。RDA 按资源呈现格式的不同对资源的首选信息源进行了规定。

2.2.2 首选信息源

1. 由一个或多个页、叶、张或卡片（或一个或多个页、叶、张或卡片的图像）组成的资源（RDA 2.2.2.2）

属于这类的资源主要是印刷型资源或印刷型资源的图像（缩微或电子），例如，图书、期刊、地图或其图像（缩微复制品、PDF 文档、照片的 JPEG 图像）。

该类资源的首选信息源是题名页、题名张或题名卡片（或其图像）。

如果没有题名页、题名张或题名卡片，则按优先顺序将载有题名的下列来源的第一个作为首选信息源：

①封面(或其图像);

②文首(或其图像);

③刊头(或其图像);

④书末出版说明(或其图像);

⑤资源内的其他来源(如果有多个,优先选择以正规形式出现的来源)。

2.2.2.2　交替规则

如果资源由一个或多个页、叶、张或卡片的缩微或计算机图像组成,可选择永久印制于或固定于资源的载有题名的肉眼可读标签。

中国国家图书馆做法:

对于缩微制品或实体电子资源,当开展回溯编目或不具备缩微阅读器或实体电子资源阅读设备时,应用交替规则,即选择永久印制于或固定于资源的载有题名的肉眼可读标签作为首选信息源。

2.2.2.2　例外

如果早期印刷型资源没有题名页、题名张或题名卡片(或其图像),则按优先顺序将载有题名的下列来源的第一个作为首选信息源:

①书末出版说明(或其图像);

②封面(或其图像);

③文首(或其图像)。

2. 由动态图像组成的资源(RDA 2.2.2.3)

属于这类的资源,如开盘电影胶片、视盘、视频游戏、MPEG 视频文件等,其首选信息源是题名帧或题名屏。如果没有题名帧或题名屏,则按如下优先顺序选择首选信息源:

①永久印制于或固定于资源的载有题名的标签,不包括所附的文字资料或容器(如视盘盘面上的标签);

②包含题名的文本形式的嵌入元数据(嵌入 MPEG 视频文件的元数据);

③构成资源本身一部分的另一来源(如光盘的菜单等。如果有多个,优先选择以正规形式出现的来源)。

2.2.2.3　交替规则

选择永久印制于或固定于资源的载有题名的肉眼可读标签,而无须放映资源以获取题名屏。

中国国家图书馆做法:

仅当资源题名帧或题名屏无法观看或不具备放映条件时,可应用交替规则。

3. 其他资源(RDA 2.2.2.4)

上述两类未涵盖的资源均属于其他资源的范畴。该类资源按如下优先顺序选择首选信息源:

①永久印制于或固定于资源的载有题名的标签,不包括所附的文字资料或容器;

②包含题名的文本形式的嵌入元数据;

③构成资源本身一部分的另一来源(如果有多个,优先选择以正规形式出现的来源)。

2.2.3　多个首选信息源

如果某资源存在多个首选信息源,总体上选择最先出现的来源作为首选信息源。下列特定情况选择首选信息源遵循如下规则:

1. 不同语言或文字的首选信息源(RDA 2.2.3.1)

如果资源包含多种语言或文字的首选信息源,则按如下顺序优先选择:

(1)与资源内容中占主要地位的语言或文字相对应的语言或文字的来源。例如,有德语和英语两个首选信息源,但资源内容占优势的语言是德语,则选择德语的信息源为首选信息源。

(2)译文的语言或文字的来源,如果资源包含多种语言或文字的同一作品,且已知资源的目的是翻译。例如,某部作品是英语作品的德语译本,但是资源内同时包含英语内容,此时由于资源的目的是翻译,因此选择译文德语的首选信息源。

(3)内容原文的语言或文字的来源,如果资源包含多种语言或文字的同一内容,且可以确定原文的语言或文字。例如,某部作品是英语、德语和法语对照本,但能确定英语是原文,此时由于资源的目的不是翻译,因此选择原文英语的首选信息源。

(4)最先出现的来源。

2. 载有不同日期的首选信息源(RDA 2.2.3.2)

如果资源(不包括多部分专著或连续出版物)包含载有不同日期的首选信息源,则将载有较近或最近日期的来源作为首选信息源。多部分专著和连续出版物详见 NLC PS(FLR) 2.1。

3. 复制品和原件的首选信息源(RDA 2.2.3.3)

如果资源是摹真品或复制品,且同时包含复制品和原件的首选信息源,则将复制品的来源作为首选信息源。

2.2.4　其他信息源

如果从资源本身找不到信息,可从资源之外获取信息,信息源的选择顺序如下:

①附件;

②不作为资源一部分发行的容器(如拥有者制造的包装盒);

③其他出版的资源描述;

④任何其他来源(如表示资源如何为人所知的参考源)。

对于大多数识别载体表现的元素,如果信息取自资源本身之外,均需用附注或加方括号的方式予以说明,详见 RDA 2.2.4 所列的元素。

2.2.4　例外

如果资源没有典型的书目信息(如照片、自然物体),则无须指示信息取自资源之外,即不用提供附注或添加方括号。

例 1:

245 00$aDiversity Education :$bZugänge-Perspektiven-Beispiele /$cKatrin Hauenschild,

Steffi Robak, Isabel Sievers (Hrsg.) ; mit Beiträgen von Meike Baader [and 31 others].

264 #1$a[Frankfurt am Main] :$bBrandes & Apsel,$c[2013]

说明:取自资源之外的信息需置于方括号内。

例 2:

245 00$aStomach of a frog, tangential section.

264 #0$c2010

300 ##$a1 microscope slide :$bstained ;$c3 x 8 cm

500 ##$aMade by Robert Morgan Craig.

说明:在编资源为显微镜载片,属于三维形式的物体,没有典型的书目信息,因此题名虽然没有出现在资源上,属于自拟题名,但是无须添加方括号。

2.3 题名

核心情况及与 MARC 21 的映射

元素名称	RDA 核心	本地核心	MARC 21 映射
题名(RDA 2.3)	核心	核心	245 题名说明
正题名(RDA 2.3.2)	核心	核心	245$a 题名 245$n 作品分部/分节号 245$p 作品分部/分节题名
并列正题名(RDA 2.3.3)	非核心	核心	245$b 题名的其余部分 246 变异题名(指示符为"31") 246$a 变异题名
其他题名信息(RDA 2.3.4)	非核心	核心	245$b 题名的其余部分
并列其他题名信息(RDA 2.3.5)	非核心	非核心	245$b 题名的其余部分 246 变异题名 246$b 题名的其余部分
变异题名(RDA 2.3.6)	非核心	条件核心	242 编目机构提供的翻译题名 242$a 题名 242$b 题名的其余部分 246 变异题名(第 2 指示符区分类型) 246$a 题名 246$b 题名的其余部分 740 非控/相关分析题名(第 2 指示符为"2") 740$a 题名

续表

元素名称	RDA 核心	本地核心	MARC 21 映射
较早正题名(RDA 2.3.7)	非核心	非核心	247 先前题名 247$a 题名 247$b 题名的其余部分
较晚正题名(RDA 2.3.8)	非核心	非核心	246 变异题名 246$a 题名 246$b 题名的其余部分 246$i 显示文本
识别题名(RDA 2.3.9)	非核心	条件核心	222 识别题名 222$a 识别题名 222$b 识别信息
缩略题名(RDA 2.3.10)	非核心	条件核心	210 缩略题名 210$a 缩略题名 210$b 限定信息

2.3.1 记录题名的基本说明

1. 如实转录题名(RDA 2.3.1.4)

按信息源上出现的形式转录题名,包括差错、标点符号和大写等,详见 NLC PS(FLR)1.7。除连续出版物和集成性资源之外,正题名中的差错不必订正,如实转录,并为正确的题名提供变异题名检索点。如果是连续出版物或集成性资源正题名中有差错,则需要更正后记录在 245 字段,并为错误的题名提供变异题名检索点。

例 1:

245 00$aBetween allegory and symbole in the medieval art /$cedited by Dariusz Tabor CR.

246 1#$iCorrected title:$aBetween allegory and symbol in the medieval art

说明:AACR2 的做法:245 00$aBetween allegory and symbole [i. e. symbol] in the medieval art。

例 2:

245 00$a 重要文化財矢田坐

246 1#$i 正しいタイトル:$a 重要文化財矢田座

例 3:

245 00$aZoology studies.

246 1#$iMisspelled title on number 1:$aZooology studies

说明:资源为连续出版物,信息源显示为:Zooology studies。

2.3.1.4 可选择的省略

如果不损失题名的基本信息,可节略一个冗长题名,用省略号表示所做的省略,不能省略前 5 个词中的任何一个。

中国国家图书馆做法：

部分应用可选择的省略规则。正题名要完整记录，不能节略。冗长的其他题名信息可节略第 5 个词后面的部分，用省略号表示所做的省略。

例：

245 10$aAt a Council held at Boston, March 10. 1668 [new style, 1669] : $bthe governour and magistrates being assembled in Council …

2.3.1.4 例外

不转录不作为题名一部分的引导语。

例：

245 00$aSleeping Beauty.

说明：信息源显示为：Disney presents Sleeping Beauty。

2.3.1.4 例外

如果连续出版物的题名在各期中包含不同的日期、名称、编号等，则省略这些日期、名称、编号等。用省略号表示所做的省略。

例 1：

245 00$aAnnual administration report on the progress of education in Orissa for the year …

例 2：

245 04$aThe annual report of Governor …

例 3：

245 00$a… annual report

说明：当省略号位于正题名句首时亦不省略，不用 245 00$aAnnual report，这与 AACR2 的相关规则不同。

2. 题名中个人、家族和团体的名称（RDA 2.3.1.5）

如果题名包含的名称通常作为责任说明的一部分，或作为出版者、发行者的名称处理，而该名称与题名融为一体（如由表示格的词尾相连），则将其作为题名的一部分处理。

例：

100 1#$aDoré, Gustave, $d1832-1883, $eartist.

245 12$aA Doré treasury : $ba collection of the best engravings of Gustav Doré /$cedited and with an introduction by James Stevens.

2.3.2 正题名

核心元素，信息取自首选信息源。

如果资源本身没有正题名，可按 RDA 2.2.4 所指示的来源获得信息，并指明该信息取自资源之外。当正题名没有取自首选信息源时，需编制一个附注说明正题名的来源。

1. 交替题名（RDA 2.3.2.1）

交替题名是正题名的一部分，记录在正题名的第一部分之后，用"or"或其他语言的等同词隔开，"or"的前后标以逗号、空格。参见 NLC PS（FLR）1.7.3。

例 1：

245 00$aCharles Duran，or，The career of a bad boy.

例 2：

245 00$a 竹取物語，あるいは，竹取翁物語.

2. 全称与简称（RDA 2.3.2.5）

如果连续出版物或集成性资源的题名以全称或首字母缩写的形式同时出现在信息源上，选择全称形式作为正题名，首字母缩写形式作为其他题名信息予以记录，并为该首字母缩写形式提供变异题名检索点。

例：

245 00$aFrontiers of information technology & electronic engineering ：$bFITEE.

246 3#$aFrontiers of information technology and electronic engineering

246 30$aFITEE

3. 汇编资源的正题名（RDA 2.3.2.6、RDA 2.3.2.9）

对于汇编资源，如果信息源同时包含总题名和单独内容的题名，将总题名作为正题名予以记录；如果缺少总题名，将各部分的正题名按其在信息源上出现的形式和顺序予以记录。

★ 专题说明 5：汇编资源的处理

中国国家图书馆做法：

1. 同一个人、家族或团体的汇编

（1）作品的规范检索点由创作者的规范检索点随以作品首选题名构建，即书目记录采用 1XX + 240 + 245 的形式。

（2）如果汇编有总题名，将总题名作为正题名记录在 245 字段，汇编作品中各部作品的题名记录在 505 字段。如果汇编没有总题名，将各部分的题名按其在汇编中出现的形式及顺序记录在 245 字段，各题名之间用空格、分号、空格予以分隔，题名和题名间含有连接词“and”时也应如此，“and”与紧随其后的作品题名记录在一起。其中仅第一部作品的正题名记录在 245$a，其他题名信息及其他各部作品的题名均记录在 $b。无须再启用 505 字段。具体模式如下：

有总题名：

1XX 个人、家族或团体的规范检索点

240 惯用总题名

245 总题名 /$c 责任说明

505 各部作品题名

7XX 各部作品的规范检索点

无总题名：

1XX 个人、家族或团体的规范检索点

240 惯用总题名

245 $a 第一部作品题名 ;$b 第二部作品题名 ; 第三部作品题名 /$c 责任说明

7XX 各部作品的规范检索点

(3)如果是同一责任者完整作品的汇编,作品的首选题名是惯用总题名“Works”,其后还可随以作品的出版时间。

例:

100 1#$aGoethe, Johann Wolfgang von, $d1749-1832.

240 10$aWorks.$f1997

245 10$aWerke in zehn Bänden /$cneu bearbeitet von Gisela Spiekerkötter.

(4)如果是同一责任者某一特定形式完整作品的汇编,作品的首选题名是相应形式的专用术语,主要包括:

Correspondence(书信集)

Essays(短文集)

Novels(长篇小说集)

Plays(戏剧集)

Poems(诗歌集)

Prose works(散文集)

Short stories(短篇小说集)

Speeches(演讲集)

如果上述术语均不适用,编目员可自行采用其他术语,例如“Posters”(海报)。

例 1:

100 1#$aShaw, Bernard, $d1856-1950.

240 10$aPlays.$f1951

245 10$aSeven plays :$bwith prefaces and notes /$cBernard Shaw.

505 0#$aMrs. Warren'sprofession -- Arms and the man -- Candida -- The devil's disciple -- Caesar and Cleopatra -- Man and superman -- Saint Joan.

700 12$iContainer of (work):$aShaw, Bernard, $d1856-1950.$tMrs. Warren's profession.

700 12$iContainer of (work):$aShaw, Bernard, $d1856-1950.$t Arms and the man.

700 12$iContainer of (work):$aShaw, Bernard, $d1856-1950.$tCandida.

700 12$iContainer of (work):$aShaw, Bernard, $d1856-1950.$tDevil's disciple.

700 12$iContainer of (work):$aShaw, Bernard, $d1856-1950.$tCaesar and Cleopatra.

700 12$iContainer of (work):$aShaw, Bernard, $d1856-1950.$tMan and superman.

700 12$iContainer of (work):$aShaw, Bernard, $d1856-1950.$tSaint Joan.

说明:7 部戏剧的汇编作品,以特定术语“Plays”作为惯用总题名。

例 2:

100 1#$aLee, Kuan Yew, $d1923-$einterviewee.

240 10$aInterviews

245 10$aLee Kuan Yew :$bthe grand master's insights on China, the United States, and the world /$cinterviews and selections by Graham Allison and Robert D. Black-

will ; with Ali Wyne ; foreword by Henry A. Kissinger.

说明:RDA 提供的术语均不适用,由编目员自行采用适用的首选题名术语“Interviews”。

(5)如果汇编不是完整作品,用惯用总题名随以术语“Selections”。如果汇编中的作品不是同一种形式,则用惯用总题名“Works”随以“Selections”,这与 AACR2 仅用“Selections”作为统一题名的做法不同。如果为同一种形式,则用(4)中特定作品形式的惯用总题名随以“Selections”。

例 1:

100 1#$aChopin, Frédéric, $d1810-1849.

240 10$aWorks.$kSelections

245 10$aPreludes ;$bSonata no. 2 ; Barcarolle ; Berceuse /$ccomposed by Frederic Chopin.

700 12$iContainer of (work): $aChopin, Frédéric, $d1810-1849.$tPreludes, $mpiano, $nop. 28.

700 12$iContainer of (work): $aChopin, Frédéric, $d1810-1849.$tSonatas, $mpiano, $nno. 2, op. 35, $r Bbminor.

700 12$iContainer of (work): $aChopin, Frédéric, $d1810-1849.$tBarcarolle, $mpiano, $nop. 60, $rF#major.

700 12$iContainer of (work): $aChopin, Frédéric, $d1810-1849.$tBerceuse, $mpiano, $nop. 57, $rDbmajor.

说明:同一作者不同形式作品的汇编。

例 2:

100 1#$aBilgrami, Akeel, $d1950-

240 10$aEssays.$kSelections

245 10$aSecularism, identity, and enchantment /$cAkeel Bilgrami.

说明:同一作者某一形式作品的汇编。

例 3:

100 1#$a 志賀, 直哉, $d1883-1971.

240 10$a 作品集.$k 選集 $f2012

245 10$a 志賀直哉選集 :$b 日記・散文・手帳・草稿 /$c 志賀直哉著 ; 阿川弘之[ほか 3 名]編.

说明:日文资源惯用总题名用日文形式。

(6)要求为汇编中的分部作品构建独立的规范检索点。分部作品的规范检索点记录在 7XX 字段,第 2 指示符为“2”,用关系说明语“Container of (work):”,记录在 $i。其模型为:700 12$iContainer of (work):$a 创作者规范检索点.$t 某部作品的首选题名。当汇编中单部作品的题名与其首选题名形式不同时,需另将该部作品的题名记录在 740 字段,第 2 指示符为“2”。

例 1:

100 1#$aRidley, Philip.

240 10$aPlays.$kSelections

245 10$aPlays one /$cPhilip Ridley ; introduced by the author.

505 0#$aThe pitchfork Disney -- The fastest clock in the universe -- Ghost from a perfect place.

700 12$iContainer of (work):$aRidley, Philip.$tGhost from a perfect place.

700 12$iContainer of (work):$aRidley, Philip.$tPitchfork Disney.

700 12$iContainer of (work):$aRidley, Philip.$tFastest clock in the universe.

说明:同一责任者有总题名的汇编,为分部作品构建单独的规范检索点。

例2:

100 1#$aQuarles, Francis,$d1592-1644.

240 10$aWorks.$kSelections

245 10$aEmblems, divine and moral ;$bThe school of the heart ; and Hieroglyphics of the life of man /$cby Francis Quarles.

700 12$iContainer of (work):$aQuarles, Francis,$d1592-1644.$tEmblemes.

700 12$iContainer of (work):$aQuarles, Francis,$d1592-1644.$tSchool of the heart.

700 12$iContainer of (work):$aQuarles, Francis,$d1592-1644.$tHieroglyphics of the life of man.

740 02$aEmblems, divine and moral.

说明:同一责任者无总题名的汇编,为分部作品构建单独的规范检索点。第1部作品在信息源上显示的题名为"Emblems, divine and moral",记录在245$a,但其首选题名形式为"Emblemes",记录在700$t,信息源上的形式记录在740字段。

(7)西文编目采用上述首选题名的术语,日、俄等其他语种采用相应语种的等同词,详见NLC PS (FLR)附录6的对照表。所有语种的资源的关系说明语均采用RDA术语表中的英语术语。

例:

100 1#$a芥川, 龍之介,$d1892-1927.

240 10$a短編小説集.$k選集

245 10$a芥川龍之介短編小説精選集 /$c芥川龍之介著 ; 新潮社編集.

505 0#$a酒虫 -- 捨児 -- 秋.

700 12$iContainer of (work):$a芥川, 龍之介,$d1892-1927.$t酒虫.

700 12$iContainer of (work):$a芥川, 龍之介,$d1892-1927.$t捨児.

700 12$iContainer of (work):$a芥川, 龍之介,$d1892-1927.$t秋.

说明:日文汇编资源,同一责任者有总题名,关系说明语用RDA提供的英语术语。

2. 不同个人、家族或团体的汇编

(1)如果有总题名,将总题名作为正题名记录在245字段,汇编中分部作品的题名及责任说明按其在信息源上出现的形式及顺序记录在505字段。如果没有总题名,将分部题名及责任说明按其在汇编中出现的形式及顺序记录在245字段,各部作品之间用句点、空格予以分隔。其中仅第1部作品的正题名记录在245$a,其他题名信息记录在$b,责任说明及其他作品的题名与责任说明均记录在$c。无须再启用505字段,也没有1XX字段,这与AACR2以第1部作品的责任者做1XX字段的做法不同。具体模式如下:

有总题名：

245 总题名 /$c 责任说明

505 第一部作品题名 / 责任说明 -- 第二部作品题名 / 责任说明 …

7XX 各部作品的规范检索点

无总题名：

245 $a 第一部作品题名 /$c 第一部作品责任说明. 第二部作品题名 / 第二部作品责任说明…

7XX 各部作品的规范检索点

(2)要求为分部作品构建独立的规范检索点。分部作品的规范检索点记录在 7XX 字段,第 2 指示符为“2”,用关系说明语“Container of (work):”,记录在 $i。其模型为:700 12$i Container of (work):$a 创作者规范检索点.$t 某部作品的首选题名。当汇编中单部作品的题名与其首选题名形式不同时,需另将该部作品的题名记录在 740 字段,第 2 指示符为“2”。

例 1:

245 00$aThree seventeenth-century plays on women and performance /$cedited by Hero Chalmers, Julie Sanders, Sophie Tomlinson.

505 0#$aThe wild-goose chase / by John Fletcher (1621) -- The bird in a cage / by James Shirley (1633) -- The convent of pleasure / by Margaret Cavendish (1668)

700 12$iContainer of (work):$aFletcher, John, $d1579-1625.$tWild-goose chase.

700 12$iContainer of (work):$aShirley, James, $d1596-1666.$tBird in a cage.

700 12$iContainer of (work):$aNewcastle, Margaret Cavendish, $cDuchess of, $d1624? -1674.$tConvent of pleasure.

700 1#$aChalmers, Hero, $eeditor.

700 1#$aSanders, Julie, $eeditor.

700 1#$aTomlinson, Sophie, $eeditor.

说明:不同责任者有总题名的汇编。

例 2:

245 00$aKirjavaliot :$bneljä lyhennettyä menestysteosta.

505 0#$aMeren raivo / Wilbur Smith ; suomennos, Eero Mänttäri ; kuvitus, Michael Turner ja Hohn Rose -- Tisha-erämaakoulun opettajatar / Robert Specht ; suomennos, Paula Karlsson ; kuvitus, Tom Hall -- Lento Landfalliin / G. M. Glaskin ; suomennos, Paula Karlsson ; kuvitus, Janet Mare.

700 12$iContainer of (expression):$aSmith, Wilbur A.$tHungry as the sea.$lFinnish.

700 12$iContainer of (expression):$aSpecht, Robert, $d1928-$tTisha.$lFinnish.

700 12$iContainer of (expression):$aGlaskin, G. M.$q(Gerald Marcus), $d1924-$tFlight to Landfall.$lFinnish.

740 02$aMeren raivo.

740 02$aTisha-erämaakoulun opettajatar.

740 02$aLento Landfalliin.

说明:翻译作品汇编,即内容表达的汇编,将不同于原文语言(英语)的题名(芬兰语题名)分别记录在 740 字段。

例 3:

245 00$a 芥川賞全集 :$b 定本 /$c 松村栄子, 瀧澤美恵子, 町田康編集 ; 芥川賞審査委員会監修.

505 0#$a 蒼氓 / 石川達三著 -- 城外 / 小田嶽夫著 -- コシヤマイン記 / 鶴田知也著 -- 普賢 / 石川淳著 -- 地中海 / 富澤有為男著.

700 12$iContainer of (work):$a 石川, 達三.$t 蒼氓.

700 12$iContainer of (work):$a 小田, 嶽夫.$t 城外.

700 12$iContainer of (work):$a 鶴田, 知也.$t コシヤマイン記.

700 12$iContainer of (work):$a 石川, 淳.$t 普賢.

700 12$iContainer of (work):$a 富澤, 有為男.$t 地中海.

700 1#$a 松村, 栄子, $eeditor.

700 1#$a 瀧澤, 美恵子, $eeditor.

700 1#$a 町田, 康, $eeditor.

710 2#$a 芥川賞審査委員会, $eeditor of compilation.

说明:日文资源不同责任者有总题名的汇编。

例 4:

245 00 $aLost horizon /$cby James Hilton. The Red pony / by John Steinbeck. The Third man / by Graham Greene. A Single pebble / by John Hersey. The Light in the Piazza / by Elizabeth Spencer. Seize the day / by Saul Bellow.

700 12$iContainer of (work):$aHilton, James, $d1900-1954.$tLost horizon.

700 12$iContainer of (work):$aSteinbeck, John, $d1902-1968.$tRed Pony.

700 12$iContainer of (work):$aGreene, Graham, $d1904-1991.$tThird man.

700 12$iContainer of (work):$aHersey, John, $d1914-1993.$tSingle pebble.

700 12$iContainer of (work):$aSpencer, Elizabeth.$tLight in the piazza.

700 12$iContainer of (work):$aBellow, Saul.$tSeize the day.

说明:不同责任者无总题名的汇编,为分部作品构建独立的规范检索点。

2.3.2.9 交替规则

对于缺少总题名的汇编资源,当进行综合著录时,可应用 RDA 2.3.2.11 所列的说明,自拟一个总题名。

中国国家图书馆做法:

不应用交替规则,即无须自拟总题名。

4. 音乐作品的题名(RDA 2.3.2.8.1)

如果音乐作品的题名仅由作曲类型的术语(例如,“symphony”或“concerto”)组成,或其后随以表演媒介、调、作曲日期、编号元素时,将上述这些元素均作为正题名予以记录。

例 1:

245 10$aSonata for piano, no. 3 /$cRobert Starer.

例 2：

245 10$a ピアノ協奏曲イ短調 op. 54 /$c 久石譲.

5. 地图资源正题名包含比例尺（RDA 2.3.2.8.2）

如果地图资源的正题名包含比例尺的说明，将其作为正题名的一部分记录，同时也需作为比例尺元素记录在 255 字段。

例：

245 10$aMiddle East reference map, scale 1:4,000,000 /$cGiziMap.

255 ##$aScale 1:4,000,000.

6. 记录自拟题名（RDA 2.3.2.11）

如果资源本身没有题名，则从外部数据源获取题名［参见 NLC PS（FLR）2.2.4］，或者基于资源的性质或主题自拟一个描述性题名，并在附注中指示该题名是自拟的。用与所描述资源内容相符的语言和文字。

2.3.2.11　交替规则

用创建数据的机构首选的语言和文字自拟一个题名。

各类资源的自拟题名要素：

①音乐资源的自拟正题名包括表演媒介、数字标识（如系列号、作品号）、调和/或其他区别特征；

②地图资源的自拟正题名包括所覆盖区域的名称，还可包括描述的主题；

③广告短片或视频的自拟正题名包括所宣传产品、服务等的名称或识别标志以及"advertisement"或其他语言的等同词；

④档案资源或收藏的自拟正题名包括创作者、收集者或酌情增加来源。

中国国家图书馆做法：

用各语种的编目语言自拟题名。西文编目以英语作为编目语言，其他语言编目采用相应语言作为编目语言，例如，日文编目用日语自拟题名。

例 1：

245 10$a［Street map of Washington, D. C.］/$cADC.

300 ##$a1 map :$bcolor ;$c97 x 66 cm

500 ##$aTitle devised by cataloguer.

说明：地图资源的自拟题名。自拟题名置于方括号内，并在附注项予以说明。

例 2：

245 00$aScreen shots of a New York political advertisement against Eric Vitaliano, a New York Assemblyman and anti-high taxes, paid for by the Republican National Committee.

300 ##$a1 photograph

500 ##$aTitle devised by Library staff.

说明：照片属于没有典型书目信息的资源，因此无须指示信息取自资源之外，照片的自拟题名不用置于方括号内。

例 3：

245 10$a[Songs for medium voice and piano] /$cPaul Bowles.

300 ##$a1 score (28 pages in various pagings) ; $c28 cm

500 ##$aTitle supplied by cataloger.

说明：音乐资源的自拟题名。

例 4：

245 00$a[明仁天皇結婚記念写真].

300 ##$a 写真 1 枚.

500 ##$a タイトルが図書館員によって編成された.

说明：日文资源的自拟题名。

7. 摹真品或复制品的正题名（RDA 2.3.2.3）

摹真品或复制品的正题名与其原始载体表现的正题名不同时，选择摹真品或复制品的题名作为正题名。如果原始载体表现的题名出现在相同来源上，且所用语言和文字与摹真品或复制品的题名不同，则记录为并列正题名；如果该题名与摹真品或复制品题名的语言和文字相同，则记录为其他题名信息或作为相关载体表现的题名（740 字段）。

例：

245 10$aHenricus Glareanus's (1488-1563) Chronologia of the ancient world : $ba facsimile edition of a heavily annotated copy held in Princeton University Library / $cintroduction and transcription by Anthony T. Grafton, Urs B. Leu.

说明：原始题名：Chronologia of the ancient world。

8. 连续出版物正题名的变化（RDA 2.3.2.13）

如果连续出版物的后续卷期或部分的正题名发生变化的情况属于 RDA 定义的主要变化，则为以新题名出现的卷期或部分做新著录，并将此两种著录作为相关作品处理。如果该变化属于次要变化，则可将其记录为较晚正题名（RDA 2.3.8）。作为连续性资源的一种，集成性资源如果正题名发生变化，处理方法完全不同，需要更正旧的正题名，以反映更新后的整体，如果旧的正题名比较重要，可记录为较早正题名（RDA 2.3.7），而无须建立新记录。参见 NLC PS（FLR）1.6.2。

2.3.3 并列正题名

中国国家图书馆核心元素，信息取自资源内的任何来源。

1. 并列正题名的信息源

与 AACR2 相比，RDA 并列正题名的信息源从主要信息源扩大到资源内的任何来源。例如，并列正题名没有出现在图书的题名页上，而出现在封面上，也可记录为并列正题名。

2. 多个并列正题名

RDA 取消了有英美倾向的相关规则，在第一并列正题名之后，不再要求优先记录英语的并列正题名。如果有多个并列正题名，应按照在信息源上显示的序列、版面或字体设计所指示的顺序进行转录。

3. 以正题名形式呈现的原题名

以正题名形式呈现的原题名，如果不同于正题名的语言，则作为并列正题名处理，即使资源内不包含原文语言的文本。如果与正题名语言相同,则视为其他题名信息。

例:

245 14$aThe dream of the red chamber = $b 红楼梦 /$c[English translation by Florence and Isabel McHugh].

说明:资源内无中文文本,但是原文语言的题名出现在信息源上,应记录为并列正题名。

4. 并列正题名需同时记录为变异题名

并列正题名记录在 245$b,同时将其作为变异题名记录在一个或多个 246 字段,指示符为"31",参见 NLC PS(FLR)2.3.6。

5. 并列其他题名信息

并列其他题名信息取自与对应的并列正题名相同的来源,按并列正题名的顺序记录。如果没有并列正题名,仅有并列其他题名信息,则将其记录在对应的其他题名信息之后。常见的模型如下:

245$a 正题名 = $b 并列正题名 /$c 责任说明

245$a 正题名 = $b 第 1 个并列正题名 = 第 2 个并列正题名 /$c 责任说明

245$a 正题名 = $b 并列正题名 :其他题名信息 /$c 责任说明

245$a 正题名 :$b 其他题名信息 = 并列正题名 :并列其他题名信息 /$c 责任说明

245$a 正题名 /$c 责任说明 = 并列正题名 / 并列责任说明

245$a 正题名 :$b 其他题名信息 = 并列其他题名信息 /$c 责任说明

例 1:

245 10$a 북경 아리랑 = $b 北京阿里郎 = Beijing Arirang /$c 윤종식 지음.

例 2:

245 00$a 異文化理解の語用論 :$b 理論と実践 = managing rapport through talk across cultures /$c ヘレン・スペンサー = オーティー編著 ; 田中典子[ほか 3 名]訳.

例 3:

245 10$aИстория советского кино = $bThe illustrated history of Soviet cinema /$cH. M. Зоркая.

例 4:

245 00$aStatistical yearbook of Azerbaijan, 2016 /$cState Statistical Committee of the Republic of Azerbaijan = Azərbaycanin statistik göstəriciləri, 2016 / Azərbaycan Respublikasi Dövlət Statistika Komitəsi.

2.3.4 其他题名信息

中国国家图书馆核心元素,信息取自与正题名相同的来源。

1. 范围(RDA 2.3.4.1)

其他题名信息可包含任何与正题名一起出现的短语,包括副题名、题上信息等,但不包括正题名的变异形式,如书脊题名、封套题名等,也不包括部分、卷期或补编的标识和/或名称。

例 1：

245 10$a 제국의 슬픔 ：$b 중국 전통사회의 정치와 인성 /$c 이중텐 지음 ; 강경이옮김.

例 2：

245 10$aInternationale Politik ：$bEinführung in das System internationaler Herrschaft.

2. 多个其他题名信息

如果其他题名信息有多个元素，可按信息源上显示的序列、版面或字体设计所指示的顺序进行转录。

例 1：

245 10$aMisunderstanding Russia ：$bRussian foreign policy and the West ：relations of Russia and western countries /$cby Magda Leichtova.

例 2：

245 00$a 国際法と戦争違法化 ：$b その論理構造と歴史性 ：研究論文集 /$c 東京大学国際法研究所編集.

3. 多种语言或文字的其他题名信息（RDA 2.3.4.4）

如果其他题名信息以多种语言或文字出现，则记录与正题名语言或文字相同的其他题名信息。如果此规则不适用，记录首先出现的其他题名信息。

4. 连续出版物的其他题名信息

如果在编资源是连续出版物，可不记录其他题名信息。如果连续出版物的全称形式和首字母缩写形式同时出现在信息源上，以全称形式作为正题名，首字母缩写形式作为其他题名信息记录，参见 NLC PS（FLR）2.3.2。

5. 表达更新频率的信息不作为其他题名信息记录

对于连续出版物或集成性资源，表达更新频率的信息不作为其他题名信息记录，而作为频率元素记录，例如，“including amendaments through 2011”或“updated daily”。

2.3.5 并列其他题名信息

非核心元素，信息取自与并列正题名相同的来源。参见 NLC PS（FLR）2.3.3。

2.3.6 变异题名

中国国家图书馆条件核心元素（在某些情况下需提供变异题名），信息取自任何来源。

1. 变异题名的类型

①出现在资源本身、护封、容器等处或附件上的题名；

②通过参考源与资源相联系的题名；

③对资源进行注册或机构分配的题名（如翻译题名）；

④资源上错误题名的更正；

⑤题名的一部分（如交替题名或分部题名）；

⑥集成性资源更新后的整体或多部分专著/连续出版物后续卷期、部分的并列正题名、其他题名信息、并列其他题名信息的变异形式。

2. 记录变异题名的字段

变异题名按类型不同可记录在 246、242 和 740 字段。246 字段记录变异题名时，由第 2

指示符的值表示变异题名的类型,指示符的搭配一般是固定的,具体如下:

246/12 区别性题名
246/13 其他题名
246/14 封面题名
246/15 附加题名页题名
246/16 卷端题名
246/17 逐页题名
246/18 书脊题名
246/3# 未指定类型题名(各种交替形式)
246/1# 添加 $i 用于说明变异题名取自何处
246/30 部分题名
246/31 并列题名

变异题名中的首冠词需删除。

中国国家图书馆做法:

下列情况需要记录变异题名:

①各种交替形式

包括:缩写词,如果正题名的前5个词中有缩写,若对读者检索重要,则将该缩写的展开式记录为变异题名;"&"或"+"等符号如果出现在正题名中的前5个词,则将单词"and"记录为变异题名;首字母缩写,如果正题名中的前5个词中有首字母缩写,且缩写之间有连字符"-",若对读者检索重要,则将没有连字符的形式记录为变异题名;数字,将正题名中的数字对应的文字形式记录为变异题名,或将文字形式的数字对应的阿拉伯数字形式记录为变异题名;日期,将正题名中的罗马数字形式日期所对应的阿拉伯数字形式和/或文字形式记录为变异题名。

例1:

245 14$aThe Basilica of St. Francis in Assisi.
246 3#$aBasilica of Saint Francis in Assisi
说明:缩写 vs. 展开。

例2:

245 00$aAbility, equity, & culture.
246 3#$aAbility, equity, and culture
说明:& vs. and。

例3:

245 00$a ハーブ & スパイス図鑑 :$b 旬の食材.
246 3#$a ハーブとスパイス図鑑 :$b 旬の食材
说明:& vs. と。

例4:

245 10$a 중국 비즈니스 & 마케팅.
246 3#$a 중국 비즈니스와 마케팅

说明:& vs. 와/과。

例 5:

245 14$aThe A-B-C-D of successful college writing ...

246 3#$aABCD of successful college writing

说明:首字母缩写带连字符 vs. 无连字符。

例 6:

245 00$a100 greatest trips.

246 3#$aOne hundred greatest trips

246 3#$aHundred greatest trips

说明:阿拉伯数字形式 vs. 文字形式。

例 7:

245 00$aAmerican university studies.$nSeries XVII, $pClassical languages and literature.

246 3#$aAmerican university studies.$nSeries 17, $pClassical languages and literature

246 30$aClassical languages and literature

说明:罗马数字形式 vs. 阿拉伯数字形式。

例 8:

245 00$a1000 самых интересных путешествий по России.

246 3#$aТысяча самых интересных путешествий по России

说明:阿拉伯数字形式 vs. 文字形式。

例 9:

245 00$aD. I. Y : $bupdos, knots, and twists.

246 3#$aDo it yourself : $bupdos, knots, and twists

说明:缩写 vs. 展开。

例 10:

245 10$aRegistering for ©.

246 3#$aRegistering for copyright

说明:标志符号 vs. 展开式。

例 11:

245 04$aThe $13 trillion question : $bhow America manages its debt /$cDavid Wessel, editor.

246 3#$aThirteen trillion dollar question

说明:阿拉伯数字形式 vs. 文字形式,以及货币符号 vs. 文字形式。

例 12:

245 00$a2 + 4 = 1.

246 3#$aZwei plus vier gleich eins

246 3#$aTwo plus four equals one

说明:计算式 vs. 文字形式

②对正题名中差错的订正

正题名中如果有差错,如实转录,并将正确形式记录为变异题名。如果是连续出版物或集成性资源，则需要订正后记录在245字段，将错误形式记录为变异题名。参见NLC PS (FLR)2.3.1。

例：

245 02$aA nev mechanism for transnational media complaints ...

246 1#$iCorrected title:$aNew mechanism for transnational media complaints

③正题名的一部分

作为正题名一部分记录的变异题名主要包括：交替题名、分部题名、部分题名。

例1：

245 14$aThe sick rose, or, Disease and the art of medical illustration.

246 30$aDisease and the art of medical illustration

说明：交替题名作变异题名。

例2：

245 00$aぼくの友だち，あるいは，友だちのぼく.

246 30$a友だちのぼく

说明：交替题名作变异题名。

例3：

245 00$aMichelin green guides.$pUSA West.

246 30$aUSA West

246 3#$aUnited States of America West

说明：分部题名作变异题名。

例4：

245 10$a 세계아동문학선집.$p 수호전.

246 30$a 수호전

说明：分部题名作变异题名。

例5：

245 00$a100 entertainers who changed America :$ban encyclopedia of pop culture luminaries /$cRobert C. Sickels, editor.

246 3#$aOne hundred entertainers who changed America

246 30$aEntertainers who changed America

说明：正题名中比较重要的部分做变异题名。

④正题名的引导语

如前文所述，引导语一般不作为正题名转录。但是如果重要，可作为变异题名记录。

例：

245 00$aNASA quest.

246 1#$iTitle appears on item as:$aWelcome to NASA quest

⑤并列题名

例1：

245 00$aAcronyms and abbreviations in natural sciences and technology :$bEnglish-German = Akronyme und Abbreviata aus Naturwissenschaft und Technik : En-

glisch-Deutsch /$cJoachim Bohm.

246 31$aAkronyme und Abbreviata aus Naturwissenschaft und Technik :$bEnglisch-Deutsch

例 2:

245 00$a 国際取引の基礎英語 = $bThe basic English of international transactions = 国际贸易基础英语.

246 31$aBasic English of international transactions

246 31$a 国际贸易基础英语

246 3#$aGuo ji mao yi ji chu ying yu

⑥其他题名信息

在连续出版物或集成性资源的书目记录中,如果其他题名信息是正题名的缩写形式,则将该缩写形式记录为变异题名。参见 NLC PS(FLR)2.3.2。

例:

245 00$aJournal of chemical theory and computation :$bJCTC.

246 30$aJCTC

⑦出现在资源本身、护封、容器等处或附件上的题名

例 1:

245 10$aAdventures of Superman.$nThe complete fifth & sixth seasons in full color /$c Warner Bros. Television ; created by Jerry Siegel and Joe Shuster.

246 18$aAdventures of Superman.$nSeasons five & six

说明:书脊题名作变异题名。

例 2:

245 10$aResearch paper.

246 13$aDepartment of Geography research paper

说明:第 2 指示符值为"3",表示其他数值所指代的专有类型都不适合。

例 3:

245 00$aCalifornia farm labor report.$pEstimated mid-month employment by county.

246 30$aEstimated mid-month employment by county

246 3#$aEstimated midmonth employment by county

246 13$aSummary of agricultural activity and crop conditions

246 17$aCalifornia farm labor report 881-A

说明:第 1 个变异题名为分部题名,第 2 个变异题名为分部题名的交替形式,第 3 个变异题名为其他题名,第 4 个变异题名为逐页题名。

例 4:

245 00$a 新旧对照市制町村制正文 :$b 第三版.$p 市制正文.

246 30$a 市制正文

246 13$a 地方自治法研究復刊大系

246 14$a 市制町村制正文 :$b 新旧对照 : 第三版

246 18$a 第三版新旧对照市制町村制正文

说明:第 1 个变异题名为分部题名,第 2 个变异题名为其他题名,第 3 个变异题名为封面题名,第

4 个变异题名为书脊题名。

例 5：

245 00$aTrends showing the year-to-year changes in the pattern of many phases of motor truck operation.

246 14$aAmerican trucking trends$f1945- < 1950 >

说明：封面题名作变异题名，$f 为与变异题名相关的卷期或日期。

例 6：

245 10$aAfghanistan Digitization Project :$bsponsored by Carnegie Corporation of New York, Grant B8515 R01 : summary of documents digitized to date, December 2015.

246 1#$iAt head of title：$aLibrary of Congress-World Digital Library

说明：题上信息作变异题名。

3. 翻译题名

中国国家图书馆做法：

中国经典作品要求记录翻译题名。翻译题名记录在 242 字段，$y 需提供翻译题名的语种代码。

例 1：

100 1#$aZuoqiu, Ming.

240 10$aGuo yu.$lFrench

242 10$a 国语 /$c(春秋)左丘明.$ychi

245 10$aGuoyu : $bpropos sur les principautés /$ctraduction d'André d'Hormon ; compléments par Rémi Mathieu.

例 2：

100 1#$aBan, Gu, $d32-92.

240 10$aHan shu.$kSelections.$lEnglish

242 10$a《汉书 · 张骞、李广利列传》和《汉书 · 西域列传》/$c(汉)班固.$ychi

245 10$aChina in central Asia : $bthe early stage, 125 B. C. -A. D. 23 : an annotated translation of chapters 61 and 96 of The history of the former Han dynasty /$cby A. F. P. Hulsewé ; with an introduction by M. A. N. Loewe.

例 3：

100 0#$aУ Цзин-цзы, $d1701-1754.

240 10$aRu lin wai shi.$lRussian

242 10$a 儒林外史 /$c(清)吴敬梓.$ychi

245 10 $ aНеофициальная история конфуцианцев : $ bроман /$ cУ Цзин-цзы ; перевод с китайского Д. Воскресенского (предисловие, послесловие).

例 4：

100 1#$a 郁，達夫，$d1896-1945.

240 10$aChen lun.$lJapanese

242 10$a 沉沦 /$c 郁达夫.$ychi

245 10$a 沈淪 /$c 郁達夫著 ; 岡崎俊夫訳.

例 5：

100 1#$a 曹，雪芹.

240 10$aHong lou meng.$lKorean

242 10$a 红楼梦 /$c （清）曹雪芹.$ychi

245 10$a 紅樓夢 /$c 曹雪芹著 ; 李周洪譯.

4. 汇编作品的变异题名

中国国家图书馆做法：

如果汇编作品中的分部作品存在与其规范检索点形式不同的题名，则可作为变异题名记录在 740 字段。

例：

100 1#$aGoethe, Johann Wolfgang von, $d1749-1832.

245 10$Faust ;$bThe sorrows of young Werther /$cGoethe ; translated by David Constantine.

700 12$iContainer of (expression): $aGoethe, Johann Wolfgang von, $d1749-1832.$t Faust.$lEnglish.

700 12$iContainer of (expression): $aGoethe, Johann Wolfgang von, $d1749-1832.$t Werther.$lEnglish.

700 1#$aConstantine, David, $etranslator.

740 42$aThe sorrows of young Werther.

说明：700 字段记录汇编作品中两部作品《浮士德》和《少年维特之烦恼》的英文版的规范检索点，由于原作为德文，首选题名为德文形式，分部作品的英文题名与规范检索点的题名形式不同，启用 740 字段予以记录。

5. 附件的题名

中国国家图书馆做法：

如果对识别或检索重要，附件的题名可作为变异题名记录在 740 字段。

例 1：

245 00$aOSHA plan writer.

300 ##$a1 CD-ROM ;$c4 3/4 in. +$e 1 manual ...

500 ##$aTitle on manual: Dr. Young's OSHA plan writer.

740 02$aDr. Young's OSHA plan writer.

说明：740 记录附件的题名，附件视为资源的组成部分，相当于汇编作品，740 第 2 指示符为“2”，表示分析款目。

例 2：

245 00$a 國會要覧.

300 ##$a431 ページ :$b 図，表 ;$c18 cm +$e 附冊(43 ページ ; 16 cm)

500 ##$a 附冊のタイトルは: 國會議員情報.

740 02$a 國會議員情報.

说明:日文带附件的资源。

2.3.7 较早正题名

非核心元素,信息取自正题名来源中集成性资源较早更新后的整体上的来源,仅适用于集成性资源。

1. 编制附注说明较早正题名对应的日期

当记录集成性资源的较早正题名时,需编制一般性附注说明其对应的出版日期,对联机资源而言,则应说明其浏览日期。

例:

245 00$aNewspapers database of Washington.

247 11$aWashington newspapers database

500 ##$aFormer title (as viewed Oct, 6, 1999): Washington newspapers database

说明:新闻数据库网站,247 记录较早正题名,同时 500 说明了较早正题名的浏览日期。

2.3.7.3 交替规则

如果变化较多,则编制一个一般性附注。

中国国家图书馆做法:

应用交替规则,即当集成性资源正题名变化较多时,可不用 247 字段记录较早正题名,直接编制一个一般性附注予以说明。

2. 当前题名与较早正题名之间复杂关系的表达

对于先前题名和当前题名关系复杂,仅用 247 字段难以表达的情况,启用 547 先前题名复杂关系附注字段予以说明。

例:

245 00$aPrinting trades blue book.

250 ##$aMetropolitan ed., greater New York and New Jersey.

247 11$aPrinting trades blue book.$pNew York edition$f1916

547 ##$aEdition varies: 1916, New York edition.

2.3.8 较晚正题名

非核心元素,信息取自正题名来源中多部分专著或连续出版物后续卷期或部分上的来源,通常应用于连续出版物。

如果连续出版物的正题名变化属于次要变化,将变化后的题名作为较晚正题名记录在 246 字段,可编制附注说明与正题名变化相对应的编号或出版日期。

例:

245 10$aAnnual report of pipeline safety.

246 1#$iSome issues have title: $aAnnual report on pipeline safety

说明:正题名从 1999 年卷期开始出现细微变化,与变化对应的编号记录在 246$i 生成导语附注,此时 246 的指示符搭配为"1#"。

2.3.8.3 交替规则

如果变化较多,则编制一个一般性附注。

中国国家图书馆做法:

应用交替规则,即当连续出版物正题名变化较多时,可不用 246 字段记录较晚正题名,直接编制一个一般性附注予以说明。

2.3.9 识别题名

中国国家图书馆条件核心元素,仅适用于连续出版物。按优先顺序取自下列来源:ISSN 注册机构;资源本身内的来源;任何其他来源。

按识别题名在来源上出现的形式记录在 222 字段。

例:

210 0#$aAALCO j. int. law

222 #0$aAALCO journal of international law

245 00$aAALCO journal of international law.

2.3.10 缩略题名

中国国家图书馆条件核心元素,仅适用于连续出版物。信息取自任何来源。

缩略题名基于识别题名而创建,按其在来源上出现的形式记录在 210 字段。

2.4 责任说明

核心情况及与 MARC 21 的映射

元素名称	RDA 核心	本地核心	MARC 21 映射
责任说明(RDA 2.4)	核心	核心	245 题名说明 245$c 责任说明等
与正题名相关的责任说明(RDA 2.4.2)	核心	核心	245 题名说明 245$c 责任说明等
与正题名相关的并列责任说明(RDA 2.4.3)	非核心	非核心	245 题名说明 245$c 责任说明等

2.4.1 记录责任说明的基本说明

1. 如实转录责任说明(RDA 2.4.1.5)

按信息源上出现的形式转录责任说明。与 AACR2 相比,RDA 摒弃了“3 原则”,也不再使用责任说明中“et al.”这样的拉丁语。在“3 原则”之下,如果责任说明中提及的责任者超过 3 人,不论承担相同职能或不同职能,仅记录每类职能的第一责任者,省略其他责任者,并用“[et al.]”表示省略。RDA将列出多个个人等名称的责任说明作为单一的说明予以记录,不必考虑所列出的个人、家族或团体承担的是否是相同或不同的职能。或者,省略第一个之外的其他名称,用著录机构首选的语言和文字总括地说明所做的省略。

中国国家图书馆做法:

原始编目:与创作者相关的责任说明不能省略。如果认为编者等贡献者重要,也可以不省略,其他责任说明可省略第一个之外的其他名称,用各语种的编目语言总括地说明所做的省略。

套录编目:如果责任说明如实按信息源转录,核对无误后保留套录信息。

例1:

245 00$a150 years of humanitarian action in 71 photos :$bmarking milestones and celebrating memories /$ceditors, Christine Cipolla [and four others].

说明:责任说明不是与创作者相关的,因此可以省略。

例2:

245 00$aプチ・ロワイヤル仏和辞典 /$c田村毅[ほか4名]編.

说明:责任说明不是与创作者相关的,因此可以省略。

例3:

245 00$aDiscussions and debates in Pacific education /$cedited by Jeremy Dorovolomo, Cresantia Frances Koya-Vakaúta, Rosanne Coutts and Govinda Ishwar Lingam.

说明:套录数据如实按信息源著录,核对无误后保留完整信息。

例4:

245 00$aDiscovering the world through debate :$ba practical guide to educational debate for debaters, coaches, and judges /$cNick Bibby, Dogan Yuksel, Banu Inan, Kelly A. Aylward, Matthew R. Hillery ; edited by Jeffrey E. Burkart [and 7 others].

说明:创作者的责任说明不能省略,编者的责任说明可以省略。

2.4.1.4 可选择的省略

只要不损失基本信息,可节略一个责任说明,不用省略号表示所做的省略,例如,可省略责任说明中的头衔、责任者所隶属的单位等信息。

中国国家图书馆做法:

原始编目:应用可选择的省略规则,即可省略责任者名称之外的其他信息。

套录编目:如果责任说明如实按信息源转录,核对无误后保留套录信息。

例1:

245 00$a2-D page map analysis :$bmethods and protocols /$cedited by Emilio Marengo and Elisa Robotti, Department of Sciences and Technological Innovation, Università del Piemonte Orientale, Alessandria, Italy.

说明:套录编目,经核对无误之后不节略责任说明。

例 2：

245 00$aDiscipleship that transforms ：$ban introduction to Christian education from a Wesleyan Holiness perspective /$cJohn Aukerman，general editor.

说明：信息源显示为：Dr. John Aukerman，原始编目责任说明省略头衔。

例 3：

245 00$aАнтология на българската поезия XXI век /$cредактор Михаил Неделчев.

说明：在编资源为保加利亚文，信息源显示为：Проф. Михаил Неделчев，原始编目责任说明省略头衔。

例 4：

245 00$a 東洋文明史論叢 /$c 桑原隲藏著.

说明：信息源显示为：桑原隲藏博士，原始编目责任说明省略头衔。

例 5：

245 10$a/الخسارات البحرية المشتركة.$c تأليف الدكتور ثروت علي عبد الرحيم

说明：信息源显示为：الدكتور ثروت علي عبد الرحيم الأستاذ في قسم القانون لجامعة الكويت

2. 责任说明同时包含组合及其成员的名称

如果责任说明中同时列出了一个组合、表演团体或公司等成员的名称以及该组合的名称，则仅记录该组合的名称，省略成员名称。如果对识别或检索重要，可将成员名称作为表演者、旁白者和/或出品人元素记录，即编制 511 字段附注。

例 1：

245 10$aTake the A train /$cHarlem Quartet.

511 0#$aIlmar Gavilán，Melissa White，violins ；Juan-Miguel Hernandez，viola ；Desmond Neysmith，cello.

说明：信息源上同时出现组合及其成员名称，责任说明仅记录组合的名称。

例 2：

245 10$a ちっちゃねずみくん /$cNAKO 作.

511 0#$a 中江嘉男文字 ；上野紀子絵.

说明：信息源上同时出现组合及其成员名称，责任说明仅记录组合的名称。

3. 多个责任者承担相同或不同的职责

责任说明中相同职责的多个责任者用逗号分隔，不同职责的责任说明用分号分隔。

例 1：

245 00$aBlack Europe /$c[reissue produced by] Jeffrey Green，Rainer E. Lotz and Howard Rye ；with contributions by Horst Bergmeier，Konrad Nowakowski and Susanne Ziegler.

例 2：

245 00$aИстория кыргызов и Кыргызстана /$cВ. М. Плоских，Д. Д. Джунушалиев，Т. А. Абдырахманов ；ответственный редактор А. Ч. Какеев.

例 3：

245 00$a 図書館の原則 ：$b 図書館における知的自由マニュアル（第 6 版）/$c アメリカ図書館協会知的自由部編纂 ；川崎良孝，川崎佳代子，村上加代子訳.

4. 责任关系不明确(RDA 2.4.1.7)

当责任关系不明确时,可在责任说明中添加一个词或短语,并置于方括号内。

例1:

245 00$aBerklee blues guitar songbook /$c[compiled and arranged by] Michael Williams ; edited by Jonathan Feist.

例2:

245 00$a 幼児期と歴史 :$b 経験の破壊と歴史の起源 /$c ジョルジョ・アガンベン[原著] ; 上村忠男訳.

5. 责任说明中出现的名词短语(RDA 2.4.1.8)

如果名词或名词短语与责任说明一同出现,则将其作为责任说明的一部分处理。在AACR2的实践中,这样的名词或名词短语要求按其他题名信息处理。

例:

245 14$aThe girl who fell from the sky /$ca novel by Heidi W. Durrow.

说明:将"a novel by"作为责任说明的一部分处理,不用245 14$aThe girl who fell from the sky :$ba novel /$cby Heidi W. Durrow。

2.4.2 与正题名相关的责任说明

核心元素,信息首先取自与正题名相同的来源,如果不可行,可取自资源内的其他来源。如果资源本身上没有相关信息,可取自资源之外,但需置于方括号内。

按RDA 2.4.1的基本说明记录与正题名相关的责任说明。

2.4.3 与正题名相关的并列责任说明

非核心元素,取自与对应的并列正题名相同的来源。参见NLC PS(FLR)2.3.3。

2.5 版本说明

核心情况及与MARC 21的映射

元素名称	RDA 核心	本地核心	MARC 21 映射
版本说明(RDA 2.5)	核心	核心	250 版本说明
版本标识(RDA 2.5.2)	核心	核心	250 版本说明 250$a 版本说明
并列版本标识(RDA 2.5.3)	非核心	非核心	250 版本说明 250$b 版本说明的其余部分
与版本相关的责任说明(RDA 2.5.4)	非核心	非核心	250 版本说明 250$b 版本说明的其余部分
特定修订版标识(RDA 2.5.6)	核心	核心	250 版本说明 250$a 版本说明 250$b 版本说明的其余部分

2.5.1 记录版本说明的基本说明

1. 如实转录版本说明(RDA 2.5.1.4)

版本说明属于转录元素的范畴,即遵循"如实转录"的原则。除非信息源上采用了缩写形式,否则在记录版本说明时不采用缩写。而在 AACR2 实践中,版本标识需按要求缩写,数字采用阿拉伯数字形式。

例 1:

250 ##$aRevised edition.

例 2:

250 ##$aSpecial collector's edition 2008.

例 3:

250 ##$aSecond edition.

说明:AACR2 要求缩写为:250 ##$a2nd ed.

例 4:

250 ##$aRev. et corr. .

说明:信息源显示为缩写。

例 5:

250 ##$a[United States ed.].

说明:信息取自资源之外。

例 6:

250 ##$a3rd ed. .

说明:信息源显示如此。第 1 个句点为缩写的句点,第 2 个句点为 ISBD 要求的项目之间的分隔符,按 RDA 规定,不能省略第 2 个句点。参见 NLC PS(FLR)1.7.3。

例 7:

250 ##$a. الطبعة الثانية

说明:AACR2 做法:250 ##$a. 2 ط。

例 8:

250 ##$aИздание второе, дополненное.

说明:AACR2 做法:250 ##$aИзд. 2-е, доп. 。

2. 与卷期或部分相关的版本说明(RDA 2.5.1.5)

如果资源上既有与整个资源相关又有与各部分相关的版本说明,则仅记录与整个资源相关的版本说明。如果对识别或检索重要,在附注中说明与部分或卷期相关的版本说明。

例:

245 00$aASM handbook /$cprepared under the direction of the ASM International Handbook Committee: Peter J. Blau, Volume Chairman, Scott D. Henry, Editor.

250 ##$a10th editon.

500 ##$aVolumes 3-6, 8, 11, 13, 15, 18, 20-22A, 23 lack edition statement.

说明:"10th edition"与整个资源相关,记录在版本说明元素中,各部分的版本说明情况记录在附注中。

3. 多个版本说明

如果资源上出现多个版本说明,记录在单独的 250 字段。

例：

250 ##$aCanadian edition.

250 ##$aSecond edition.

2.5.2 版本标识

核心元素，首先信息取自与正题名相同的来源，如果不可行，可取自资源内的其他来源。如果资源本身上没有相关信息，可取自资源之外，但需置于方括号内。

1. 版本标识的范围（RDA 2.5.2.1）

"版本标识"是电子资源编目中的常见元素，如果资源中出现诸如"edition""issue""release""level""state""update"或更常见的"version"（经常缩写为"v"）等词时，可以作为版本标识的依据。但是，资源中出现的对印刷复本数量细节的说明不属于版本标识的范畴，例如"19th impression"或"25th printing"。

2. 记录版本标识（RDA 2.5.2.3）

如果版本标识仅由数字或字母组成，则由编目员添加一个适合的术语，并用方括号指示该术语取自资源之外。

例 1：

250 ##$aThird [edition].

例 2：

250 ##$a4. [Auflage].

例 3：

250 ##2011[版].

例 4：

250 ##$a [제]2[판].

3. 指示定期修订或编号的说明（RDA 2.5.2.5）

对于连续出版物或集成性资源，将指示定期修订的说明不作为版本标识，而作为频率记录，例如"Frequently updated""Revised edtion issued every 3 months"。如果连续出版物上版本说明实际上相当于编号，将其作为编号记录。

4. 与正题名等融为一体的版本标识（RDA 2.5.2.6）

如果版本标识与正题名、其他题名信息、责任说明融为一体，则不必记录版本标识。

例 1：

245 10$aFurry logic, 10th anniversary edition :$ba guide to life's little challenges /$c JaneSeabrook.

例 2：

245 00$a 内線規程第十二版 :$b 改正要項 /$c 東京電燈株式會社[編].

2.5.3 并列版本标识

非核心元素，信息首先取自与版本标识相同的来源，如果不可行，可取自资源内的其他来源。如果资源本身上没有相关信息，可取自资源之外，但需置于方括号内。

并列版本说明记录在250$b。

例：

250 ##$aCanadian ed. = $bEd. canadienne.

中国国家图书馆做法：

原始编目：无须记录并列版本标识。

套录编目：如果书目记录中存在并列版本标识，核对无误后保留套录信息。

2.5.4 与版本相关的责任说明

非核心元素，信息取自与版本标识相同的来源。

与版本相关的责任说明记录在250$b。但是，与第1版相关的责任说明一律作为与正题名相关的责任说明予以记录，即记录在245$c，而不是250$b。

例1：

250 ##$aUpdated edtion /$brevised by Thelma Harms, Ellen Vineberg Jacobs, Donna Romano White.

例2：

100 1#$aSeow, Darel, $eauthor, $eillustrator.

245 10$aWhere are all the birds? : $bthe extraordinary mind of Goh Keng Swee /$c Darel Seow.

250 ##$aFirst edition.

中国国家图书馆做法：

原始编目：仅在对识别或检索重要时才需记录与版本相关的责任说明。

套录编目：如果存在与版本相关的责任说明，核对无误后保留套录信息。

2.5.6 特定修订版标识

核心元素，信息首先取自与版本标识相同的来源，如果不可行，可取自资源内的其他来源。如果资源本身上没有相关信息，可取自资源之外，但需置于方括号内。

特定修订版标识是对所列版本进行修订的相关说明，记录在版本标识之后，前置以逗号。

例：

250 ##$a2nd enlarged ed., revised.

2.6 连续出版物编号

核心情况及与 MARC 21 的映射

元素名称	RDA 核心	本地核心	MARC 21 映射
连续出版物编号(RDA 2.6)	核心	核心	362 出版日期和/或序列标识 363 格式化的日期和序列标识

续表

元素名称	RDA 核心	本地核心	MARC 21 映射
序列首期或第一部分的数字和/或字母标识(RDA 2.6.2)	核心	核心	362 出版日期和/或序列标识 363 格式化的日期和序列标识
序列首期或第一部分的年代标识(RDA 2.6.3)	核心	核心	362 出版日期和/或序列标识 363 格式化的日期和序列标识
序列末期或最后一部分的数字和/或字母标识(RDA 2.6.4)	核心	核心	362 出版日期和/或序列标识 363 格式化的日期和序列标识
序列末期或最后一部分的年代标识(RDA 2.6.5)	核心	核心	362 出版日期和/或序列标识 363 格式化的日期和序列标识

2.6.1 记录连续出版物编号的基本说明

1. 连续出版物编号的形式

连续出版物编号通常包括数字、字母、数字和字母的组合、年代标识等,附带或不附带标识性词语,如“volume”“number”“Band”“tome”。

2. 连续出版物编号中的数字

连续出版物编号中的用数字或词表达的数,依 RDA 1.8 的规则记录,即可用创建数据的机构首选的形式记录,标识性词语则依 RDA 1.7 的规则,按信息源上出现的形式转录。

2.6.1.4 例外

必要时用斜线代替连字符。

中国国家图书馆做法:

连续出版物编号中的数字或用词表达的数,直接采用阿拉伯数字记录,其他标识性词语按信息源转录。应用例外规则,例如,用“1961/1962”代替“1961-2”;用“1992/1993”代替“1992-1993”。

3. 多个编号序列

一种连续出版物可以有一个或多个编号序列,也可以有多个并行的编号体系,对于多个并行的编号体系,按所见的顺序将第二个或后继体系作为交替的编号。

4. 核心元素

连续出版物编号中仅有序列首期或第一部分的数字和/或字母标识、年代标识,以及序列末期或最后一部分的数字和/或字母标识、年代标识是核心元素。交替编号可不记录。

中国国家图书馆做法:

连续出版物编号信息需取自连续出版物的首期或第一部分、末期或最后部分,只有这些卷期或部分可获取时,方能记录。“可获取”是指编目员可以访问到这些卷期或部分,或者可找到相关的可靠信息,例如,由另一机构编目的 RDA 记录,该机构可访问这些卷期或部分,或是卷期或部分的图像。如果信息不可获取,则省略该元素,编制附注说明连续出版物首期或第一部分、末期或最后部分的编号。

5. 新的序列

如果编号以不同的体系开始新的序列，则按所见顺序记录每个序列的首期和每个序列的末期的编号。

例：

362 0#$aVolume 1, number 1 (November 1943) - volume 10, number 12 (June 1973)

362 0#$aNumber 1 (July 1974) -

说明：从 1974 年 7 月起启用了新的编号体系。

6. 指示编号的说明

对于连续出版物，将指示编号的说明[如 First edition(第 1 版)、1916 edition(1916 年版)]作为编号而非版本说明予以记录。

例：

362 0#$a1916 edition-

7. 记录编号的字段

连续出版物编号记录在 362 和 363 字段，其中 362 字段通过第 1 指示符确定是否为格式化说明("0"为格式化，"1"为非格式化)，而 363 本身就是格式化表示。

例：

362 0#$aVol. 4 (1947) -

说明：格式化附注，表示编号的格式为数字或字母标识在前，对应的年代标识在后，且置于圆括号内，随后跟短横"-"表示起讫年。

或

362 1#$aBegan with vol. 4, published in 1947.

说明：上例对应的非格式化附注。

或

362 0#$aVol. 4 (1947) -

363 01$a4$i1947

说明：可同时启用 363 字段，第 1 指示符"0"表示首期信息，第 2 指示符"1"表示资源仍在出版，$a 记录第 1 级编号，$i 记录与第 1 级编号对应的第 1 级年代。

2.6.2 序列首期或第一部分的数字和/或字母标识

核心元素，信息首先取自与序列首期或第一部分正题名相同的来源，如果不可行，可取自首期或第一部分内的其他来源。如果首期或第一部分本身没有相关信息，可取自资源之外，但需置于方括号内。

1. 编号由年和编号组成

如果编号由年和表示该年内一部分的编号组成，则将该年记录在编号前。

例：

362 0#$a1998-1-

说明：信息源显示为：1-1998。

2. 继承自前一连续出版物的数字和/或字母标识

如果数字和/或字母标识序列继承自前一连续出版物，则记录新著录的连续出版物的首期或第一部分的数字和/或字母标识。

例：

362 0#$aVol. 1, no. 9-

说明：前一连续出版物末期出现的编号为：vol. 1, no. 8。

3. 第二或后继编号序列

如果第二或后继编号序列附带诸如"new series"之类区分该序列的措辞，则包括此类措辞。如果未包括此类措辞，但重新开始编号（编号体系仍相同），则添加"new series"或其他适用的术语，并置于方括号内。

例：

362 0#$a[2nd series], number 1-

说明：前一序列为 number 1-number 6，后继序列为 3rd series, 4th series，自行添加适用的术语"2nd series"，并置于方括号内。

4. 首期缺少数字和/或字母标识的序列

如果某序列的首期缺少数字和/或字母标识，但后继各期为该序列确立了一个数字和/或字母标识模式，则依该模式为该序列的首期提供一个数字和/或字母标识，或年代标识，并置于方括号内。

例：

362 0#$a[Part 1] (Jan. 1978)-

说明：首期上没有数字标识，但后续各期都有：Part 2, Part 3 等。

5. 资源的识别以某序列首期或第一部分之外的部分为依据

如果识别连续出版物的依据不是其首期或第一部分，则在易于确定的情况下，为该序列的首期或第一部分提供一个数字和/或字母标识。

2.6.2.3 交替规则

编制一个关于该序列首期或第一部分编号的附注。

中国国家图书馆做法：

应用交替规则。

例：

500 ##$aBegan with v. 1, no. 1 (Jan. 1995).

6. 多种语言或文字的序列首期或第一部分的数字和/或字母标识（RDA 2.6.2.4）

如果某序列首期或第一部分的数字和/或字母标识在信息源上以多种语言或文字出现，则记录与正题名的语言或文字相同的标识，若不适用，则记录首先出现的标识。

2.6.3 序列首期或第一部分的年代标识

核心元素，信息首先取自与序列首期或第一部分正题名相同的来源，如果不可行，可取自首期或第一部分内的其他来源。如果首期或第一部分本身没有相关信息，可取自资源之外，但需置于方括号内。

1. 应用记录连续出版物编号的基本说明记录年代标识。

> ***2.6.3.3 可选择的附加***
>
> 如果年代标识包含的日期不是格里高利历或儒略历，则添加对应的格里高利历或儒略历日期，并指明信息取自资源之外。

中国国家图书馆做法：

应用可选择的附加规则，即添加格里高利历或儒略历日期，并置于方括号内。

2. 序列的首期或第一部分缺少年代标识

如果某序列的首期或第一部分缺少年代标识，但后继各期为该序列确立了一个年代标识模式，则依该模式为该序列的首期提供一个年代标识，并置于方括号内。

例：

362 0#$aVol. 01, no. 01 [November 2006]-

说明：首期仅有数字标识，没有年代标识，但后续各期都有年代标识。

3. 资源的识别以某序列首期或第一部分之外的部分为依据

如果识别连续出版物的依据不是其首期或第一部分，则在易于确定的情况下，为该序列的首期或第一部分提供一个年代标识。

> ***2.6.3.3 交替规则***
>
> 编制一个关于该序列首期或第一部分编号的附注。

中国国家图书馆做法：

应用交替规则。

例：

500 ##$aBegan with Jan. 2007 issue.

2.6.4 序列末期或最后一部分的数字和/或字母标识

核心元素，信息首先取自与序列末期或最后一部分正题名相同的来源，如果不可行，可取自末期或最后一部分内的其他来源。如果末期或最后一部分本身没有相关信息，可取自资源之外，但需置于方括号内。

记录序列末期或最后一部分的数字和/或字母标识的规则与记录序列首期或第一部分的数字和/或字母标识的规则基本相同，参见 NLC PS(FLR)2.6.2。

2.6.5 序列末期或最后一部分的年代标识

核心元素，信息首先取自与序列末期或最后一部分正题名相同的来源，如果不可行，可取自末期或最后一部分内的其他来源。如果末期或最后一部分本身没有相关信息，可取自资源之外，但需置于方括号内。

记录序列末期或最后一部分的年代标识的规则与记录序列首期或第一部分的年代标识的规则基本相同，参见 NLC PS(FLR)2.6.3。

2.7－2.11　制作说明、出版说明、发行说明、生产说明、版权日期

1. 264 字段 vs. 260 字段

在 AACR2 中，制作说明、出版说明、发行说明、生产说明、版权日期均记录在 260 字段。为了加强识别，RDA 将这些元素独立化，为此增加了 264 字段，并通过该字段的第 2 指示符的值指示信息的类型：0（制作说明）；1（出版说明）；2（发行说明）；3（生产说明）；4（版权日期）。在当前的编目实践中，如果出版、发行或生产的情况不复杂，某些创建数据的机构还在沿用 260 字段，例如仅有出版方面的信息。

中国国家图书馆做法：

原始编目：停用 260 字段，制作、出版、生产说明以及版权日期均采用 264 字段记录。

套录编目：书目记录已采用 260 字段记录出版说明等的需改为采用 264 字段的做法。

2. 元素核心等级

制作说明是针对非出版形式资源的，出版说明、发行说明、生产说明是针对已出版的资源。从核心角度看，排序也是如此，当前一种说明的信息无法识别时，后一种说明递补为核心元素，即当出版说明无法识别时，发行说明是核心元素，当出版说明和发行说明都不能识别时，生产说明是核心元素。出版、发行、生产等说明中等级核心元素的排列顺序如下：出版地——发行地——生产地；出版者——发行者——生产者；出版日期——发行日期——版权日期——生产日期。

3. 如实转录制作说明、出版说明、发行说明、生产说明

制作说明、出版说明、发行说明、生产说明属于转录元素的范畴，遵循“如实转录”的原则。在记录与出版发行等有关的信息时，如果不能获取相关信息，RDA 取消了 AACR2 中“S. l.”“s. n.”等拉丁语的表示方法，代之以相应的短语：

Place of production not identified	制作地未能识别
producer not identified	制作者未能识别
date of production not identified	制作日期未能识别
Place of publication not identified	出版地未能识别
publisher not identified	出版者未能识别
date of publication not identified	出版日期未能识别
Place of distribution not identified	发行地未能识别
distributor not identified	发行者未能识别
date of distribution not identified	发行日期未能识别
Place of manufacture not identified	生产地未能识别
manufacturer not identified	生产者未能识别
date of manufacture not identified	生产日期未能识别

中国国家图书馆做法：

西文编目采用上述 RDA 术语，其他语种资源采用相应语言的术语。

例 1：

264 #1$a[Place of publication not identified]：$b[publisher not identified]，$c[date of publication not identified]

例 2：

264 #1$a[出版地不明]：$b[出版者不明]，$c[出版年不明]

例 3：

264 #1$a[Без места]：$b[без издателя]，$c[без года]

4. 提供的日期

在日期方面，如果资源上没有可记录的日期，编目员可从资源之外获取相关信息，并作为"提供的日期"记录，详见 NLC PS(FLR)1.9。日期信息与 008/07-14 字符位存在对应关系。

2.7 制作说明

核心情况及与 MARC 21 的映射

元素名称	RDA 核心	本地核心	MARC 21 映射
制作说明(RDA 2.7)	条件核心	条件核心	264 制作、出版、发行、生产和版权信息
制作地(RDA 2.7.2)	非核心	非核心	264$a 制作地、出版地、发行地、生产地
制作者名称(RDA 2.7.4)	非核心	非核心	264$b 制作者、出版者、发行者、生产者
制作日期(RDA 2.7.6)	核心	核心	008 定长数据元素 07-10(日期 1) 11-14(日期 2) 264$c 制作日期、出版日期、发行日期、生产日期和版权日期

2.7.1 记录制作说明的基本说明

1. 制作说明的范围(RDA 2.7.1.1)

制作说明仅应用于非出版形式的资源，如手稿、绘画、雕塑、本地制作录音等，网络资源视为已出版的资源(包括手稿等非出版形式的电子复制品)。

2. 核心元素

制作说明的子元素中仅制作日期是核心元素。

3. 制作说明记录的字段

制作说明记录在 264 字段，第 2 指示符为"0"。

4. 如实转录制作说明

按信息源上出现的形式转录制作地和制作者名称，应用转录的一般性规则，详见 NLC PS（FLR）1.7，制作日期的数字记录规则详见 NLC PS（FLR）1.8。

2.7.2 制作地

非核心元素，信息首先取自与制作者名称相同的来源，如果不可行，可取自资源内的其他来源。如果资源本身上没有相关信息，可取自资源之外，但需置于方括号内。

记录制作地的规则与记录出版地的规则基本相同，参见 NLC PS（FLR）2.8.2。

2.7.4 制作者名称

非核心元素，信息首先取自与正题名相同的来源，如果不可行，可取自资源内的其他来源。如果资源本身上没有相关信息，可取自资源之外，但需置于方括号内。

记录制作者名称的规则与记录出版者名称的规则基本相同，参见 NLC PS（FLR）2.8.3。

2.7.6 制作日期

核心元素，信息取自任何来源，即使制作日期的信息取自资源之外，也不必置于方括号内，这与出版日期的规则不同。

1. 制作日期的范围（RDA 2.7.6.1）

制作日期通常是某年，也可以具体到月、日。对于档案资源，如果其制作日期在某一年之内，则记录该日期或更专指的日期，如果其制作日期跨越某一时间段，则记录起讫日期。

例：

264 #0$c1999-

264 #0$c1849-1851.

264 #0$c1906 March 17.

264 #0$cbetween 1952 and 1978.

264 #0$c1931 から 1949 の間.

264 #0$c[date of production not identified]

264 #0$c[製作年不明]

2. 纪年铭（RDA 2.7.6.4）

如果信息源上出现的制作日期采用纪年铭的形式，转录纪年铭。

2.7.6.4 可选择的附加

如果信息源上出现的制作日期采用纪年铭的形式，转录纪年铭，并添加创建数据的机构首选的数字形式的日期，并将该日期置于方括号内。

2.7.6.4 交替规则

如果信息源上出现的制作日期采用纪年铭的形式，不转录纪年铭，直接用创建数据的机构首选的数字形式的日期，并将该日期置于方括号内。如果对识别重要，可在附注提供纪年铭日期。

中国国家图书馆做法：

不应用可选择的附加规则，应用交替规则，即不转录纪年铭，直接用中国国家图书馆首选的阿拉伯数字记录相应的制作日期，并置于方括号内，可在附注提供纪年铭日期。中国古籍中的纪年以及西元之外的纪年均参照此做法。有关纪年铭的说明见 NLC PS(FLR)2.8.6.4。

例：

264 #0$c[1935]

500 ##$a 昭和 10 年.

3. 档案资源的日期(RDA 2.7.6.7)

如果大多数单件所涉及的日期与起讫日期有较大差异，则记录起讫日期，其后随以大多数单件的日期。如果不能从资源上找到日期，也不能从其他来源获得准确日期，则可以估算最接近的年、十年、世纪或其他世纪段。

例：

264 #0$c1632-1850, bulk 1792-1830.

264 #0$cprobably 1726.

264 #0$cbefore 1773.

264 #0$c1970 頃.

264 #0$c 江戸中期.

2.8 出版说明

核心情况及与 MARC 21 的映射

元素名称	RDA 核心	本地核心	MARC 21 映射
出版说明(RDA 2.8)	核心	核心	264 制作、出版、发行、生产和版权信息
出版地(RDA 2.8.2)	核心	核心	264$a 制作地、出版地、发行地、生产地
出版者名称(RDA 2.8.4)	核心	核心	264$b 制作者、出版者、发行者、生产者
出版日期(RDA 2.8.6)	核心	核心	008 定长数据元素 07-10(日期 1) 11-14(日期 2) 264$c 制作日期、出版日期、发行日期、生产日期和版权日期

2.8.1 记录出版说明的基本说明

1. 出版说明的范围(RDA 2.8.1.1)

出版说明应用于出版形式的资源。

2. 核心元素

出版地、出版者和出版日期均为核心元素。

3. 出版说明记录的字段

出版说明记录在264字段,第2指示符为"1"。

4. 如实转录出版说明

按信息源上出现的形式转录出版地和出版者名称,应用转录的一般性规则,详见NLC PS(FLR)1.7。

2.8.2 出版地

核心元素,信息首先取自与出版者名称相同的来源,如果不可行,可取自资源内的其他来源。如果资源本身上没有相关信息,可取自资源之外,但需置于方括号内。

1. 多个出版地(RDA 2.8.2.4)

如果信息源上有多个出版地,则仅第一个是必需的,不必一定要记录编目机构所在国的地点。如果需要记录多个出版地,则按信息源上名称的序列、版面和字体设计所指示的顺序记录。常见模式如下:

264 #1$a出版地 :$b出版者,$c出版日期

264 #1$a出版地1 :$b出版者1 ;$a出版地2 :$b出版者2,$c出版日期

264 #1$a出版地1 ;$a出版地2 :$b出版者,$c出版日期

264 #1$a出版地 :$b出版者1 :$b出版者2,$c出版日期

例1:

264 #1$aLanham, Maryland :$bRowman & Littlefield,$c2015.

例2:

264 #1$aRennes :$bPresses universitaires de Rennes ;$aParis :$bSociété des études robespierristes,$c2015.

例3:

264 #1$aFarnham, Surrey ;$aBurlington, VT :$bAshgate,$c2015.

例4:

264 #1$aParis :$bInstitut National d'Histoire de l'Art :$bCentre de Recherche et de Restauration des Musées de France,$c2013.

例5:

264 #1$a[서울] :$b국립중앙박물관 :$b대한불교조계종,$c2009.

例6:

264 #1$a東京 :$b東洋経済新報社 :$b養賢堂,$c2002.

例7:

264 #1$a東京 :$bミヤオビパブリッシング ;$a京都 :$b宮帯出版社,$c2016.

例8:

264 #1$aМосква ;$aСанкт-Петербург :$bКнижный мир,$c2016.

例9:

264 #1$aदिल्ली :$bयश पब्लिकेशन्स,$c2010.

说明:印地语资源的出版说明。

例 10:

264 #1$a؛ بيروت $a: بكين $b،دار النشر باللغات الاجنبية ببكين $c. 1985

2. 上级行政管辖区名称(RDA 2.8.2.3)

如果信息源上能找到,则包括本地地名(市、镇等)以及一个或多个上级行政管辖区(州、省等和/或国家)名称,如果信息源上没找到,则不必包括。

2.8.2.3 可选择的附加

(1)如果对识别或检索重要,将完整地址作为本地地名的一部分。

(2)如果对识别或检索重要,提供上级行政管辖区(州、省等和/或国家)的名称作为本地地名的一部分,并指示该信息取自资源之外,置于方括号内。

中国国家图书馆做法:

不应用可选择的附加(1)的规则。应用可选择的附加(2)的规则,例如,同一名称与多个地点相联系,需用上级行政管辖区名称作为区分。

例:

264 #1$aLondon [Ontario] :$bCanadian Poetry Press,$c1995.

3. 资源中未能识别的出版地(RDA 2.8.2.6)

如果出版地在资源中未能识别,则尽可能提供一个出版地的地点,并置于方括号内。如果能确定出版地,则提供本地地名,如为识别所必需,则包括上级行政管辖区的名称;如果出版地为可能的地点,则在出版地之后随以问号;如果出版地不详,仅知晓出版地所在的国家、州、省,则予以记录,如果为可能的国家、州、省,则在其后随以问号。

例 1:

264 #1$a[Nairobi]

说明:已知的地点。

例 2:

264 #1$a[Berlin?]

说明:可能的地点。

例 3:

264 #1$a [Suva?, Fiji]

说明:可能的地点并包括了上级行政管辖区的名称。

例 4:

264 #1$a[Nigeria]

说明:已知的国家。

例 5:

264 #1$a[Singapore?]

说明:可能的国家。

4. 出版地名称错误

如果转录的地名虚假或错误,则编制一个附注,提供实际的地名。

例 1：

264 #1$aLondon

500 ##$aActually published：Maidenhead.

说明：出版地名称错误，在附注提供正确的信息。与 AACR2 做法不同，AACR2 做法：260 ##$a London [i. e. Maidenhead]

例 2：

264 #1$a 東京

500 ##$a 実際の出版地は京都である.

说明：出版地名称错误，在附注提供正确的信息。

2.8.4 出版者名称

核心元素，信息首先取自与正题名相同的来源，如果不可行，可取自资源内的其他来源。如果资源本身上没有相关信息，可取自资源之外，但需置于方括号内。

1. 如实转录出版者名称（RDA 2.8.1.4）

如实转录出版者名称，不要缩写其中的词或短语，但可省略团体等级中非识别出版者所必备的层级，不用省略号表示所做的省略。

例 1：

264 #1$bLiveright Publishing Corporation, a division of W. W. Norton & Company

说明：如实转录出版者名称，不省略任何信息。与 AACR2 做法不同，AACR2 做法：260 ##$bLiveright。

例 2：

264 #1$b 丸善株式会社

说明：AACR2 做法：260 ##$b 丸善。

例 3：

264 #1$bHumanities Association, Renaissance Literature Section

说明：来源显示为：Humanities Association, Literature Division, Renaissance Literature Section。

2. 职能说明（RDA 2.8.4.4）

如果信息源上有指示个人、家族或团体所承担职能的词或短语，则如实转录，但是表示单纯出版的词或短语不转录，如“published by”。

例：

264 #1$bDeborah Charles Publications on behalf of the Jewish Law Association

说明：来源显示为：Published by Deborah Charles Publications on behalf of the Jewish Law Association。

2.8.4.4 可选择的附加

如果个人、家族或团体的职能没有明确说明，或不能根据上下文来确定，则添加一个指示职能的术语，并置于方括号内。

中国国家图书馆做法：

不应用可选择的附加规则。

3. 多个出版者

如果信息源上有多个出版者，则仅第一个是必需的。如果需要记录多个出版者，则按信息源上名称的序列、版面和字体设计所指示的顺序记录。模型参见 NLC PS(FLR)2.8.2。

2.8.6 出版日期

核心元素，信息首先取自与正题名相同的来源，如果不可行，可取自资源内的其他来源。如果资源本身上没有相关信息，可取自资源之外，但需置于方括号内。

1. 记录出版日期

按 NLC PS(FLR)1.8 的规则记录日期，如果资源上没有出版日期，可由编目员提供可能的日期，详见 NLC PS(FLR)1.9。

2. 纪年铭(RDA 2.8.6.4)①

如果信息源上出现的出版日期采用纪年铭的形式，转录纪年铭。

> ***2.8.6.4 可选择的附加***
>
> 如果信息源上出现的出版日期采用纪年铭的形式，转录纪年铭，并添加创建数据的机构首选的数字形式的日期，并将该日期置于方括号内。
>
> ***2.8.6.4 交替规则***
>
> 如果信息源上出现的出版日期采用纪年铭的形式，不转录纪年铭，直接用创建数据的机构首选的数字形式的日期，并将该日期置于方括号内。如果对识别重要，可在附注提供纪年铭日期。

中国国家图书馆做法：

不应用可选择的附加规则，应用交替规则，即不转录纪年铭，直接用中国国家图书馆首选的阿拉伯数字记录相应的出版日期，并置于方括号内。如果对识别重要，可在附注提供纪年铭日期。

例：信息源显示纪年铭为：ChrIstVs DuX ergo trIVMphVs

RDA 做法：

264 #1$cChrIstVs DuX ergo trIVMphVs

RDA 可选择的附加做法：

264 #1$cChrIstVs DuX ergo trIVMphVs[1627]

RDA 交替规则做法 & 中国国家图书馆做法：

264 #1$c[1627]

500 ##$aChrIstVs DuX ergo trIVMphVs.

说明：纪年铭转换为公历日期的算法：将纪年铭中的大写字母按代表数字的大小排列，即 MDCXVVVII，将这些字母代表的数字相加求和，1000 + 500 + 100 + 10 + 15 + 2 = 1627。

---

①纪年铭(chronogram)是指句子或者铭文中的特定字母解读为数字，重新排列代表具体的日期。自然顺序的纪年铭以正确的数字顺序显示所有数字，例如 AMORE MATVRITAS = MMVI = 2006。计算的具体方法是：M = 1000，D = 500，C = 100，L = 50，X = 10，V = 5，I = 1，相加求和，左减右加，IV = 4，VI = 6。

3. 多部分专著、连续出版物和集成性资源(RDA 2.8.6.5)

对于多部分专著、连续出版物和集成性资源，如果首期、第一部分或第一个更新后的整体可获得，且资源还在继续出版，则记录首期的日期，其后随以短横“-”；如果出版已经完成或终止，且拥有首期、第一部分或第一个更新后的整体，则提供出版的起讫日期；如果不能估算出版日期，则不必记录。

例1：

008/06　s
008/07-10　2009
008/11-14　####
264 #1$c[2009]

例2：

008/06　m
008/07-10　2001
008/11-14　2010
264 #1$c2001-2010.

例3：

008/06　q
008/07-10　1993
008/11-14　1999
264 #1$c[between 1993 and 1999]

例4：

008/06　q
008/07-10　uuuu
008/11-14　1980
588 ##$aDescription based on 15th impression, 1980.

例5：

008/06　n
008/07-10　uuuu
008/11-14　uuuu
264 #1$c[date of publication not identified]

例6：

008/06　d
008/07-10　uuuu
008/11-14　1999
264 #1$c-1999.

2.9 发行说明

核心情况及与 MARC 21 的映射

元素名称	RDA 核心	本地核心	MARC 21 映射
发行说明(RDA 2.9)	条件核心	条件核心	264 制作、出版、发行、生产和版权信息
发行地(RDA 2.9.2)	条件核心	条件核心	264$a 制作地、出版地、发行地、生产地
发行者名称(RDA 2.9.4)	条件核心	条件核心	264$b 制作者、出版者、发行者、生产者
发行日期(RDA 2.9.6)	条件核心	条件核心	008 定长数据元素 07-10(日期 1) 11-14(日期 2) 264$c 制作日期、出版日期、发行日期、生产日期和版权日期

2.9.1 记录发行说明的基本说明

1. 发行说明的范围(RDA 2.9.1.1)

发行说明应用于出版形式的资源。

2. 核心元素

发行地、发行者名称和发行日期均为条件核心元素。当出版说明中的出版地、出版者名称、出版日期无法识别时,发行说明的子元素为核心元素。

3. 记录发行说明的字段

发行说明记录在 264 字段,第 2 指示符为“2”。

4. 如实转录发行说明

按信息源上出现的形式转录发行地和发行者名称,应用转录的一般性规则,详见 NLC PS(FLR)1.7。

2.9.2 发行地

条件核心元素,信息首先取自与发行者名称相同的来源,如果不可行,可取自资源内的其他来源。如果资源本身上没有相关信息,可取自资源之外,但需置于方括号内。

发行地的著录规则与出版地基本相同,参见 NLC PS(FLR)2.8.2。

2.9.4 发行者名称

条件核心元素,信息首先取自与正题名相同的来源,如果不可行,可取自资源内的其他来源。如果资源本身上没有相关信息,可取自资源之外,但需置于方括号内。

发行者名称的著录规则与出版者名称基本相同,参见 NLC PS(FLR)2.8.4。

2.9.6 发行日期

条件核心元素，信息首先取自与正题名相同的来源，如果不可行，可取自资源内的其他来源。如果资源本身上没有相关信息，可取自资源之外，但需置于方括号内。

发行日期的著录规则与出版日期基本相同，参见 NLC PS(FLR)2.8.6。

例 1：

008/06　　s
008/07-10　2008
008/11-14　####
264 #1$aOmaha, Nebraska :$bMeans Pub. Co.,$c[date of publication not identified]
264 #2$c2008.

说明：题名页显示为：Means Pub. Co., Omaha, Nebraska，题名页背面显示为：2008 distribution。

例 2：

008/06　　s
008/07-10　2009
008/11-14　####
264 #1$a[Place of publication not identified] :$bABC Publishers,$c2009.
264 #2$aSeattle :$bdistributed by Iverson Company.

或

008/06　　s
008/07-10　2009
008/11-14　####
264 #1$a[Seattle?] :$bABC Publishers,$c2009.

说明：来源显示为：ABC Publishers, 2009, Distributed by Iverson Company, Seattle。

例 3：

008/06　　s
008/07-10　2015
008/11-14　####
264 #1$a[出版地不明] :$b 共同通信社,$c2015.
264 #2$a 東京 :$b 幻冬舎.

说明：来源显示为：2015 年初版発行；発行者：共同通信社；発売者：幻冬舎(東京)。

2.10 生产说明

核心情况及与 MARC 21 的映射

元素名称	RDA 核心	本地核心	MARC 21 映射
生产说明(RDA 2.10)	条件核心	条件核心	264 制作、出版、发行、生产和版权信息

续表

元素名称	RDA 核心	本地核心	MARC 21 映射
生产地(RDA 2.10.2)	条件核心	条件核心	264$a 制作地、出版地、发行地、生产地
生产者名称(RDA 2.10.4)	条件核心	条件核心	264$b 制作者、出版者、发行者、生产者
生产日期(RDA 2.10.6)	条件核心	条件核心	008 定长数据元素 07-10(日期 1) 11-14(日期 2) 264$c 制作日期、出版日期、发行日期、生产日期和版权日期

2.10.1 记录生产说明的基本说明

1. 生产说明的范围(RDA 2.10.1.1)

生产说明应用于出版形式的资源。

2. 核心元素

生产地、生产者名称和生产日期均为条件核心元素。当出版说明和发行说明中的出版地、出版者名称、发行地、发行者名称无法识别时,生产说明中的生产地、生产者名称为核心元素,当出版日期、发行日期、版权日期均不能识别时,生产日期是核心元素。

3. 记录生产说明的字段

生产说明记录在 264 字段,第 2 指示符为"3"。

4. 如实转录生产说明

按信息源上出现的形式转录生产地和生产者名称,应用转录的一般性规则,详见 NLC PS(FLR)1.7。

2.10.2 生产地

条件核心元素,信息首先取自与生产者名称相同的来源,如果不可行,可取自资源内的其他来源。如果资源本身上没有相关信息,可取自资源之外,但需置于方括号内。

生产地的著录规则与出版地基本相同,参见 NLC PS(FLR)2.8.2。

2.10.4 生产者名称

条件核心元素,信息首先取自与正题名相同的来源,如果不可行,可取自资源内的其他来源。如果资源本身上没有相关信息,可取自资源之外,但需置于方括号内。

生产者名称的著录规则与出版者名称基本相同,参见 NLC PS(FLR)2.8.4。

2.10.6 生产日期

条件核心元素,信息取自任何来源。

生产日期的著录规则与出版日期基本相同,参见 NLC PS(FLR)2.8.6。

例 1:

008/06　　s
008/07-10　2009

008/11-14 ####

264 #1$a[United States] :$b [publisher not identified],$c2009.

264 #3$aArlington, VA :$bB. Ross Printing,$c2010.

说明:来源显示为:Published 2009; printed by B. Ross Printing (Arlington, VA), May 2010。

例 2:

008/06 s

008/07-10 2012

008/11-14 ####

264 #1$a[Place of publication not identified] :$b[publisher not identified],$c[date of publication not identified]

264 #3$aLondon :$bZZZ Printers,$c2012.

说明:来源显示为:Printed for distribution in Western Europe by ZZZ Printers [London, Zurich, and Vienna] in 2012。

例 3:

008/06 s

008/07-10 2014

008/11-14 ####

264 #1$a[出版地不明] :$b[出版社不明],$c2014.

264 #3$a 東京 :$b 大日本印刷株式会社.

说明:来源显示为:2014 年初版発行;印刷所: 大日本印刷株式会社(東京)。

2.11 版权日期

核心情况及与 MARC 21 的映射

元素名称	RDA 核心	本地核心	MARC 21 映射
版权日期(RDA 2.11)	条件核心	条件核心	008 定长数据元素 07-10(日期 1) 11-14(日期 2) 264$c 制作日期、出版日期、发行日期、生产日期和版权日期

2.11.1 记录版权日期的基本说明

1. 版权日期的范围(RDA 2.11.1.1)

版权日期包括录音版权信息。对于已出版的资源,如果出版日期和发行日期都不能识别,版权日期是核心元素。在 RDA 中,版权日期并不是出版日期的一种,而是一个独立的元素。

2. 版权日期的标识

版权日期记录在 264$c,264 字段的第 2 指示符为"4"。仅记录 $c,版权日期前置以版权符号"©"或录音版权符号"℗",如果系统不能录入标志,则可使用单词"copyright"或"phonogram”来替代。

中国国家图书馆做法:

仅为单卷本专著记录版权日期,集成性资源、连续出版物和多部分专著无须记录版权日期。

原始编目:如果专著资源上仅有版权年,没有出版年,则可以直接将版权年作为出版年记录,但需加方括号,008/06 字符位选择代码“s”。

套录编目:如果套录数据不仅将版权年作为出版年记录在方括号内,还另外启用了一个 264 字段,单独记录版权年,核对无误后予以保留。但是,如果 008/06 字符位代码为“t”,需修改为“s”,同时仅保留 008/07-14 中的一个日期。

例 1:

008/06　　s
008/07-10　2015
008/11-14　####
264 #1$aLondon :$bImperial College Press,$c[2015]

说明:专著资源上仅有版权年,这是原始编目的做法。

008/06　　s
008/07-10　2015
008/11-14　####
264 #1$aLondon :$bImperial College Press,$c[2015]
264 #4$c© 2015

说明:专著资源上仅有版权年,这是套录编目的做法。如果套录数据中的 008/06 为“t”,应改为“s”,008/11-14 应改为“####”。

例 2:

008/06　　t
008/07-10　2014
008/11-14　2010
264 #1$aLondon :$bLibrary Unlimited,$c2014.
264 #4$c© 2010

说明:信息源上既有出版年,又有版权年,且二者不同,此时需同时予以记录。

2.12　从编说明

核心情况及与 MARC 21 的映射

元素名称	RDA 核心	本地核心	MARC 21 映射
从编说明(RDA 2.12)	核心	核心	490 从编说明
从编正题名(RDA 2.12.2)	核心	核心	490 从编说明 490$a 从编说明

续表

元素名称	RDA 核心	本地核心	MARC 21 映射
丛编并列正题名(RDA 2.12.3)	非核心	非核心	490 丛编说明 490$a 丛编说明
丛编的 ISSN(RDA 2.12.8)	非核心	核心	490 丛编说明 490$x 国际标准连续出版物号 830 丛编附加款目——统一题名 830$x 国际标准连续出版物号
丛编编号(RDA 2.12.9)	核心	核心	490 丛编说明 490$v 卷期/序列标识 830 丛编附加款目——统一题名 830$v 卷期/序列标识
分丛编正题名(RDA 2.12.10)	核心	核心	490 丛编说明 490$a 丛编说明
分丛编的 ISSN(RDA 2.12.16)	非核心	核心	490 丛编说明 490$x 国际标准连续出版物号 830 丛编附加款目——统一题名 830$x 国际标准连续出版物号
分丛编编号(RDA 2.12.17)	核心	核心	490 丛编说明 490$v 卷期/序列标识 830 丛编附加款目——统一题名 830$v 卷期/序列标识

2.12.1 记录丛编说明的基本说明

1. 如实转录丛编说明(RDA 2.12.1.4)

丛编说明属于转录元素的范畴,即遵循“如实转录”的原则,参见 NLC PS(FLR)1.7。

2. 多个丛编说明(RDA 2.12.1.5)

当资源中有多个丛编或丛编与分丛编组合时,分别记录每个丛编说明。如果资源各部分属于不同的丛编,则编制附注加以说明。

中国国家图书馆做法:

如果资源各部分属于不同的丛编或者丛编发生变化,不采用编制附注的方式,而是为每个丛编说明建立一个 490 字段,并将与丛编对应的卷期/部分记录在 $3 中。

例 1:

300 ##$a5 volumes ; $c14 cm.

490 1#$3volumes 1, 3-5: $aMusic bibliographies ; $v12, 15, 21-22

490 1#$3volume 2: $aBaroque musical studies ; $v2

说明:多部分专著的不同部分属于不同的丛编。

例 2:

300 ##$avolumes ;$c28 cm.

490 1#$31969-1979:$aDHEW publication

490 1#$31980- :$aDHHS publication

说明:连续出版物的丛编题名发生变化;与丛编题名相关的年记录在 $3。

3. 记录丛编说明的字段

490 字段主要用于记录丛编说明,其中 $a 可重复。$a 重复有两种情况:用于记录分丛编,其前为分丛编在主丛编中的编号,如果分丛编在主丛编中没有编号,主丛编之后紧随分丛编正题名,将分丛编正题名记录在与主丛编相同的 $a,不必启用另一个 $a;用于记录丛编并列正题名。

例 1:

490 1#$aDepartment of State publication ;$v7846.$aDepartment and Foreign Service series ;$v128

说明:既有主丛编又有分丛编,且分丛编在主丛编中自己的编号。

例 2:

490 0#$a 日本立法資料全集 ;$v 別巻 970.$a 地方自治法研究復刊大系 ;$v 第 160 巻

说明:既有主丛编又有分丛编,且分丛编在主丛编中有自己的编号。

例 3:

490 1#$aAnnual census of manufactures = $aRecensement des manufactures,$x0315-5587

说明:主丛编有并列正题名。

例 4:

490 0#$a 地球の歩き方 = $aGlobe-trotter travel guidebook ;$v36

说明:主丛编有并列正题名。

例 5:

490 1#$aPapers and documents of the I. C. I. Series C, Bibliographies ;$vno. 3 = $aTravaux et documents de l'I. C. I. Série C, Bibliographies ;$vno 3

说明:主丛编和分丛编都有并列题名。

2.12.2 丛编正题名

核心元素,信息首先取自丛编题名页,如果不可行,可取自资源内的其他来源。如果资源本身上没有相关信息,可取自资源之外,但需置于方括号内。

1. 丛编正题名包含的编号与题名融为一体(RDA 2.12.2.3)

如果丛编正题名中包含编号,且该编号已经作为题名的一部分,则转录时将编号作为正题名的一部分。

例:

490 1#$aPublication #122 of the Social Science Education Consortium

说明:丛编编号与题名融为一体。

2.12.2.3 例外

如果资源包含两个及以上卷期/部分,且不同卷期/部分的编号不同,则在著录时省略该编号,用省略号表示省略的部分,该编号作为丛编编号记录。

例:

490 1#$aPublication ... of the Indiana University Research Center in Anthropology, Folklore, and Linguistics

说明:丛编编号虽然与题名融为一体,但是不同卷期/部分的编号不同。

2. 多种语言或文字的丛编题名(RDA 2.12.2.4)

如果丛编正题名有多种语言或文字形式,则选择与资源所用语言或文字形式相同的丛编正题名。

例1:

490 1#$aMercury series

说明:另有法语丛编题名:Collection Mercure。资源所用语言为英语,将英语丛编题名作为正题名。

例2:

490 0#$a 量刑実務大系

说明:另有英语丛编题名:A treatise on sentencing law and practice in Japanese criminal cases。资源所用语言为日语,将日语丛编题名作为正题名。

2.12.3 丛编并列正题名

非核心元素,信息取自资源内的任何来源。

参见 NLC PS(FLR)2.3.3。

例:

490 1#$aAnnual census of manufactures = $aRecensement des manufactures

中国国家图书馆做法:

原始编目:无须记录丛编并列正题名。

套录编目:如果套录数据中包含丛编并列正题名,核对无误后保留套录信息。

2.12.8 丛编的 ISSN

中国国家图书馆核心元素,信息取自资源内的任何来源。

例1:

490 1#$aAdvances in intelligent systems and computing, $x2194-5357

例2:

490 0#$a 憲法学研究, $x0494-8359 ; $v121

2.12.9 丛编编号

核心元素,信息取自资源内的任何来源。

按信息源上出现的形式记录丛编编号,参见 NLC PS(FLR)1.7 和 1.8。

1. 丛编编号的数字、字母或其他字符前附带的标识性词语一般不大写

丛编编号的数字、字母或其他字符前附带的标识性词语一般不予大写，除非所涉及的语言要求大写。

例：

490 1#$aWorld forestry series ;$vpublication 1

490 1#$aPhilosophie und Psychologie im Dialog ;$vBd. 11

2. 记录丛编编号

编号数字以创建数据的机构首选的数字形式记录，或如实转录，并补充创建数据的机构首选的形式。

中国国家图书馆做法：

无论丛编编号以何种形式呈现，均采用中国国家图书馆首选的阿拉伯数字形式记录。对于上标的字母或符号，不采用上标形式，而是以常规形式记录。

例 1：

490 0#$aAmerica in the world series ;$vv. 4

说明：信息源显示为：Volume VI。

例 2：

490 1#$aSociolinguistique ;$v2ème

说明：资源中丛编编号形式为 2ème。

例 3：

490 0#$a 神戸法学双書 ;$v34

说明：信息源显示为：三十四。

3. 丛编编号错误

如果丛编编号有误，则如实转录，并编制附注说明正确的编号。

例 1：

490 1#$aAdvances in international accounting ;$vv. 15

500 ##$aNumbering should read: v. 16.

例 2：

490 0#$a 現代憲法理論叢書 ;$v389

500 ##$a 正しいシリーズ番号: 398.

4. 多种语言或文字的编号（RDA 2.12.9.5）

如果丛编编号存在多种语言和文字形式，选择丛编正题名的语言或文字记录编号。如果这一规则不适用，则记录资源上首先出现的编号。如果丛编的正题名和编号同时以不同的语言和文字出现，则将编号记录在相应语言的正题名之后。如果编号仅出现一次，则将其记录在相应语言的正题名之后，若适用于全部正题名，则记录在最后一个正题名之后。

例 1：

490 1#$aVeröffentlichungen mittelalterlicher Musikhandschriften ;$vNr. 20 = $aPublications of mediaeval musical manuscripts ;$vno. 20

例2:

490 0#$a 新アジア仏教史;$v 第2 = $a A New History of Buddhism in Asia ;$vv. 2

例3:

490 1#$aTutkimuksia ;$vn:o 56 = $aUndersökningar = $aStudies

例4:

490 1#$aCarte / Commission géologique du Canada = $aMap / Geological Survey of Canada ;$v1665A

5. 新的编号序列(RDA 2.12.9.6)

如果丛编编号产生了新的序列,记录信息源上出现的区分该序列的词语"new series"等。如果没有此类标识,则添加相应的标识,并置于方括号内。

例1:

490 1#$aStudien zur Sprache, Geschichte und Kultur des islamischen Orients : n. F. ;$vBd. 8

830 #0$aStudien zur Sprache, Geschichte und Kultur des islamischen Orients ;$vn. F., Bd. 8.

说明:n. F. 是德语 Neue Folge 的缩写,表示新的序列,在830字段被作为丛编编号记录在$v。

例2:

490 0#$aSocial and economic history ;$v[new series], no. 1

说明:该丛编编号与以前系统相同,但重新开始编号,而且信息源上未显示 new series 之类的措辞,则应记录这样的措辞并置于方括号内,表示取自资源本身之外。

6. 单独编号的卷期或部分(RDA 2.12.9.8)

如果多部分专著的各部分分别有独立的丛编编号,则连续的编号可以仅记录开头和结尾编号,中间用连字符连接,如果编号不连续,则分别记录,中间用逗号分隔。

例:

490 1#$aAdvances in intelligentsystems and computing ;$v201-207

说明:多部分专著各部分有独立编号,且连续,记录开头和结尾的编号。

490 1#$aAdvances in intelligent systems and computing ;$v201, 203, 207

说明:多部分专著各部分有独立编号,资源到馆的卷期不连续,丛编编号分别记录。

2.12.10 分丛编正题名

核心元素,信息首先取自丛编题名页;如果不可行,可取自资源内的其他来源。如果资源本身上没有相关信息,可取自资源之外,但需置于方括号内。

1. 分丛编正题名的判定

如果分丛编在主丛编中没有丛编编号,则将"new series""second series"等标识作为分丛编题名记录。如果分丛编在主丛编中有丛编编号,则将上述标识作为丛编编号的一部分记录。如果分丛编仅有数字和/或字母标识而无题名,则将该标识作为分丛编题名记录。如果分丛编有题名以及数字和/或字母标识,则先记录该标识,再记录分丛编题名。

例1:

490 1#$aCambridge studies in international and comparative law. New series

说明:"new series"作为分丛编正题名记录。

490 1#$aRecords of social and economic history ;$vnew series, 53

说明:"new series"作为丛编编号的一部分记录。

例 2:

490 1#$aMusic for today. Series 2

490 1#$aWest Virginia University bulletin ;$vser. 74, no. 11-3.$aBulletin / Experiment Station, West Virginia University ;$v111

2. 如果对某一丛编题名是分丛编题名还是另一丛编有疑问,则将其作为另一丛编处理。

2.12.16 分丛编的 ISSN

中国国家图书馆核心元素,信息取自资源内的任何来源。

如果资源内既有主丛编又有分丛编的 ISSN,则可选择省略主丛编的 ISSN,仅记录分丛编的 ISSN。为了适应 RDA,MARC 21 书目数据格式在修订时将 490 字段原来不能重复的 $x 改为可重复。

中国国家图书馆做法:

如果同时存在主丛编和分丛编的 ISSN,均需记录。

例:

490 1#$aLund studies in geography, $x1400-1144 ; $v101.$aSer. B, Human geography, $x0076-1478 ; $v48

2.12.17 分丛编编号

核心元素,信息取自资源内的任何来源。

参见 NLC PS(FLR)2.12.9。

2.13 发行方式

核心情况及与 MARC 21 的映射

元素名称	RDA 核心	本地核心	MARC 21 映射
发行方式(RDA 2.13)	非核心	核心	LDR/07

中国国家图书馆核心元素,信息取自资源本身。详见 NLC PS(FLR)1.1.3。

2.14 频率

核心情况及与 MARC 21 的映射

元素名称	RDA 核心	本地核心	MARC 21 映射
频率(RDA 2.14)	非核心	条件核心	310 当前出版频率 310$a 当前出版频率 310$b 当前出版频率日期 321 先前出版频率 321$a 先前出版频率 321$b 先前出版频率日期

中国国家图书馆条件核心元素,仅适用于连续出版物。信息取自任何来源。

2.14.1 记录频率的基本说明

1. 记录频率的术语(RDA 2.14.1.3):

daily(每日)
three times a week(每周三次)
biweekly(双周)
weekly(每周)
semiweekly(每半周)
three times a month(每月三次)
bimonthly(双月)
monthly(每月)
semimonthly(每半月)
quarterly(每季度)
three times a year(每年三次)
semiannual(每半年)
annual(每年)
biennial(双年)
triennial(每三年)
irregular(不定期)

中国国家图书馆做法:

如果上述术语均不适用,需编制附注说明频率。

2. 记录频率的字段

频率以代码的形式记录在 008/18 字符位(连续出版物模式)。当前频率记录在 310 字段,不可重复,先前曾有过的频率记录在 321 字段,可重复。

例 1:

LDR/07 s
008/18 a
310 ##$aAnnual

例 2:

LDR/07 s
008/18 b
310 ##$aBimonthly,$b2010- <2015>
321 ##$aQuarterly,$b2006-2009

说明:连续出版物当前频率记录在 310 字段,先前频率记录在 321 字段,频率在 2010 年之后发生变化,从季刊变为双月刊。

2.15 载体表现标识符

核心情况及与 MARC 21 的映射

元素名称	RDA 核心	本地核心	MARC 21 映射
载体表现标识符(RDA 2.15)	核心	核心	020 国际标准书号 020$a 国际标准书号 020$z 注销/无效的 ISBN 022 国际标准连续出版物号 022$a 国际标准连续出版物号 022$y 错误的 ISSN 022$z 注销的 ISSN 024 其他标准号标识 024$a 标准号或代码 024$d 标准号后的附加代码 024$z 注销/无效的标准号或代码 026 指纹特征标识符 026$a 第一和第二组字符群 026$b 第三和第四组字符群 026$c 日期 026$d 卷期标识 026$e 未解析的指纹 027 标准技术报告号 027$a 标准技术报告号 027$z 注销/无效的号 028 音乐资料出版编号 028$a 出版者编号 030 科技期刊缩称代码 030$a 缩称代码 030$z 注销/无效的缩称代码 074 美国政府出版局文献号 074$aGPO 文献号 074$z 注销/无效的 GPO 文献号 086 政府文献索取号 086$a 分类号 086$z 注销/无效的分类号 088 报告号 088$a 报告号 088$z 注销/无效的报告号 502 学位论文附注 502$o 论文标识号

核心元素，如果有多个，首选国际公认的标识符，信息取自任何来源。

2.15.1 记录载体表现标识符的基本说明

1. 载体表现标识符的范围（RDA 2.15.1.1）

载体表现标识符既包括国际公认体系的标识符，如 ISBN、ISSN、URN；也包括由出版者、发行者、政府出版物机构、文献交换中心、档案馆等分配的其他标识符；还包括乐谱出版者编号和版号。

2. 记录载体表现标识符（RDA 2.15.1.4）

如果有规定的显示格式，则按其格式记录；如果没有规定的显示格式，按信息源上的形式记录。标识符前还可以添加商品名或负责分配标识符的机构等的名称。

例：

022 0#$a0891-5121

说明：国际标准连续出版物号。

024 1#$a028947580980

说明：通用产品代码。

3. 多个载体表现标识符（RDA 2.15.1.5）

对于多部分专著，每个部分都有自己单独的标识符，又存在资源整体的标识符，将其作为整体著录时，仅记录资源整体的标识符，当对其部分进行描述时，记录该部分的标识符。

2.15.1.5 可选择的附加

可同时记录资源整体的标识符和各部分单独的标识符，并在标识符之后随以置于圆括号内的限定词。

中国国家图书馆做法：

应用可选择的附加规则。MARC 21 书目数据格式修订后，在 020、024、028 等字段增加了 $q 子字段用于记录限定信息，采用 $q 子字段记录限定信息的做法。

例 1：

020 ##$a0788716492$qset

例 2：

020 ##$a0379005506$qset

020 ##$a0379005514$qv. 1

例 3：

020 ##$a 9784797269369$q セット

例 4：

020 ##$a9788977232907$q 세트

4. 限定（RDA 2.15.1.7）

如果资源有多个同一类型的标识符，则在标识符后记录限定。如果资源只有一个标识符，在重要的情况下添加装订类型。对于不断更新的活页出版物，添加限定词“loose-leaf”。

例 1：

020 ##$a9780060723804$qacid-free paper

020 ##$a9780060799748$qtrade

例 2:

020 ##$a0802142176$qpbk.c1.95

例 3:

020 ##$a0863250165$qloose-leaf

例 4:

020 ##$a9784876985371$q 精 $c 7000 円 + 税

5. 多个 ISBN

首先转录与所描述的载体表现相符的 ISBN,再转录其他 ISBN。如果转录的 ISBN 代表另一载体表现,如大字印刷本、电子书等,且该载体表现有独立的书目记录,将其 ISBN 转录在 020$z(注销/无效的 ISBN),若该载体表现没有独立的书目记录,将其 ISBN 转录在 020$a。

2.15.2 乐谱出版者编号

非核心元素,信息取自任何来源。

1. 乐谱出版者编号的范围

乐谱出版者编号是音乐作品的出版者分配给资源的编号标识,通常仅出现在音乐作品的题名页、封面和/或第一页上。出版者编号可包括识别出版者的首字母缩写、缩写或词。乐谱出版者编号主要应用于音乐的音像资源,有时也涉及乐谱资源。

2. 乐谱出版者编号记录的字段

乐谱出版者编号记录在 028 字段,第 1 指示符用于区分出版者编号类型。

例 1:

028 01$a4-92$bMusic Station

说明:第 1 指示符"0"表示 $a 记录的是录音资料的发行号,第 2 指示符"1"表示需要系统生成附注和附加款目。$b 记录编号来源。

例 2:

028 42$aVM5108$bVidmark Entertainment

说明:第 1 指示符"4"表示 $a 记录的是录像编号,第 2 指示符"2"表示需要生成附注但不需要生成附加款目。$b 记录编号来源。

例 3:

028 32$aWH 31255$bEdition Wilhelm Hansen

说明:乐谱的出版者编号,$b 说明版号的来源,即分配机构。

2.15.3 乐谱版号

非核心元素,信息取自任何来源。

乐谱资源通常会记录乐谱版号,当 028 字段第 1 指示符的值为"2"时,$a 记录乐谱版号。

例 1:

028 22$aWF96$bCarl Fischer

说明:乐谱版号,$b 说明版号的来源,即分配机构。

例2:

028 22$aNo. 1003$bShoot Bud Edition

028 32$aNo. 439$bShoot Bud Edition

说明:同时记录作品的出版者编号和乐谱版号,分配机构为同一个。

2.17 载体表现的附注

核心情况及与MARC 21的映射

元素名称	RDA核心	本地核心	MARC 21映射
载体表现的附注(RDA 2.17)	非核心	条件核心	5XX附注项
题名附注(RDA 2.17.2)	非核心	条件核心	500 一般性附注 547 先前题名复杂关系附注 588 著录来源附注
责任说明的附注(RDA 2.17.3)	非核心	非核心	500 一般性附注
版本说明的附注(RDA 2.17.4)	非核心	非核心	500 一般性附注
连续出版物编号的附注(RDA 2.17.5)	非核心	非核心	515 编号特点附注 500 一般性附注
出版说明的附注(RDA 2.17.7)	非核心	非核心	500 一般性附注
丛编说明的附注(RDA 2.17.11)	非核心	非核心	500 一般性附注
频率附注(RDA 2.17.12)	非核心	非核心	310 当前出版频率 310$a 当前出版频率 310$b 当前出版频率日期 321 先前出版频率 321$a 先前出版频率 321$b 先前出版频率日期
作为识别资源依据的卷期、部分或更新后的整体的附注(RDA 2.17.13)	非核心	核心	500 一般性附注 588 著录来源附注

2.17.2 题名附注

中国国家图书馆条件核心元素,当题名附注用于说明正题名来源时为核心元素,信息取自任何来源。

1.题名来源(RDA 2.17.2.3)

如果正题名的来源不是资源的题名页、题名张、题名卡片、题名帧、题名屏,则编制题名附注说明正题名的来源;如果并列正题名的信息源与正题名的信息源不同,可编制附注说明并列正题名的来源。

例 1：

500 ##$aTitle from cover.

例 2：

500 ##$aTitle from container.

例 3：

500 ##$aFrench title from cover.

例 4：

500 ##$a タイトルの情報源：表紙.

2.17.2.3 可选择的省略

如果资源只有一个题名，且该题名出现于资源本身，则不必记录获取正题名的来源。

中国国家图书馆做法：

不应用可选择的省略规则。正题名的来源只要不是首选信息源，均需在附注指明来源。电子资源总是需要记录正题名的来源，即使来源是首选信息源。

例 1：

245 00$aAntoine d'Agata：$bactes：une présence politique /$cco-commissaires, Fannie Escoulen et Bernard Marcadé.

500 ##$aNo title page, title taken from spine.

说明：正题名的来源不是首选信息源，需提供附注说明。

例 2：

245 00$a: العالميـــة الثقافـــة $b/ الصـــين وتحـــديات الانفتـــاح والعظمـة $c. تـــأليف بـــدر الرفـــاعي الوهاب عبـــد

500 ##$a. عنوان من الغلاف

说明：正题名取自封面。

例 3：

245 00$a भारतीय साहित्य में मुसलमानों का अवदान /$c ज़ाफ़र रज़ा लेखन.

500 ##$a शीर्षक आवरण-पत्र से प्राप्त किया गया है.

说明：正题名取自封面。

例 4：

245 00$aПолитическая адаптация населения Сибири в первой трети XX века /$c научный радактор В. И. Шишкин.

500 ##$aЗаглавие указано на обложке.

说明：正题名取自封面。

例 5：

245 10$a ジャズる縄文人 /$c 金子好伸著.

500 ##$a 本タイトルは付属解説書のタイトル・ページによる.

说明：正题名取自附册题名页。

例6:

300 ##$a1 online resource

588 ##$aDescription based on: Volume 2014 (2014); title from journal home page (publisher's Web site, viewed Jan. 12, 2015).

说明:在编资源为电子资源,需提供附注说明正题名的来源,即浏览时间。

2. 题名的变化(RDA 2.17.2.4)

如果资源的零星卷期或部分,或偶尔有些更新后的整体有不同的正题名、并列正题名、其他题名信息或并列其他题名信息,且这些差异对识别或检索不重要,则编制一个附注,指示题名等有差异。

例1:

500 ##$aSubtitle varies.

例2:

500 ##$aTitle varies slightly.

例3:

500 ##$aTitle on containers of parts 3 and 5-6 varies slightly.

例4:

500 ##$a 別タイトルは軽微な変化がある.

3. 题名的差错(RDA 2.17.2.4)

如果题名中有差错,记录题名时需如实转录,可编制附注说明题名的正确形式;如果连续出版物和集成性资源的题名有差错,则按正确形式记录题名,可编制附注提供题名在信息源上的形式。

例1:

500 ##$aTitle should read: hierarchy in organizations.

说明:专著的题名有误。

例2:

500 ##$aTitle appears on v. 1, no. 1 as: Housing sarts.

说明:连续出版物的题名有误。

中国国家图书馆做法:

题名差错一般启用246字段记录正确或错误的题名。参见NLC PS(FLR)2.3.6。

4. 题名的删除(RDA 2.17.2.4)

对于多部分专著和连续出版物,如果必要,可为删除的并列正题名、其他题名信息和并列其他题名信息编制附注,说明删除适用的编号和出版日期。

例:

500 ##$aTitle in French not present on issues after 1988.

说明:并列正题名被删除。

2.17.3 责任说明的附注

非核心元素,信息取自任何来源。

1. 责任归属(RDA 2.17.3.3)

如果对资源负有责任的个人、家族或团体未在责任说明中列出,则编制一个责任说明的附注加以说明。

中国国家图书馆做法:

如果首选信息源上有题上项信息,即在题名页的顶端记录了一个名称,但是该名称没有作为责任说明转录,通常是一个团体名称,该团体与作品的关系不是很明确,需提供附注。如果认为该团体重要,还可提供附加检索点。

例 1:

500 ##$aFormerly attributed to J. S. Bach.

例 2:

500 ##$aAt head of title: Standing Conference on Library Materials on Africa.

710 2#$aStanding Conference on Library Materials on Africa, $esponsoring body.

例 3:

500 ##$aВ надзаглавии: Национальный центр законодательства и правовых исследований Республики Беларусь.

710 2#$aНациональный центр законодательства и правовых исследований Республики Беларусь, $esponsoring body.

说明:题上项:白俄罗斯国家法律研究中心。

例 4:

500 ##$a 제목 앞의 표제: 동북아역사재단.

710 2#$a 동북아역사재단, $esponsoring body.

说明:题上项:东北亚历史财团。

2. 责任说明的变化(RDA 2.17.3.4)

对于多部分专著和连续出版物,如果后续卷期的责任说明发生变化,必要时可为变化后的责任说明编制一个附注。对于集成性资源,如果更新后的责任说明发生变化,将此责任说明作为责任说明记录,必要时,可为更新前的责任说明编制一个附注。如果变化较多,可编制一般性附注。

例 1:

500 ##$aVolumes for 2013-by Peter Sander and Scott Bobo.

说明:连续出版物的责任说明有变化。

例 2:

500 ##$aEditor varies.

说明:一般性附注。

2.17.4 版本说明的附注

非核心元素,信息取自任何来源。

1. 与卷期、部分等相关的版本说明(RDA 2.17.4.3)

在集中著录时,如果卷期的版本说明与资源整体的版本说明有差异,可编制附注提供分卷期的版本说明。

例：

500 ##$aVolume 3 has edition statement：2nd edition.

2. 版本说明的来源

如果版本说明没有取自与正题名相同的来源，可编制附注予以说明。

例 1：

500 ##$aEdition statement from jacket.

例 2：

500 ##$a 版に関する事項がカバーによる.

3. 版本说明的变化（RDA 2.17.4.5）

如果多部分专著的各部分版本说明有差异，连续出版物的后续卷期版本说明有变化，必要时，可为有差异的或变化后的版本说明编制附注。如果集成性资源更新后的版本说明发生变化，必要时，可为更新前的版本说明编制附注。

例 1：

500 ##$aVolume 2 does not have an edition statement.

说明：多部分专著版本说明的变化。

例 2：

500 ##$aEdition statement varies：International ed.，1998-

说明：连续出版物版本说明的变化。

例 3：

500 ##$aReplacement title page received with June 1985 supplementation carries the statement "1985 edition."

说明：集成性资源更新前的版本说明。

2.17.5　连续出版物编号的附注

非核心元素，信息取自任何来源。

1. 首期首部分和/或末期末部分的编号（RDA 2.17.5.3）

连续出版物编号信息需取自连续出版物的首期或第一部分和/或末期或最后部分，如果编目员不能获得这些卷期或部分，则该元素通常不予记录，相关信息需通过附注提供，附注信息可记录在 500 或 362 字段，参见 NLC PS（FLR）2.6.2—2.6.5。

2. 复杂的或不规则的编号（RDA 2.17.5.4）

连续出版物复杂或不规则编号附注通常记录在 515 字段。

例 1：

515 ##$aFour trial issues published as translations of volume 60，issue 3 and 4（1986）and volume 61，issue 1 and 2（1987）of the Chinese edition.

515 ##$aVolume 1，issue 1-correspond to volume 61，issue 3-of the Chinese edition.

515 ##$aVols. for 1997-numbered as volume 71-correspond to the Chinese edition.

例 2:

515 ##$aIssue for spring 2007 also called " inaugural issue. "

3. 覆盖的时间段(RDA 2.17.5.5)

如果每年发行或频率低于一年的连续出版物的卷期或部分覆盖的时间段不是自然年,则编制附注予以说明,记录在 515 字段。

例:

515 ##$aEach issue covers the first half of the year, plus an outlook for future years.

2.17.7 出版说明的附注

非核心元素,信息取自任何来源。

1. 与出版说明相关的细节(RDA 2.17.7.3)

如果未在出版说明中记录,必要时,可为与出版地、出版者名称或出版日期相关的细节编制附注。例如,可纠正出版说明中的错误。

例:

264 #1$aBelfast :$bIrish Academic Press,$c2008.

500 ##$aActually published in Dublin.

2. 出版说明的变化(RDA 2.17.7.5)

如果多部分专著的各部分在出版地和/或出版者名称上存在差异,连续出版物的后续卷期的出版地/出版者名称发生变化,必要时,可编制附注说明。如果集成性资源更新后的出版地/出版者名称发生变化,必要时,可为更新前的出版地/出版者名称编制一个附注。如果变化较多,则编制一般性附注。

例 1:

264 #1$aSpringfield, Ill. :$bThomas Lewis,$c1869-1871.

500 ##$aSubsequent publishers: Illinois Atlas Co. , 1870-1871.

说明:出版者发生变化。

例 2:

500 ##$aName of publisher varies.

说明:一般性附注。

2.17.11 丛编说明的附注

非核心元素,信息取自任何来源。

1. 复杂的丛编说明(RDA 2.17.11.3)

如果丛编信息过于复杂而不能记录在丛编说明,则为相关信息编制附注。

例 1:

500 ##$aPts. 1 and 2 in series: African perspective. Pts. 3 and 4 in series: Third World series. Pt. 5 in both series.

例 2:

500 ##$a51 卷第 1 号-第 5 号が合併され通巻の第 512 号となる.

2. 错误的丛编编号(RDA 2.17.11.4)

如果已知从信息源转录的编号有差错,则编制一个附注,提供正确的丛编或分丛编编号。

例:

500 ##$aSeries numbering should read: Bd. 99

说明:信息源显示为:Bd. 96。

2.17.12 频率附注

非核心元素,信息取自任何来源。

如果连续出版物的频率不能用 RDA 2.14.1.3 中的术语描述,则编制附注说明;如果频率发生变化,则为变化信息编制附注。

2.17.12.4 交替规则

如果变化较多,则编制一个一般性附注。

中国国家图书馆做法:

应用交替规则。

例 1:

500 ##$aBimonthly, Jan./Feb. 1990-Nov./Dec. 1995; monthly Jan. 1996.

例 2:

500 ##$aFrequency varies.

2.17.13 作为识别资源依据的卷期、部分或更新后的整体的附注

中国国家图书馆核心元素,信息取自任何来源。

1. 作为识别多部分专著或连续出版物依据的卷期或部分(RDA 2.17.13.3)

如果多部分专著和连续出版物未以最先发布的卷期为依据进行著录,则编制一个附注加以说明。

中国国家图书馆做法:

对于连续出版物,无论作为著录基础的卷期或部分是否为该资源的第一卷期或部分,均需编制附注予以说明。参见 NLC PS(FLR)2.1。

例 1:

362 1#$aBegan with: Volume 1, Issue 1 (2016).

588 ##$aDescription based on: Volume 1, Issue 1 (2016); title from cover image (swarthmore.edu website, viewed Aug. 18, 2016).

588 ##$aLatest issue consulted: Volume 1, Issue 1 (2016) (swarthmore.edu website, viewed Aug. 18, 2016).

说明:著录依据为该连续出版物的第 1 卷,也需提供附注说明。

例 2：

362 1#$aBegan in 2003?

588 ##$aDescription based on：3rd edition（© 2007）；title from title page.

588 ##$aLatest issue consulted：6th edition（© 2013）.

说明：著录依据不是该连续出版物的第一部分。

2. 作为识别集成性资源依据的更新后的整体(RDA 2.17.13.4)

为集成性资源最新更新后的整体编制一个附注。

例：

500 ##$aIdentification of the resource based on：Labor and economic reforms in Latin America and the Caribbean, 1995.

3. 联机资源的浏览日期(RDA 2.17.13.5)

为联机资源编制一个附注，说明对该资源进行著录时的浏览日期。

例 1：

588 ##$aTitle from PDF file as viewed on 02/03/2017.

例 2：

588 ##$aDescription based on online resource（viewed on July 1, 2016, revised Jan. 6, 2017）；title from resource home page.

例 3：

588 ##$a 閲覧日：2017 年 4 月 5 日.

2.18 单件保管历史

核心情况及与 MARC 21 的映射

元素名称	RDA 核心	本地核心	MARC 21 映射
单件保管历史(RDA 2.18)	非核心	非核心	561 所有权与保管史 561$a 历史

非核心元素，信息取自任何来源。

中国国家图书馆做法：

原始编目：对于手稿等特殊资源，如果单件保管历史信息重要，可记录。

套录编目：该信息不属于本馆馆藏信息，应删除。

例：

561 ##$aAcquired as a donation from David H. Swingler of Oxnard, California. Purchased by Swingler between 1983 and 1985 from Royal Athena Gallery in New York, Provenance unknown.

2.19　单件的直接获取来源

核心情况及与 MARC 21 的映射

元素名称	RDA 核心	本地核心	MARC 21 映射
单件的直接获取来源(RDA 2.19)	非核心	非核心	541 直接采访来源附注 541$a 采访源 541$b 地址 541$c 采访方法 541$d 采访日期 541$e 登录号 541$f 拥有者 541$h 采购价 541$n 数量 541$o 单位类型

非核心元素,信息取自任何来源。

中国国家图书馆做法:

原始编目:如果单件的获取来源信息不属于保密范畴,可记录。

套录编目:该信息不属于本馆馆藏信息,应删除。

例:

541 ##$cGift and purchase ;$aFred Rosenstock;$d1968-1981.

3
描述载体

3.1 描述载体的一般性规则

3.1.4 由多个载体类型组成的资源

对于由多个载体类型组成的资源,主要分为两种情况:组成部分之间存在主次关系;组成部分之间不存在主次关系。

1. 附件的处理

如果由多个载体类型组成的资源可区分主次关系,则将其中一个部分视为主资源,其他部分视为附件。应用下列方法之一描述附件,即使附件的载体类型与主资源相同。可仅记录附件的数量和载体类型,也可记录其他细节。

(1)在书目记录中使用单独的 300 字段

300 ##$a[主要部分的载体信息]

300 ##$a[附件的载体信息]

例:

300 ##$avii, 462 pages :$billustrations ;$c21 cm

300 ##$a1 map :$bcolor ;$con sheet 63 x 96 cm

或

300 ##$avii, 462 pages :$billustrations ;$c21 cm

300 ##$a1 map

(2)在主要部分的 300$e 记录附件的载体信息

300 ##$a [主要部分的载体信息] +$e[附件的载体信息]

例:

300 ##$avii, 462 pages :$billustrations ;$c21 cm +$e1 map (color ; on sheet 63 x 96 cm)

或

300 ##$avii, 462 pages :$billustrations ;$c21 cm +$e1 map

中国国家图书馆做法:

采用方法(2),即在主资源 300$e 添加附件的载体信息。如果附件的载体信息细节易获取,则予以记录,如果不易获取,则可仅记录附件的数量及载体类型。

2. 多载体配套资料的处理

如果由多个载体类型组成的资源不能区分主次关系,如多载体配套资料(kit),则应用下列方法之一予以描述。

(1)记录各部分的数量,其后随以通用术语"various pieces"

例:

300 ##$a17 various pieces

(2)如果各组成部分的数量不易确定或估算,则仅记录通用术语"various pieces"

例:

300 ##$avarious pieces

(3)如果资源有容器,则指明容器并记录尺寸

例:

300 ##$a17 various pieces ;$cin box 30 x 30 x 32 cm

或

300 ##$a1 kit ;$cin box 30 x 30 x 32 cm

中国国家图书馆做法:

编目员可在上述方法中根据实际情况选择最适合的做法。

3.1.5 联机资源

对于联机资源,记录载体类型"online resource"。如果联机资源的数量是完整的或全部数量已知(如图书的电子版),则在载体类型术语后的圆括号内记录数量,详见 NLC PS(FLR)3.4.1.7。

[RDA6.9] 内容类型

内容类型属于内容表达实体的属性,在 RDA 的第 6 章予以说明。由于 NLC PS (FLR)暂时不包含与规范控制相关的章节(第 6 章"识别作品和内容表达"是与规范控制相关的重要章节),且内容类型元素常与媒介类型和载体类型两个元素关系紧密,因此本政策声明将内容类型元素置于本章说明。

核心情况及与 MARC 21 的映射

元素名称	RDA 核心	本地核心	MARC 21 映射
内容类型(RDA 6.9)	核心	核心	336 内容类型 336$a 内容类型术语 336$b 内容类型代码 336$2 来源 336$3 特定资料

核心元素,信息取自任何来源。

6.9.1 记录内容类型的基本说明

1. 记录内容类型的术语（RDA 6.9.1.3）

详见 NLC PS (FLR)附录 2。

中国国家图书馆做法：

所有外文资源均采用 RDA 提供的内容类型术语。

2. 多个内容类型

如果资源包含多个内容类型，记录所有内容类型。

> ***6.9.1.3 交替规则***
>
> 记录适用于资源主要部分（如果有主要部分）或最实质部分的内容类型。

中国国家图书馆做法：

应用交替规则。如果附件为非书资料，且认为附件重要，也可记录附件的内容类型。

原始编目：记录多个内容类型时，重复 336 字段，不启用 $3 子字段。336 字段仅需记录 RDA 术语（$a），并指明术语来源（$2）。

套录编目：如果套录数据已经包含 336$b 内容类型代码，核对无误后保留套录信息。

例 1：

336 ##$atext$2rdacontent

说明：资源带附件，但附件是小手册，仅记录主要部分的内容类型。

例 2：

336 ##$atext$2rdacontent

336 ##$astill image$2rdacontent

说明：资源带附件，为电子资源，同时记录主要部分和附件的内容类型。

3.2 媒介类型

核心情况及与 MARC 21 的映射

元素名称	RDA 核心	本地核心	MARC 21 映射
媒介类型（RDA 3.2）	非核心	核心	337 媒介类型 337$a 媒介类型术语 337$b 媒介类型代码 337$2 来源 337$3 特定资料

中国国家图书馆核心元素，用资源本身（或者其任何附件或容器）所呈现的依据作为记录媒介类型的基础。如果必要，可从任何来源获取补充依据。

3.2.1　记录媒介类型的基本说明

1. 记录媒介类型的术语(RDA 3.2.1.3)

详见 NLC PS (FLR)附录 2。

中国国家图书馆做法:

所有外文资源均采用 RDA 提供的媒介类型术语。

2. 多个媒介类型

如果资源由多个媒介类型组成,记录所有媒介类型。

3.2.1.3　交替规则

记录适用于资源主要部分(如果有主要部分)或最实质部分的媒介类型。

中国国家图书馆做法:

应用交替规则。如果附件为非书资料,且认为附件重要,也可记录附件的媒介类型。

原始编目:记录多个媒介类型时,重复 337 字段,不启用 $3 子字段。337 字段仅需记录 RDA 术语($a),并指明术语来源($2)。

套录编目:如果套录数据已经包含 337$b 媒介类型代码,核对无误后保留套录信息。

例 1:

337 ##$aunmediated$2rdamedia

说明:资源带附件,但附件是小手册,仅记录主要部分的媒介类型。

例 2:

337 ##$aunmediated$2rdamedia

337 ##$acomputer$2rdamedia

说明:资源带附件,为电子资源,同时记录主要部分和附件的媒介类型。

3.3　载体类型

核心情况及与 MARC 21 的映射

元素名称	RDA 核心	本地核心	MARC 21 映射
载体类型(RDA 3.3)	核心	核心	338 载体类型 338$a 载体类型术语 338$b 载体类型代码 338$2 来源 338$3 特定资料

核心元素,用资源本身(或者其任何附件或容器)所呈现的依据作为记录载体类型的基础。如果必要,可从任何来源获取补充依据。

3.3.1 记录载体类型的基本说明

1. 记录载体类型的术语(RDA 3.3.1.3)

详见 NLC PS (FLR)附录2。

中国国家图书馆做法:

所有外文资源均采用 RDA 提供的载体类型术语。

2. 多个载体类型

如果资源由多个载体类型组成,记录所有载体类型。

3.3.1.3 交替规则

记录适用于资源主要部分(如果有主要部分)或最实质部分的载体类型。

中国国家图书馆做法:

应用交替规则。如果附件为非书资料,且认为附件重要,也可记录附件的载体类型。

原始编目:记录多个载体类型时,重复 338 字段,不启用 $3 子字段。338 字段仅需记录 RDA 术语($a),并指明术语来源($2)。

套录编目:如果套录数据已经包含 338$b 载体类型代码,核对无误后保留套录信息。

例 1:

338 ##$avolume$2rdacarrier

说明:资源带附件,但附件是小手册,仅记录主要部分的载体类型。

例 2:

338 ##$avolume$2rdacarrier

338 ##$acomputer disc$2rdacarrier

说明:资源带附件,为电子资源,同时记录主要部分和附件的载体类型。

3.4 数量

核心情况及与 MARC 21 的映射

元素名称	RDA 核心	本地核心	MARC 21 映射
数量(RDA 3.4)	条件核心	条件核心	300 载体形态 300$a 数量

条件核心元素,仅当资源完整或总数量已知时,数量是核心元素。用资源本身(或者其任何附件或容器)所呈现的依据作为记录资源数量的基础。如果必要,可从任何来源获取补充依据。

3.4.1　记录数量的基本说明

1. 数量元素的构成

资源数量是由单元数和载体类型术语（RDA 3.3.1.3）组成，术语的单复数形式根据实际情况确定。

例1：

300 ##$a10 volumes

例2：

300 ##$a1 online resource

例3：

300 ##$a マイクロフィルム 30 巻

例4：

300 ##$a オンライン資料 1 件

例5：

300 ##$a ビデオディスク 1 枚

例6：

300 ##$a392 страницы

例7：

300 ##$a6 책

3.4.1.3　例外

记录地图资源、乐谱、静态图像、文本、三维形式的数量元素时，不采用 RDA 3.3.1.3 所提供的术语，而采用 RDA 提供的相应专用术语。

中国国家图书馆做法：

西文编目时，数量采用 RDA 术语。日文、俄文等非拉丁文字资源编目时，采用与 RDA 术语对应的本国文字术语。

2. 确切的单元数不易确定（RDA 3.4.1.4）

如果单元数不易确定，记录估算数，前置以"approximately"或其他语言的等同词。

例1：

300 ##$aapproximately 400 pages

例2：

300 ##$aapproximately 100 slides

例3：

300 ##$a 約 502 ページ

例4：

300 ##$aоколо 350 страниц

例5：

300 ##$a लगभग 210 पृष्ठ

例 6:

300 ##$a 약 190 페이지

例 7:

300 ##$a حوالي 630 صفحة

3.4.1.4　可选择的省略

如果单元数不易估算,则省略具体数值。

中国国家图书馆做法:

应用可选择的省略规则。

例 1:

300 ##$amicrofiches

例 2:

300 ##$a マイクロフィッシュ

3. 指示单元类型的其他术语(RDA 3.4.1.5)

如果 RDA 3.3.1.3 载体类型术语表中没有适用的术语,则用通用术语代替。

例:

300 ##$a1 USB flash drive

4. 无法列出各单元的载体类型(RDA 3.4.1.5)

如果不能列出各单元的载体类型,则记录为"various pieces"或其他语言的等同词,如果对识别或选择重要,则在附注中提供各单元的细节。

例 1:

300 ##$a31 various pieces

例 2:

300 ##$a 各種資料 20 個

3.4.1.5　可选择的省略

如果单元数不易确定或估算,则省略具体数值。

中国国家图书馆做法:

应用可选择的省略规则。

例:

300 ##$avarious pieces

5. 内容完全相同的单元(RDA 3.4.1.6)

如果资源各单元的内容完全相同,在指示单元类型的术语前添加"identical"或其他语言的等同词。

例 1:

300 ##$a30 identical microfiches

例 2:

300 ##$a25 identical microscope slide

例 3:

300 ##$a 同一スライド 30 枚

说明:相同的幻灯片 30 张。

例 4:

300 ##$a ميكروفيش متطابق 25

说明:相同的缩微平片 25 件。

例 5:

300 ##$a70 идентичных микрофиш

说明:相同的缩微平片 70 件。

6. 子单元数(RDA 3.4.1.7)

如果对识别或选择重要,在指示单元类型的术语后记录子单元数,并置于圆括号内。

例 1:

300 ##$a1 computer disc (28 data files)

说明:计算机盘的子单元数。

例 2:

300 ##$a1 online resource (xv, 107 pages)

说明:联机资源的子单元数。

例 3:

300 ##$a1 atlas (36 leaves)

说明:地图册的子单元数。

例 4:

300 ##$a13 microfiches (528 pages)

说明:缩微制品的子单元数。

例 5:

300 ##$a4 microfiches (360 frames)

说明:缩微制品的子单元数也可记录帧数。

例 6:

300 ##$a1microfiche (approximately 150 pages)

说明:子单元数不易确定,可记录估算数,并前置以“approximately”。

例 7:

300 ##$a2 filmstrips (100 frames each)

说明:每个子单元数量相同。

例 8:

300 ##$a マイクロフィッシュ 3 枚(120 フレーム)

说明:缩微平片的数量及子单元帧数。

例 9:

300 ##$a マイクロフイルム 2 卷(150 フレーム)

说明:缩微胶卷的数量及子单元帧数。

例 10:

300 ##$a マイクロフィッシュ 5 枚(200 ページ)

说明:缩微平片的数量及子单元页数。

7. 不完整的资源(RDA 3.4.1.10)

如果资源目前不完整,在进行综合著录时,不记录数值,仅记录指示单元类型的术语。

3.4.1.10 交替规则

如果资源不完整,可不记录数量。

中国国家图书馆做法:

不应用交替规则,即可不记录具体数值,但需记录指示单元类型的术语。

例:

300 ##$acomputer discs

300 ##$aslides

300 ##$avolumes(loose-leaf)

3.4.2 地图资源的数量

1. 记录地图资源数量的术语(RDA 3.4.2.2)

如果资源由多个单元类型组成,则记录每个适用类型的数量,术语的单复数形式根据实际情况确定。如果术语均不适用,则可采用 RDA 3.4.4.2(静态图像)和 RDA 3.4.6.2(三维形式)所提供的术语,或由编目员自行使用简洁的指示单元类型的术语。参见 NLC PS(FLR)3.4.1。

atlas(地图册)

diagram(线图)

globe(球仪)

map(地图)

model(模型)

profile(剖面图)

remote-sensing image(遥感图)

section(截面图)

view(视图)

例 1:

300 ##$a1 map

例 2:

300 ##$a 地球儀 1 基

中国国家图书馆做法:

西文编目时,数量采用 RDA 术语。日文、俄文等非拉丁文字资源编目时,采用与 RDA 术语对应的本国文字术语。

2. 地图册

应用 RDA 3.4.5 的说明记录其册数和/或页数。

例 1:

300 ##$a1 atlas (231 pages)

例 2:

300 ##$a1 atlas (2 volumes)

例 3：

300 ##$a1 atlas (1 volume (various pagings))

例 4：

300 ##$a 地図帳 1 部(300 ページ)

3. 地图单元数与张数不同

同时记录地图的单元数和张数。

例 1：

300 ##$a5 maps on 1 sheet

例 2：

300 ##$a10 sections on 5 sheets

4. 多分切呈现的地图单元(RDA 3.4.2.4)

如果地图单元为多个分切图,需拼合成一个或多个地图单元,且所有分切图在一张上,则数量表示为:地图单元数 + in + 分切数(或其他语言的等同词);如果分切图不在一张上,则数量表示为:地图单元数 + on + 张数(或其他语言的等同词)。

例 1：

300 ##$a2 profiles in 6 segments

例 2：

300 ##$a2 views on 2 sheets

3.4.3 乐谱的数量

用 RDA 7.20.1.3 提供的术语或其他语言文字的等同词记录乐谱的数量。如果资源由多个单元类型组成,则依 RDA 7.20.1.3 术语的顺序记录,术语的单复数形式根据实际情况确定。依 RDA 3.4.5 在指示乐谱格式的术语后指明册和/或页、叶或栏数,并置于圆括号内。

score(乐谱)
condensed score(缩写谱)
study score(研习总谱)
piano conductor part(钢琴指挥分谱)
violin conductor part(小提琴指挥分谱)
vocal score(声乐缩编谱)
piano score(钢琴总谱)
chorus score(合唱总谱)
part(分谱)
choir book(唱诗班乐谱)
table book(桌谱)

例 1：

300 ##$a1 score (xi, 32 pages)

例 2：

300 ##$a1 choir book (530 pages)

例 3：

300 ##$a スコア 1 部(iv, 239 ページ)

例 4：

300 ##$a パート譜 3 部

3.4.3.2　例外

(1)如果资源包含一个总谱和一套分谱(总谱和各分谱分别为独立单元),则在总谱尺寸后记录分谱数,省略相应的册数或页、叶、栏数。重复300$a 记录分谱数,前置以“+”。

例1:

300 ##$a1 score (23 pages) ;$c32 cm +$a12 parts

例2:

300 ##$a スコア1 冊(18 ページ) ;$c20 cm +$a パート譜16 部

(2)如果总谱和分谱为单一物理单元,则以“1 score and 4 parts”的形式记录,随后记录页、叶、栏数,并置于圆括号内。

例1:

300 ##$a1 score and 12 parts (53 pages)

例2:

300 ##$a スコア1 部及びパート譜25 部(329 ページ)

3.4.4　静态图像的数量

1.记录静态图像数量的术语(RDA 3.4.4.2)

如果资源由多个单元类型组成,则记录每个适用类型的数量,术语的单复数形式根据实际情况确定。如果术语均不适用,则可由编目员自行使用简洁的指示单元类型的术语。参见 NLC PS(FLR)3.4.1。

activity card(游戏卡)
chart(图表)
collage(拼贴画)
drawing(绘图)
flash card(闪视卡)
icon(图标)
painting(绘画)
photograph(照片)
picture(图画)
postcard(明信片)
poster(招贴画、海报)
print(印刷图片)
radiograph(射线片)
study print(学习图片)
technical drawing(技术图纸)
wall chart(挂图)

例1:

300 ##$a2 photographs

例2:

300 ##$aapproximately 150 pictures

例3:

300 ##$a 絵図1 枚

例4:

300 ##$a 掛図2 巻

例5:

300 ##$a 写真23 枚

2.资源的图像数不同于载体数

同时记录图像数和载体数。

例1:

300 ##$a5 prints on 1 sheet

例2:

300 ##$a1 drawing on 4 sheets

3. 相册、文件夹等(RDA 3.4.4.5)

由包含绘图、绘画、印刷图片、照片等的相册、文件夹、函等组成的资源,记录单元数和适当的单元类型术语。

3.4.4.5 可选择的附加

在指示单元类型的术语后指明绘图等的具体数,并置于圆括号内。

中国国家图书馆做法:

不应用可选择的附加规则。

例1:

300 ##$a1 portfolio

例2:

300 ##$aポスター2枚

3.4.5 文本的数量

1. 含编号的页、叶或栏(RDA 3.4.5.2)

(1)如果册上有页、叶或栏的编号,则按资源上的形式记录数量,选择适用的术语"页""叶"或"栏"。如果叶的两面标有页码,则记录页数;如果仅叶的一面有叶码,则记录叶数;如果册由页组成,一页多栏且依栏编号,则记录栏数;如果册由叶和页、页和编号栏或叶和编号栏顺序组成,则分别记录每个序列①。

例1:

300 ##$a698 pages

例2:

300 ##$a152 leaves

例3:

300 ##$a2569 columns

例4:

300 ##$axiii, 294 pages, 98 leaves

①RDA对于"页"和"叶"的处理与AACR2有所不同:RDA判断用哪一术语,以编号是否出现在叶的两面为标准,而AACR2则是以叶是否两面印刷为标准。在AACR中,如果叶是两面印刷,不论连续编号是否出现在两面还是仅出现在一面,均著录为"页"。在RDA中,如果连续编号仅出现在一面,不论是否是双面印刷还是单面印刷,均著录为"叶"。例如,某册是双面印刷,单面标页,依AACR2规则,表示为:100 [i.e. 200] p.,依RDA则表示为:100 leaves。"序列"指的是数量连续的号段,而不是数字的形式。例如,一本书页码标注为i-xx和1-200,则意味着两个序列,但是如果页码标注为i-xx和21-200,则只有一个序列,前者记录数量为:xx, 200 pages,后者记录数量为:200 pages。

例 5：

300 ##$a322 ページ，図版 5 枚

例 6：

300 ##$a38 欄

例 7：

300 ##$a198 страниц，16 листов цветных иллюстраций

说明：198 页，16 张彩色图版。

例 8：

300 ##$a 229 페이지, 도판 5 매

说明：229 页，5 张图版。

中国国家图书馆做法：

西文编目时，文本的数量采用 RDA 术语。日文、俄文等非拉丁文字资源编目时，采用与 RDA 术语对应的本国文字术语。

3.4.5.2　例外

对于早期印刷型资源，按所见的术语和形式，记录每个叶、页或栏的序列。如果资源按页印刷，但按叶编号，记录编号为"叶"。如果必要，记录页码、空白叶或其他稽核方面更准确的信息，或作为数量的扩展（如果能简洁表述），或编制一个附注。

例：

300 ##$a172 leaves numbered in manuscript and written on both sides, 34 unnumbered leaves written on both sides (including 3 leaves of tables), 4 folded unnumbered leaves of tables, 1 folded unnumbered leaf of plates (the map) (that is, in all, 412 pages of text, 5 folded leaves of plates) : $bcolor manuscript map (part lithographed) ; $c32 cm

说明：资源为手稿型文字资料，双面印刷，但仅单面连续编号，共 206 叶文字（其中有编号的 172 叶，未编号的 34 叶），4 叶表格，1 叶图版，换算成的页数作为数量的扩展记录在随后的圆括号中，即 412 页文字，5 页图版。

（2）如果资源编号为有起讫范围的字母，则记录字母形式。

例 1：

300 ##$aA-K pages

例 2：

300 ##$aA-Z leaves

（3）如果编号的数字为词，则记录对应的数字。

例 1：

300 ##$a30 pages

说明：信息源显示为：thirty。

例 2：

300 ##$a40 ページ

说明：信息源显示为：四十。

例3:

300 ##$a20 पृष्ठ

说明:信息源显示为:बीस。

2. 含未编号的页、叶、栏(RDA 3.4.5.3)

(1)如果册上的页、叶、栏全部未编号,则有3种记录方法:如果易于确定,则记录确切的页、叶或栏数;如果为估算数,则前置以"approximately"或其他语言的等同词;如果不易估算,则直接记录为"1 volume (unpaged)"或其他语言的等同词。

例1:

300 ##$a89 unnumbered leaves

例2:

300 ##$aapproximately 150 pages

例3:

300 ##$a1 volume (unpaged)

说明:西文编目。

300 ##$a1 冊(ページ付なし)

说明:日文编目。

300 ##$a 1 책(페이지 번호 없음)

说明:朝鲜文编目。

例4:

300 ##$a 約 52 ページ

中国国家图书馆做法:

对于页、叶或栏数估算在100以下的资源,需准确提供页、叶或栏数;如果页、叶或栏数估算在100以上,仅记录"1 volume (unpaged)" 或其他语言的等同词。

(2)如果资源同时含有编号和未编号的页、叶或栏序列,则忽略未编号的序列。但如果未编号序列构成资源的实质部分或者在附注中提及,需予以记录。记录时,如果数量易于确定,记录确切的页、叶、栏数;如果数量不易确定,记录估算的页、叶或栏数,前置以"approximately"或其他语言的等同词;仅记录为"unnumbered sequence of pages"或其他语言的等同词。

例1:

300 ##$a135 pages, 46 unnumbered pages

例2:

300 ##$a48 leaves, 59 unnumbered leaves

例3:

300 ##$a93 pages, unnumbered sequence of leaves

例4:

300 ##$a128 ページ, 79 ページ付なし

中国国家图书馆做法:

如果未编号序列估算在100以下,需准确提供数量;如果数量估算在100以上,仅记录

"unnumbered sequence of pages"或其他语言的等同词。

3.4.5.3.1 例外

对于早期印刷型资源,记录未编号序列的页、叶或栏。

(3)如果未编号序列是广告、空白页等无关紧要的内容,则忽略。

3.4.5.3.2 例外

对于早期印刷型资源,如果广告页包含在与文本相同的页码序列中,或者印在起始或结束书帖的页上,该书帖同时包含文本的叶或页,或者印在帖号连续的资源的独立书帖上,则记录含广告的页码,如果不属于上述 3 种需记录的情况,则将广告页的页码记录在附注字段。

3. 误导编号

如果序列的最末页、叶或栏编号有误,更正误导编号时,先记录最末页或叶上出现的编号,其后随以"that is"或其他语言的等同词和正确的数。

例 1:

300 ##$a154, that is, 254 pages

例 2:

300 ##$a205, 正しくは, 105 ページ

例 3:

300 ##$a154 ،أي، 254 صفحة

例 4:

300 ##$a231, то есть, 331 страница

例 5:

300 ##$a179, यह 197 पृष्ठ हैं

4. 不完整的册

(1)如果册的最后部分丢失,无法确定完整的数量,则记录最后编号的页、叶或栏数,随以"incomplete"或其他语言的等同词,并编制附注,记录其不完整的情况。

例 1:

300 ##$a379 pages (incomplete)

500 ##$aLibrary's copy imperfect: pages after page 379 are lacking.

例 2:

300 ##$a91 ページ(欠落あり)

500 ##$a ページ 91 以降を欠く.

(2)如果首、末部分的页或叶均丢失,则记录页、叶或栏的首末编号,前置以适当的术语,并编制附注,记录其不完整的情况。

例 1:

300 ##$aleaves 12-56

500 ##$aLibrary's copy imperfect: leaves proceeding leaf 12 and leaves after leaf 56 are lacking.

例 2：

300 ##$a 図版 10-40

500 ##$a 図書館の複製品が欠落あり：図版 10 の前及び図版 40 の後を欠く.

5. 编号为较大序列的部分

(1)如果页等作为较大序列的一部分编号(如多册资源连续标页),则记录首末编号,前置以适用的术语。

例 1：

300 ##$apages 712-1004

说明：资源共两卷,第 2 卷从 712 页开始。

例 2：

300 ##$a ページ 516-983

说明：资源共两卷,第 2 卷从 516 页开始。

(2)如果资源除较大序列的页码之外,还有自身的编号,则记录个体资源自身的页码。为较大序列部分的页码编制附注。

例 1：

300 ##$a156 pages

500 ##$aPages also numbered 326-481.

例 2：

300 ##$a307 ページ

500 ##$a ページ 617-923 も付けられてある

6. 复杂或不规则的标页等

如果资源有复杂或不规则的标页,则有 3 种记录方法:记录页、叶或栏的总数,按实际情况随以"in various pagings""in various foliations"或"in various numberings"或其他语言的等同词;记录主要页码序列的页、叶或栏数,再添加其他编号或未编号序列的总数;仅记录为"1 volume(various pagings)"或其他语言的等同词。

例 1：

300 ##$a356 pages in various paging

例 2：

300 ##$a175 pages, 32 pages, 100 unnumbered pages

例 3：

300 ##$a276 ページ（各種ページ付あり）

例 4：

300 ##$a236 페이지, 15 페이지, 50 번호 없는 페이지

例 5：

300 ##$a1 volume（various pagings）

说明：西文编目。

300 ##$a1 책(다양한 페이징)

说明：朝鲜文编目。

300 ##$a1 том（раздельные пагинации）

说明:俄文编目。

300 ##$a1 冊(各種ページ付あり)

说明:日文编目。

中国国家图书馆做法:

由编目员根据实际情况自行决定采用哪种方法记录。

3.4.5.8 例外

对于早期印刷型资源,按所见的形式和序列记录页码等。

例 1:

300 ##$a16 unnumbered leaves, 52 leaves, 78 columns, 10 unnumbered pages

例 2:

300 ##$a 図版 32 枚, 64 丁, 56 欄

7. 图版的页或叶

(1)如果资源中图版的叶或页独立于文本等的页或叶序列,则在页码等序列的最后,记录图版的叶或页数,无论图版是集中还是分散在资源中,甚至仅有一张图版。如果图版以文字标号,则记录对应的数字。

例 1:

300 ##$axii, 543 pages, 12 pages of plates

例 2:

300 ##$avii, 172 ページ, 図版 3 枚

例 3:

300 ##$a73 pages, 8 pages of plates

说明:图版标号为 eight。

(2)如果资源同时包含图版的叶和页,则按占主要部分的术语记录数量。

例 1:

300 ##$a256 pages, 32 unnumbered leaves of plates

说明:资源包含 26 叶和 6 页图版。

例 2:

300 ##$a321 ページ,図版 15 枚(ページ付なし)

说明:资源包含 14 叶和 1 页图版。

(3)忽略未编号序列的图版,除非未编号序列构成资源的实质部分,或未编号序列包括附注中提及的图版。

例:

300 ##$ax, 108 pages, 15 unnumbered pages of plates

说明:附注中提及未编号的图版。

8. 折页

如实描述折页。

例 1:

300 ##$a20 folded leaves of plates

例 2：

300 ##$a 図版 3 枚(折り込み)

9. 重复标页和反向编号页

(1)如果资源的页码有重复标记，如并列文本的情况，则记录两个页码，并编制附注说明。

例 1：

300 ##$avii, 217, 217 pages

500 ##$aParallel texts in English and French.

例 2：

300 ##$a300, 300 ページ

500 ##$a 見開きの左ページが英語、右ページが日本語で、言語ごとのページ付がある.

(2)如果资源有一组反向编号页，多出现于图书有两种语言文本的情况，则按顺序记录不同部分的页码，以描述时选择的题名页起始。

例 1：

300 ##$avii, 346, 315, ix pages

例 2：

300 ##$ax, 178, 211, vi ページ

10. 多册

如果资源由多册组成，记录数量时，给出册数和术语"volumes"或其他语言的等同词。

3.4.5.16 例外

(1)对于连续出版物，记录其数量时，给出连续出版物编号所反映的书目卷数，而非物理册数。

例 1：

300 ##$a10 volumes

例 2：

300 ##$a9 冊

(2)如果资源尚不完整，则仅记录载体类型术语，不用给出数量。

例 1：

300 ##$avolumes

例 2：

300 ##$a 冊

例 3：

300 ##$a 몇 책/권

中国国家图书馆做法：

对于尚不完整的资源(未全部到馆或尚未发行完毕)，记录已到馆册的编号，中间用逗号分隔，并置于尖括号中，前置以"volumes"或其他语言的等同词；如果编号连续，仅记录起讫册的编号，以短横"-"连接。

例 1:

300 ##$avolumes <1, 3>

例 2:

300 ##$avolumes <1-4>

11. 连续标页的册

如果资源由多册组成,且多册连续标页,记录其数量时,在指示单元类型的术语后,指明页、叶或栏数,并置于圆括号内,忽略除首册之外的文前单独标页序列。

例 1:

300 ##$a3 volumes (xviii, 1025 pages)

说明:3 卷的编号页码分别为:i-xviii, 1-386;i-xi, 387-795;i-xxi, 796-1025。

例 2:

300 ##$a4 冊(vi, 923 ページ)

说明:4 卷的编号页码分别为:i-vi, 1-281;i-v, 282-386;i-xi, 387-701;i-vii, 702-923。

3.4.5.17　可选择的省略

对于多部分专著和连续出版物,省略页数等。

中国国家图书馆做法:

多部分专著不应用可选择的省略规则。

12. 单独标页的册

如果多册单独标页,则记录册数,省略页码。

3.4.5.18　可选择的附加

在指示单元类型的术语后,指明每册的页数、叶数或栏数,并置于圆括号内。

中国国家图书馆做法:

不应用可选择的附加规则。

13. 不断更新的活页出版物

如果资源为不断更新的活页出版物,则记录册数,其后随以"loose-leaf"或其他语言的等同词,并置于圆括号内。

例 1:

300 ##$a4 volumes (loose-leaf)

例 2:

300 ##$a5 冊(加除式)

例 3:

300 ##$a2 책(루스 리프)

3.5 尺寸

核心情况及与 MARC 21 的映射

元素名称	RDA 核心	本地核心	MARC 21 映射
尺寸(RDA 3.5)	非核心	条件核心	300 载体形态 300$c 尺寸

3.5.1 记录尺寸的基本说明

中国国家图书馆条件核心元素,不适用于连续出版物和在线资源。用资源本身(或者其任何附件或容器)所呈现的依据作为记录尺寸的基础。如果必要,可从任何来源获取补充依据。

通常以厘米记录尺寸,向上取整,使用公制符号"cm"。与 AACR2 编目实践不同,"cm"不再作为缩写使用,其后无句点。

3.5.1.4 载体尺寸

1. 卡片

记录高度×宽度。

例 1:

300 ##$a フレッシュカード 30 枚 :$b カラー ;$c10 x 8 cm

说明:闪视卡的尺寸。

例 2:

300 ##$a10 microopaques (205 frames) ;$c8 x 13 cm

说明:不透明缩微片的尺寸。

2. 单轴盒

(1)盒式录音带,记录盒面长度×高度,后随以用毫米记录的磁带宽度,中间用逗号分隔。

例 1:

300 ##$c14 x 10 cm, 7 mm tape

例 2:

300 ##$c12 x 9 cm, 6 mm テープ

(2)盒式缩微胶卷,以毫米记录胶卷宽度。

例:

300 ##$a35 mm

3. 双轴盒

卡式录音带记录盒面长度×高度,后随以用毫米记录的磁带宽度,中间用逗号分隔。

例 1:

300 ##$a10 x 7 cm, 4 mm tape

例 2：

300 ##$a13 x 9 cm, 5mm テープ

4. 盘片

记录直径。

中国国家图书馆做法：

用英寸或厘米记录盘片直径。

例 1：

300 ##$a1 computer disc ：$bsound, color ；$c4 3/4 in.

说明：西文编目用“英寸”作为单位。

例 2：

300 ##$a コンピュータ・ディスク 1 枚 ：$b カラー ；$c12 cm

说明：日文编目用“厘米”作为单位。

5. 幻灯卷片和幻灯条片

以毫米记录胶片的宽度。

例：

300 ##$a1 filmslip（26 frames）：$bcolor ；$c35 mm

6. 翻转图[①]

记录高度 × 宽度。

例 1：

300 ##$a1 flipchart（9 sheets）：$bblack and white ；$c22 x 36 cm

例 2：

300 ##$a フリップチャート 1 セット（10 シート）：$b 白黒 ；$c21 x 35 cm

7. 缩微平片[②]

记录高度 × 宽度。

例：

300 ##$a10 microfiches（viii, 127 pages）；$c11 x 15 cm

8. 高射投影片[③]

记录透明片的高度 × 宽度，不含边框或衬底。

例：

300 ##$a12 overhead transparencies ：$bsome color ；$c22 x 22 cm

9. 开盘卷

以厘米记录卷的直径，后随以毫米记录磁带宽度，之间用逗号分隔。

中国国家图书馆做法：

用英寸或厘米记录音频资源的尺寸。

---

①翻转图是一套图纸或图片，在顶部链住以便信息按逻辑序列呈现。

②大多数缩微平片的尺寸为 11 x 15 cm。

③高射投影片是载有图像的透明材料片，需与高射投影仪器配合使用。

例：

300 ##$a1 audiotape reel ;$c7 in. , 1/4 in.

10. 卷

对于胶卷和缩微卷，以毫米记录胶片宽度。

例：

300 ##$a35 mm

11. 张

记录高度×宽度，不含边框或衬底。如果张是折页发行，但是使用的时候不折页，则同时记录折页和不折页的尺寸，先记录展开时的高度×宽度，再随以折叠后的高度×宽度。

例1：

300 ##$a1 sheet ;$c15 x 30 cm

例2：

300 ##$a1 map :$bcolor ;$c60 x 72 cm folded to 19 x 10 cm

例3：

300 ##$a1 sheet ;$c27 x 471 cm rolled to 27 x 7 cm in diameter

说明：手稿卷轴的尺寸。

例4：

300 ##$a 地図 1 図 :$b カラー ;$c15 x 30 cm 折りたたまれた後 5 x 15 cm

说明：折页地图的尺寸。

12. 幻灯片

记录高度×宽度。

例：

300 ##$a1 microscope slide ;$c3 x 8 cm

说明：显微镜载玻片的尺寸。

13. 三维形式

球仪记录直径，需注明。其他三维形式，记录三维形式本身的尺寸，通常记录高度×宽度×深度。

例1：

300 ##$c25 cm in diameter

说明：球仪的尺寸记录直径。

例2：

300 ##$c 直径 12 cm

说明：球仪的尺寸记录直径。

例3：

300 ##$c30 cm high

说明：指明尺寸是哪个维度的。

例4：

300 ##$c 高さ 30 cm

说明：指明尺寸是哪个维度的。

例 5:

300 ##$c12 x 10 x 15 cm

说明:实物的高度×宽度×深度。

3.5.1.4.13　可选择的省略

如果三维形式置于容器中,省略其本身的尺寸,记录容器的尺寸。

中国国家图书馆做法:

应用可选择的省略规则。

例:

300 ##$cbox x 20 x 25 x 30 cm

14. 册

(1)记录册的高度。如果高度小于 10 厘米,以毫米记录。

例 1:

300 ##$c27 cm

说明:图书封面高度测为 26.3 厘米,向上取整,记录为"27 cm"。

例 2:

300 ##$c95 mm

说明:图书封面高度测为 9.5 厘米,不足 10 厘米,以毫米为单位。

(2)如果册的宽度小于高度的一半,或大于高度,则记录高度×宽度。

例 1:

300 ##$c20 x 30 cm

说明:图书封面宽度大于高度,图书尺寸记录为高度×宽度。

例 2:

300 ##$c24 x 10 cm

说明:图书封面宽度小于高度的一半(12 厘米),图书尺寸记录为高度×宽度。

(3)如果装订与文本块之间高度和/或宽度的差别很大,且这种差别对识别或选择重要,则记录文本块的高度或高度×宽度,其后随以装订的高度或高度×宽度。

例 1:

300 ##$c25 cm in binding 30 cm

例 2:

300 ##$c20 x 8 cm in binding 22 x 12 cm

3.5.1.5　容器尺寸

如果资源置于容器中,且对识别或选择重要,则指明容器的名称并记录其尺寸(高度×宽度×深度),或替代或附加于载体尺寸。

例 1:

300 ##$c15 x 20 x 3 cm in case 16 x 25 x 4 cm

说明:同时记录载体尺寸和容器尺寸。

例 2:

300 ##$c 箱 20 x 25 x 7 cm

说明:仅记录容器尺寸。

3.5.1.6 多载体组成的资源

如果资源由多载体组成,所有载体的类型与尺寸均相同,则依据 NLC PS(FLR)3.5.1.4 所列规则记录单个载体的尺寸;如果载体类型相同,但尺寸不同,则记录最小或较小和最大或较大的尺寸;如果载体均为两种尺寸,则记录两种尺寸,中间用“and”分隔。

例 1:

300 ##$a10 microopaques ;$c8 x 13 cm

说明:所有载体的类型和尺寸均相同。

例 2:

300 ##$c22-25 cm

说明:资源由 3 册组成,3 册高度不同,最小的 22cm,最大的 25cm。

例 3:

300 ##$c11 x 15 cm-12 x 17 cm

说明:资源由 5 张缩微平片组成,记录最小和最大的尺寸。

例 3:

300 ##$c15 x 20 cm and 25 x 30 cm

说明:地图资源的载体均为两种尺寸。

3.5.1.6 交替规则

如果有两种以上尺寸,则记录最大尺寸,其后随以“or smaller”。

中国国家图书馆做法:

不应用交替规则,即始终记录最小和最大尺寸。

3.5.2 地图等的尺寸

3.5.2.2 记录地图等的尺寸

1. 地图按内廓测量尺寸

地图要求按内廓测量尺寸,除此之外,地图尺寸通常与其他资源遵循相同的规则,记录高度×宽度或直径,记录直径时需注明。

例 1:

300 ##$a1 map :$bcolor ;$c28 x 35 cm folded to 14 x 15 cm

例 2:

300 ##$a10 maps on 3 sheet ;$c27 x 13 cm and 45 x 30 cm

例 3:

300 ##$a35 cm in diameter

3.5.2.2 交替规则

对于早期印刷型或手稿型地图等,记录印张尺寸时,精确到十分之一厘米,使用公制符号“cm”。

中国国家图书馆做法：

不应用交替规则。

2. 地图形状不规则、没有内廓，或边缘超出开本

记录地图本身的尺寸。如果不可行，则记录张的高度和宽度，包含单词“sheet”或其他语言的等同词。

例：

300 ##$a1 map ;$csheet 50 x 36 cm

3.5.2.3 多个不同尺寸张上的地图等

如果地图等在两种尺寸的张上，则记录张的两套尺寸。如果在两种以上尺寸的张上，则记录张的最大高度，其后随以最大宽度和“or smaller”或其他语言的等同词。

例 1：

300 ##$csheets 20 x 26 cm and 25 x 30 cm

例 2：

300 ##$csheets 32 x 40 cm or smaller

3.5.2.6 折叠张上的地图等

如果地图等有用于折叠后存放的外封，或印张本身含有折叠后显示在外侧的版块或部分，则记录地图的尺寸，并添加折叠形式印张的尺寸，前置以逗号。

例 1：

300 ##$c90 x 65 cm, folded to 30 x 15 cm

例 2：

300 ##$c9 x 20 cm, on sheet 40 x 60 cm, folded in cover 21 x 10 cm

3.5.3 静态图像的尺寸

3.5.3.2 记录静态图像的尺寸

记录静态图像的尺寸时，给出画图区域的测量值。

3.5.3.2 交替规则

记录尺寸精确到十分之一厘米，用公制单位“cm”。

中国国家图书馆做法：

不应用交替规则。如果静态图像画图区域为矩形，记录高度×宽度，单位采用厘米；如果画图区域为圆形，记录直径；如果画图区域为椭圆形，记录高和宽两个维度上的长短轴尺寸；如果为其他不规则图形，采用适当的方法记录尺寸。对于非矩形图像，均需注明。

例 1：

300 ##$c21 x 10 cm

例 2：

300 ##$c10 x 8 cm oval

3.6－3.22　其他载体特征元素

核心情况及与 MARC 21 的映射

元素名称	RDA 核心	本地核心	MARC 21 映射
基底材料（RDA 3.6）	非核心	非核心	340 物理载体 340$a 材质与构造
图书开本（RDA 3.12）	非核心	非核心	340 物理载体 340$m 图书开本
极性（RDA 3.13）	非核心	非核心	340 物理载体 340$o 极性
缩率（RDA 3.15）	非核心	非核心	340 物理载体 340$f 产品速率/比率
声音特征（RDA 3.16）	非核心	非核心	344 声音特征 344$a 录音类型 344$b 录音媒介 344$c 播放速度 344$d 纹槽特征 344$e 音轨配置 344$f 录音带配置 344$g 播放声道配置 344$h 特殊播放特征
视频特征（RDA 3.18）	非核心	非核心	346 视频特征 346$a 视频格式 346$b 广播标准 538 系统细节附注 538$a 系统细节附注
数字文件特征（RDA 3.19）	非核心	非核心	347 数字文件特征 347$a 文件类型 347$b 编码格式 347$c 文件大小 347$d 分辨率 347$e 地区编码 347$f 传输速度 516 计算机文件类型或数据附注 538 系统细节附注

续表

元素名称	RDA 核心	本地核心	MARC 21 映射
设备或系统要求(RDA 3.20)	非核心	非核心	340 物理载体 340$i 媒介的技术规格 538 系统细节附注 538$a 系统细节附注
载体的附注(RDA 3.21)	非核心	条件核心	500 一般性附注
特定单件的载体特征(RDA 3.22)	非核心	条件核心	500 一般性附注 562 复本和版本识别附注 563 装订信息

3.6 基底材料

非核心元素,用资源本身(或者其任何附件或容器)所呈现的依据作为记录基底材料的基础。如果必要,可从任何来源获取补充依据。

3.6.1 记录基底材料的基本说明

1. 记录基底材料的术语(RDA 3.6.1.3)

Bristol board(上等纸板/布里斯托纸板)
canvas(帆布)
cardboard(厚卡)
ceramic(陶)
glass(玻璃)
hardboard(硬纸板)
illustration board(插图用纸板)
ivory(象牙)
leather(皮革)
metal(金属)
paper(纸)
parchment(羊皮纸)
plaster(石膏)
plastic(塑料)
porcelain(瓷)
shellac(虫胶)
skin(皮)
stone(石)
synthetic(合成物)
textile(织物)
vellum(牛皮纸)
vinyl(乙烯树脂)
wax(蜡)
wood(木)

2. 记录基底材料的字段

在 MARC 21 格式中有多个字段可用于记录基底材料,如 300$b、340$a 或 500 字段。

中国国家图书馆做法:

① 西文编目时,基底材料采用 RDA 术语。日文、俄文等非拉丁文字资源编目时,采用与 RDA 术语对应的本国文字术语。

② 基底材料为非核心元素,一般不要求记录。但在下列情况下可予以记录:资源为三

维物体，如雕塑、球仪等；资源为绘画作品，且基底材料较为特殊，如玻璃等；资源为手稿，且基底材料较为特殊，如羊皮纸等。

③ 如果需记录基底材料，将其记录在340$a。

例1：

340 ##$awood

例2：

340 ##$aglass

3.6.2 缩微胶卷、缩微平片、摄影胶片和电影胶片的基底材料

缩微胶卷、缩微平片、摄影胶片和电影胶片的基底材料用RDA 3.6.2提供的术语表。

acetate（醋酸纤维素）
diacetate（双醋酸纤维素）
nitrate（硝酸纤维素）
polyester（聚酯纤维素）
safety base（安全基底）
triacetate（三醋酸纤维素）

当不能确定胶卷基底是双醋酸纤维素还是三醋酸纤维素时，记录为“acetate”或其他语言的等同词；当不能确定安全基底的具体类型时，记录为“safety base”或其他语言的等同词。

中国国家图书馆做法：

如果缩微胶卷、缩微平片、摄影胶片和电影胶片的基底材料易于识别，则可予以记录。

3.12 图书开本

非核心元素，用资源本身（或者其任何附件或容器）所呈现的依据作为记录图书开本的基础。如果必要，可从任何来源获取补充依据。

3.12.1 记录图书开本的基本说明

1. 记录图书开本的术语（RDA 3.12.1.3）

folio（对开）
4to（四开）
8vo（八开）
12mo（十二开）
16mo（十六开）
24mo（二十四开）
32mo（三十二开）
48mo（四十八开）
64mo（六十四开）

2. 记录图书开本的字段

在先前的编目实践中，图书开本通常记录在300$c尺寸元素之后，MARC 21为RDA所做的修订中包含为该元素新增的340$m。

中国国家图书馆做法：

仅当资源为早期印刷型图书时，才需记录图书开本元素，其他资源不要求记录该元素。将该元素记录在340$m。

例：

300 ##$c21 cm (folio)

340 ##$mfolio$2rda

说明：300$c 为先前编目实践的做法，340$m 为 RDA 实践的做法。

3.13 字体大小

非核心元素，用资源本身（或者其任何附件或容器）所呈现的依据作为记录字体大小的基础。如果必要，可从任何来源获取补充依据。

3.13.1 记录字体大小的基本说明

1. 记录字体大小的术语（RDA 3.13.1.3）

如果资源的字体大小是为视障者而设计，需记录字体大小元素。

giant print（巨大字印刷）

large print（大字印刷）

3.13.1.3 可选择的附加

在说明字体大小的通用术语后，用点数指明字体的尺寸，并置于圆括号内。

2. 记录字体大小的字段

在 MARC 21 格式中有多个字段可用于记录字体大小，如 300$b、340$n 或 500 字段。

中国国家图书馆做法：

① 不应用可选择的附加规则。

② 当资源是为视障人士而设计时，需记录字体大小。将该元素记录在 340$n。

③ 西文编目时，字体大小采用 RDA 术语。日文、俄文等非拉丁文字资源编目时，采用与 RDA 术语对应的本国文字术语。

例：

340 ##$nlarge print$2rda

3.14 极性

非核心元素，用资源本身（或者其任何附件或容器）所呈现的依据作为记录极性的基础。如果必要，可从任何来源获取补充依据。

3.14.1 记录极性的基本说明

1. 记录极性的术语（RDA 3.14.1.3）

positive（正片）

negative（负片）

mixed polarity（混合极性）

2. 记录极性的字段

在 MARC 21 格式中有多个字段可用于记录字体大小,如 300$b、340$o 或 500 字段。

中国国家图书馆做法:

① 当资源为照片、电影胶片或缩微品时,如果极性是负片予以记录。将该元素记录在 340$o。

② 西文编目时,极性采用 RDA 术语。日文、俄文等非拉丁文字资源编目时,采用与 RDA 术语对应的本国文字术语。

例:

340 ##$onegative$2rda

3.15　缩率

非核心元素,用资源本身(或者其任何附件或容器)所呈现的依据作为记录缩率的基础。如果必要,可从任何来源获取补充依据。

3.15.1　记录缩率的基本说明

用 RDA 3.15.1.3 提供的术语或其他语言文字的等同词记录缩微品的缩率。

low reduction(低缩率)　比率小于 16 倍
normal reduction(正常缩率)　比率在 16—30 倍之间
high reduction(高缩率)　比率在 31—60 倍之间
very high reduction(极高缩率)　比率在 61—90 倍之间
ultra high reduction(超高缩率)　比率大于 90 倍

中国国家图书馆做法:

①如果缩微品的缩率易于识别,予以记录。将该元素记录在 340$f。

② 西文编目时,缩率采用 RDA 术语。日文、俄文等非拉丁文字资源编目时,采用与 RDA 术语对应的本国文字术语。

例:

340 ##$flow reduction$2rda

3.16　声音特征

非核心元素,用资源本身(或者其任何附件或容器)所呈现的依据作为记录声音特征的基础。如果必要,可从任何来源获取补充依据。

用 RDA 提供的术语或其他语言的等同词分别记录录音类型、录音媒介、播放速度、纹槽特征、音轨配置、录音带配置、播放声道配置、特殊播放特征。

1. 记录录音类型的术语(RDA 3.16.2.3)

analog(模拟)

digital(数字)

2. 记录录音媒介的术语(RDA 3.16.3.3)

magnetic(磁)

magneto-optical(磁-光)

optical(光)

3. 记录播放速度的术语(RDA 3.16.4.3)

对于模拟盘,使用"rpm"(转每分);对于数字盘,使用"m/s"(米每秒);对于模拟磁带,使用"cm/s"(厘米每秒);对于声道胶片,使用"fps"(帧每秒)。

例 1:

344 ##$b1.5 m/s$2rda

说明:数字盘的播放速度。

例 2:

344 ##$b48 fps$2rda

说明:声道胶片的播放速度。

4. 记录纹槽特征的术语(RDA 3.16.5.3)

模拟盘的纹槽宽度:

coarse groove(粗纹)

microgroove(密纹)

模拟筒的纹槽间距:

fine(细纹)

standard(标准纹)

5. 记录音轨配置的术语(RDA 3.16.6.3)

central track(中央音轨)

edge track(边缘音轨)

6. 记录录音带配置的术语(RDA 3.16.7.3)

记录盒式、卡式和开盘录音带的录音带配置,即录音带上的音轨数量。

例:

344 ##$f12 track$2rda

7. 记录播放声道配置的术语(RDA 3.16.8.3)

mono(单声道)

stereo(立体声)

quadraphonic(四声道)

surround(环绕)

8. 记录特殊播放特征的术语(RDA 3.16.9.3)

CCIR standard(CCIR 标准)

CX encoded(CX 编码)

Dolby-A encoded(杜比-A 编码)

Dolby-B encoded(杜比-B 编码)

Dolby-C encoded(杜比-C 编码)

dbx encoded(dbx 编码)

Dolby(杜比)

LPCM

NAB standard(NAB 标准)

中国国家图书馆做法:

① 如果资源是主要由录音组成的,可记录声音特征。将该元素记录在 344 字段。

② 西文编目时,声音特征采用 RDA 术语。日文、俄文等非拉丁文字资源编目时,采用与 RDA 术语对应的本国文字术语。

例:

344 ##$adigital$boptical$gsurround$hDolby Digital 5.1$2rda

3.18 视频特征

3.18.1 记录视频特征的基本说明

非核心元素,用资源本身(或者其任何附件或容器)所呈现的依据作为记录视频特征的基础。如果必要,可从任何来源获取补充依据。

用 RDA 提供的术语或其他语言的等同词分别记录视频格式和广播标准。

1. 记录视频格式的术语(RDA 3.18.2.3)

Beta
Betacam
Betacam SP
CED
D-2
EIAJ(日本电子工业协会)
8 mm(8 毫米)
Hi-8 mm(超 8 毫米)
Laser optical(激光)
M-II
Quadruplex
Super-VHS
Type C
U-matic
VHS

2. 记录广播标准的术语(RDA 3.18.3.3)

HDTV
NTSC
PAL
SECAM

中国国家图书馆做法:

①视频特征为非核心元素,一般不要求记录。资源为电影、录像资源时,如果视频特征易于确定,可予以记录。将该元素记录在 346 字段。

②西文编目时,视频特征采用 RDA 术语。日文、俄文等非拉丁文字资源编目时,采用与 RDA 术语对应的本国文字术语。

例:

346 ##$aBeta$bPAL$2rda

3.19 数字文件特征

3.19.1 记录数字文件特征的基本说明

非核心元素,用资源本身(或者其任何附件或容器)所呈现的依据作为记录数字文件特征的基础。如果必要,可从任何来源获取补充依据。

用 RDA 提供的术语或其他语言的等同词分别记录文件类型、编码格式、文件大小、分辨率、地区编码、传输速度、对象数、密度、扇区等。

1. 记录文件类型的术语(RDA 3.19.2.3)

audiofile(音频文件)　　program file(程序文件)

data file(数据文件)　　text file(文本文件)

image file(图像文件)　　video file(视频文件)

2. 记录编码格式的术语(RDA 3.19.3.3)

音频编码格式

CD audio　DAISY　DVD audio　MP3

RealAudio　SACD　WAV

数据编码格式

Access　Excel　Lotus　XML

图像编码格式

BMP　GIF　JPEG　JPEG2000

PNG　TIFF

空间数据编码格式

ArcInfo　BIL　BSQ　CAD

DEM　E00　MID/MIF

文本编码格式

ASCII　HTML　Megadots　MS Word

PDF　RTF　SGML　TeX

Word Perfect　XHTML　XML

视频编码格式

Blu-ray　DVD video　HD-DVD　MPEG-4

QuickTime　RealVideo　SVCD　VCD

Windows media

3. 记录文件大小的术语(RDA 3.19.4.3)

KB(千字节)

MB(兆字节)

GB(千兆字节)

4. 记录分辨率的术语(RDA 3.19.5.3)

pixel(像素)

5. 地区编码(RDA 3.19.6.3)

地区编码是用于防止 DVD 在非销售区的播放器上播放,用适当术语记录地区编码。

6. 记录传输速度的术语(RDA 3.19.7.3)

kbps(千字节每秒)

中国国家图书馆做法:

① 数字文件特征为非核心元素,一般不要求记录。如果在编资源为电子资源,应尽可

能记录数字文件特征。将该元素记录在 347 字段。

② 西文编目时,数字文件特征采用 RDA 术语。日文、俄文等非拉丁文字资源编目时,采用与 RDA 术语对应的本国文字术语。

例 1:

347 ##$atext file$bPDF$c1.5 MB$2rda

说明:文本文件,记录文件类型、编码格式和文件大小。

例 2:

347 ##$aaudio file$bMP3$c10 MB$f40 kbps$2rda

说明:音频文件,记录文件类型、编码格式、文件大小和传输速度。

3.20 设备或系统要求

3.20.1 记录设备或系统要求的基本说明

非核心元素,用资源本身(或者其任何附件或容器)所呈现的依据作为记录设备或系统要求的基础。如果必要,可从任何来源获取补充依据。

如果资源对设备或系统的要求超出了载体类型或文件类型通常的标准,应予记录。

设备或系统要求记录在 340$i,也可以附注的形式记录在 538 字段。

3.20.1.3 交替规则

记录资源上呈现的设备或系统要求。

中国国家图书馆做法:

应用交替规则。

例:

538 ##$aSystem requirements: Windows 95/98/NT/2000; 486/60 MHz or higher; 64 MB RAM; 4X CD-ROM (minimum); 600 KB/sec; 450 KB/sec; monitor display settings: minimum 16-bit (32-bit recommended); minimum 800 x 600 (1024 x 768recommended); 50 MB or higher free hard disk space.

说明:光盘的运行条件印刷于光盘盒上。

3.21 载体的附注

中国国家图书馆条件核心元素,如果载体特征发生变化而未产生新的著录,则载体的附注为中国国家图书馆核心元素,其他情况下为非核心元素,信息取自任何来源。用于识别载体表现其他属性的附注见 NLC PS(FLR)2.17。

例：

500 ##$aSize varies: July 1960-July 1970: 18 cm; August 1970-June 1981: 23 cm.

说明：连续出版物尺寸发生变化，但未产生新的著录，编制附注说明尺寸的变化。

3.22 特定单件载体特征的附注

3.22.1 记录特定单件的载体特征的附注的基本说明

中国国家图书馆条件核心元素，如果所描述的手头单件具有缺陷等特定特征，则特定单件的载体特征的附注为中国国家图书馆核心元素。

早期印刷型资源的特定单件载体特征是指适用于所描述的早期印刷品特定单件的一个或多个载体特征，而不适用于同一载体表现的其他单件，包括套红印刷、彩色装饰和其他手工着色、手写内容和装订等。

中国国家图书馆做法：

① 当单件具有如下特定特征时，需记录附注：

a. 限定版本的图书馆单件编号；

b. 单件有亲笔签名或题献；

c. 单件有缺陷；

d. 馆藏不完整；

e. 单件装订、遗失等；

f. 早期印刷型资源的特定单件特征还包括套红印刷、彩色装饰和其他手工着色等。

其他单件的特定特征可由编目员自行判断决定是否编制附注。

② 特定单件的载体特征通常记录在本地附注 590 字段，或记录在其他附注字段并添加 $5 子字段指明机构的 MARC 代码。

③ 特定单件的载体特征为各馆馆藏的特有特征，因此附注需提及馆名，如用“NLC copy…”“NLC set…”“NLC has…”等短语。

例 1：

500 ##$aNLC copy imperfect: pages after page 213 are lacking$5CcBjTSG

或

590 ##$aNLC copy imperfect: pages after page 213 are lacking.

说明：馆藏单件有缺陷。

例 2：

500 ##$aNLC copy is number 12, signed by author.$5CcBjTSG

或

590 ##$aNLC copy is number 12, signed by author.

说明：馆藏单件有作者签名。

例 3：

590 ##$aNLC copy set incomplete: volume 6 wanting.

说明:馆藏不完整。

例 4:

500 ##$aNLC copy is donated and signed by Ba Jin.$5CcBjTSG

700 1#$aBa, Jin, $d1904-2005, $edonor.

说明:馆藏单件为巴金赠书。除附注之外,重要的捐赠者可为其编制附加检索点。

4
提供获取和检索信息

4.2 获得方式

核心情况及与 MARC 21 的映射

元素名称	RDA 核心	本地核心	MARC 21 映射
获得方式(4.2)	非核心	非核心	020 国际标准书号 020$c 文献获得方式 024 其他标准号标识 024$c 文献获得方式 037 采访源 037$c 文献获得方式

非核心元素,信息取自任何来源。

4.2.1 记录获得方式的基本说明

如果该资源供出售,则获得方式由价格组成;如果该资源不供出售,则获得方式是其他方式的简短说明。

4.2.1.3 可选择的附加

当获得方式需要限定时,记录简单的限定。

中国国家图书馆做法:

不应用可选择的附加规则。仅当资源供出租时,才需记录资源的获得方式,否则无须记录价格等信息。

例:

020 ##$a0460044524$cRental material

说明:资源为出租材料。

4.4　获取限制

核心情况及与 MARC 21 的映射

元素名称	RDA 核心	本地核心	MARC 21 映射
获取限制(4.4)	非核心	非核心	506 获取限定附注 506$a 控制获取条件 506$b 管辖权限 506$c 具体检索限定 506$d 授权用户 506$e 授权 506$f 获取限定标准化术语 506$u 统一资源标识符

非核心元素,信息取自任何来源。

4.4.1　记录获取限制的基本说明

尽可能具体地记录用于资源检索的所有限制信息。

例:

506 ##$aAccess restricted to subscriber.

说明:资源仅限订阅者访问。

4.5　使用限制

核心情况及与 MARC 21 的映射

元素名称	RDA 核心	本地核心	MARC 21 映射
使用限制(4.5)	非核心	条件核心	540 使用与复制条件附注 540$a 使用与复制条件 540$b 管辖单位 540$c 授权 540$d 授权用户 540$u 统一资源标识符

中国国家图书馆条件核心元素,如果资源为非普通馆藏,如赠品、孤本等,应记录对其使用限制的信息。信息取自任何来源。

4.5.1 记录使用限制的基本说明

尽可能具体地记录关于资源使用限制的信息。

例:

540 ##$aReproduction is not permitted by the donor.

说明:资源为赠品,且捐赠者不允许复制。

4.6 统一资源定位符

核心情况及与 MARC 21 的映射

元素名称	RDA 核心	本地核心	MARC 21 映射
统一资源定位符(4.6)	非核心	条件核心	856 电子资源定位与访问 856$u 统一资源定位符

中国国家图书馆条件核心元素,信息取自任何来源。

4.6.1 记录统一资源定位符的基本说明

856 字段的第 1 指示符通常取值为“4”,即 HTTP 访问模式。第 2 指示符指明 856 字段地址所定位的电子资源与书目记录所描述资源之间的关系。如果记录所描述的资源本身就是电子资源,则第 2 指示符为“0”;如果地址定位的是记录所描述资源的电子版,第 2 指示符为“1”;如果地址定位的是相关资源,第 2 指示符为“2”。访问地址一般记录在 $u。$3 用于指明地址所定位的信息是资源某个部分,例如,“Table of contents”。

中国国家图书馆做法:

① 如果资源有多个统一资源定位符(URL),应尽量予以全部记录;

② 如果 URL 有变化,则应对其进行修改。如果 URL 不再提供访问,则可以添加“incorrect”“invalid”标识或其他语言的等同词。如果能找到新的可提供访问的 URL,则对记录进行更新反映新的 URL。如果无法找到新的可提供访问的 URL,则做一个公共附注($z)说明不再提供访问。如果可能的话,记录关于该 URL 的详细信息,如终止提供访问的日期。如果 URL 并未失效,但定位的资源与记录所描述的资源已经完全不同,应提供一个公共附注予以说明($z)。

例 1:

245 00$aGlobal plan for insecticide resistance management in malaria vectors.

856 41$uhttp://whqlibdoc. who. int/publications/2012/9789241564472_eng. pdf

856 41$3Executive Summary$uhttp://www. who. int/malaria /vector_control/gpirm_executive_summary_en. pdf

说明:资源本身是印刷型,856$u 提供该资源电子版的访问地址。$3 指明其后 $u 的地址是“应用摘要”的访问地址。如果资源有多个适用的 URL,重复 856 字段予以记录。

例 2:

856 40$uhttp://www.bcr.org/publications/afl/index.html$zThis electronic address not available when searched on Aug. 30, 2011

说明:856 所提供的地址已失效,尽可能说明地址失效的日期。

例 3:

856 40$zElectronic address (http://www.example.com) refers to another resource when searched on [日期]

说明:URL 仍然有效,但是不指向原来的资源,而连接的是另一资源。

7
描述内容

7.4 地图内容的坐标

核心情况及与 MARC 21 的映射

元素名称	RDA 核心	本地核心	MARC 21 映射
地图内容的坐标(RDA 7.4)	非核心	非核心	255 制图数学数据
经度和纬度(RDA 7.4.2)	非核心	非核心	255 制图数学数据 255$c 坐标说明

非核心元素,信息首先取自资源内的任何来源,如果不可行,可取自资源之外。

地球地图内容的坐标记录经度和纬度或记录坐标对串,天体图内容的坐标记录赤经和赤纬。

7.4.2 经度和纬度

对于地球的地图内容,按下列顺序记录坐标:覆盖区域的最西范围(经度);覆盖区域的最东范围(经度);覆盖区域的最北范围(纬度);覆盖区域的最南范围(纬度)。用六十进制表示坐标,坐标前置以"W""E""N"或"S"。

7.4.2.3 交替规则

用十进制度数记录坐标。

中国国家图书馆做法:

应用交替规则。坐标酌情前置以"W""E""N"或"S"。两组经纬度之间用斜线分隔,前后均不空格。经度或纬度之间用连字符分隔,前后均不空格。

例:

255 ##$cE116.15°-E122°/N39.25°-N41.35°.

7.7 读者对象

核心情况及与 MARC 21 的映射

元素名称	RDA 核心	本地核心	MARC 21 映射
读者对象(RDA 7.7)	非核心	条件核心	521 读者对象附注

中国国家图书馆条件核心元素，对于针对如儿童、视障人士等特殊群体的资源，需记录读者对象。信息取自任何来源。

中国国家图书馆做法：

如果存在对应关系，读者对象需要同时在008/22字符位以代码的形式予以表示。

例1：

521 2#$a7 & up.

例2：

521 3#$aVision impaired.

例3：

008/22 e

521 ##$aJunior high school through college students and adults.

说明：008/22字符位用代码“e”表示读者对象为“成人”，521用文字予以详细说明。

7.9 学位论文或毕业论文信息

核心情况及与MARC 21的映射

元素名称	RDA核心	本地核心	MARC 21映射
学位论文或毕业论文信息(RDA 7.9)	非核心	核心	502 学位论文附注
学位(RDA 7.9.2)	非核心	核心	502 学位论文附注 502$a 学位论文附注 502$b 学位类型
授予机构或院系(RDA 7.9.3)	非核心	核心	502 学位论文附注 502$a 学位论文附注 502$c 授予机构名称
学位授予年(RDA 7.9.4)	非核心	核心	502 学位论文附注 502$a 学位论文附注 502$d 学位授予年

中国国家图书馆核心元素，信息取自任何来源。

中国国家图书馆做法：

原始编目：MARC 21针对RDA所做的修订中增加了$b(学位类型)、$c(授予机构或院系)、$d(学位授予年)用于描述学位论文或毕业论文的子元素。启用502字段的合适子字段记录学位、授予机构、授予年等子元素，不要将该信息笼统地记录在$a。

套录编目：如果套录数据已经将这些信息笼统地记录在$a，核对无误后保留套录信息。

如果资源上缺少学位论文或毕业论文信息的子元素，则在500字段记录可用的信息，不必启用502字段。

例 1：

502 ##$bPh. D. $cUniversity of Toronto$d2000.

例 2：

502 ##$bM. A. $cMcGill University$d1972$gInaugural thesis.

例 3：

500 ##$aOriginally presented as the author's thesis (doctoral).

说明：如果学位论文或毕业论文信息不全，可做一般附注记录在 500 字段。

例 4：

502 ##$b 박사 $c 서울대학교 $d2000.

7.10 内容提要

核心情况及与 MARC 21 的映射

元素名称	RDA 核心	本地核心	MARC 21 映射
内容提要(RDA 7.10)	非核心	非核心	520 摘要等附注 520$a 摘要等附注 520$c 来源

非核心元素，信息取自任何来源。

中国国家图书馆做法：

原始编目：一般不要求编目员自行编制内容提要。如果外部数据源中存在内容提要信息，可复制到记录的 520 字段，置于引号内，并指明信息来源。如果有电子版的摘要，可在 520$u 或 856$u 提供 URL。

套录编目：如果套录数据中包含内容提要信息，核对无误后保留套录信息。

例 1：

520 ##$a"Fully illustrated catalog of the exhibition held at the North Carolina Museum of Art and Penland School of Crafts, featuring 32 international artists, including Tara Donovan, Hoss Haley, Rafael Lozano-Hemmer, Anne Lemanski, Beth Lipman, Vera Lutter, Jennifer Steinkamp, Do-Ho Suh, Bill Viola, Stacy Lynn Waddell, and many others" --$cProvided by publisher.

说明：摘要取自外部数据源，将摘要置于引号内，并在 $c 提供来源。

例 2：

856 42$3Unedited summary from book
$uhttp://www.loc.gov/catdir/summary/kor0701/2002534637.html

说明：856 字段提供电子版的摘要，$3 指明 $u 地址所对应的专指资料。

7.11 获取信息

核心情况及与 MARC 21 的映射

元素名称	RDA 核心	本地核心	MARC 21 映射
获取信息(RDA 7.11)	非核心	非核心	033 事件的日期/时间和地点 518 事件发生的日期/时间和地点附注
获取地(RDA 7.11.2)	非核心	非核心	033 事件的日期/时间和地点 033$p 事件的地点 518 事件发生的日期/时间和地点附注 518$a 事件发生的日期/时间和地点附注 518$p 事件地点
获取日期(RDA 7.11.3)	非核心	非核心	033 事件的日期/时间和地点 033$a 格式化的日期/时间 518 事件发生的日期/时间和地点附注 518$a 事件发生的日期/时间和地点附注 518$d 事件日期

非核心元素,信息取自任何来源。

获取信息可记录在 518 字段,也可同时以格式化的形式记录在 033 字段。

中国国家图书馆做法:

原始编目:一般不要求记录获取信息。对于音像资源,如果录制或拍摄的地点和时间信息容易获取,可予以记录,如音像资源制作的工作室、音乐厅等,或者仅记录城市名称。

套录编目:如果套录数据中包含获取信息,核对无误后保留套录信息。

例 1:

033 01$a195410171930-0700

518 ##$aBroadcast October 17, 1954 at 7:30 p. m. (PST).

说明:一个电视节目的播出信息。

例 2:

033 11$a19700409$a19700412

518 ##$dRecorded Apr. 9-12, 1970$pBeijing.

说明:一张音乐 CD 的录制信息。

7.12 内容的语言

核心情况及与MARC 21的映射

元素名称	RDA核心	本地核心	MARC 21映射
内容的语言(RDA 7.12)	非核心	核心	546 语种附注 546$a 语种附注

中国国家图书馆核心元素,信息取自任何来源。

内容的语言是指资源内容中包含的所有语言。与内容表达的另一属性"内容表达的语言"有所区别。内容表达的语言是"作品被表达所用的语言",通常为作品正文的语言,可记录在书目记录和规范记录中,经常用于构建内容表达的规范检索点。而内容的语言涵盖的范围更广泛,包括摘要、序言、目录等的语言,仅记录在书目记录中。

内容的语言记录在546字段,对应语言代码信息记录在041字段。

中国国家图书馆做法:

除正文的语言之外,如果其他部分的语言信息对识别或检索重要,也应著录,如摘要的语言、外语影片的字幕等。

例1:

041 0#$ahun$bfre$bger$brus

546 ##$aIn Hungarian; summaries in French, German, or Russian.

例2:

041 0#$ager$aspa$aita

546 ##$aArticles chiefly in German; one article each in Spanish and Italian.

例3:

546 ##$aNo dialogue; some text in German and Chinese.

例4:

546 ##$aProgram notes in Japanese inserted in container.

例5:

041 0#$achi$aeng

546 ##$a 中国語と英語の序言あり.

7.15 插图性内容

核心情况及与MARC 21的映射

元素名称	RDA核心	本地核心	MARC 21映射
插图性内容(RDA 7.15)	非核心	核心	300 载体形态 300$b 其他形态细节 500 一般性附注

中国国家图书馆核心元素，信息取自任何来源。

如果资源包含插图性内容，则根据插图为单张还是多张分别记录为“illustration”或“illustrations”或其他语言的等同词。仅包含文字和/或数字的表格、带有插图的题名页等和小插图不视为插图性内容。

插图性内容一般记录在300$b，与008/18-21字符位的应用存在对应关系。

7.15.1.3　交替规则

用RDA术语或其他语言的等同词记录插图性内容，代替或补充一般性术语。根据插图性内容的数量，记录相应术语的单数或复数形式。

coats of arms（盾徽）
facsimile（摹真品）
form（表格）
genealogical table（谱系表）
graph（图表）
illumination（彩色装饰）
illustration（插图）
map（地图）
music（乐谱）
photograph（照片）
plan（设计图）
portrait（肖像）
sample（样品）

中国国家图书馆做法：

应用交替规则。如果上述术语均不适用，可直接记录一般性术语“illustration”或“illustrations”或其他语言的等同词。

例1：

300 ##$a203 pages :$billustrations, portraits ;$c20 cm

例2：

300 ##$a220 페이지 :$b 삽도,초상,도표;$c20 cm

例3：

300 ##$a:صفحة 104$b الصورة، الجدول $c 20 سم.

例4：

300 ##$a367 ページ, 図版 2 枚 :$b 地図, 写真 ;$c21 cm

例5：

300 ##$a104 पृष्ठ :$b चित्र;$c20 cm

7.15.1.3　可选择的附加

如果插图性内容的数量可以确定，予以记录。

中国国家图书馆做法：

不应用可选择的附加规则。

例：

300 ##$a789 pages :$billustrations, genealogical tables, maps, portrait ;$c30 cm

7.16 补编内容

核心情况及与 MARC 21 的映射

元素名称	RDA 核心	本地核心	MARC 21 映射
补编内容(RDA 7.16)	非核心	核心	500 一般性附注 504 书目等附注

中国国家图书馆核心元素,信息取自任何来源。

补编内容为书目时,记录在 504 字段,如果仅为索引,则记录在 500 字段。

中国国家图书馆做法:

原始编目:如果专著中包含书目和/或索引,应予记录。其他补编内容可由编目员自行决定是否记录,如勘误表等。如果资源包含脚注等书目引文,则记录为"Includes bibliographical references"或其他语言的等同词,如果资源包含单独的书目,则需要补充记录页码。

套录编目:如果套录数据中单独的书目没有记录页码,应予以补充。

例 1:

504 ##$aIncludes bibliographical references and index.

说明:书目和索引的说明可以合并记录。

例 2:

504 ##$a 参考文献(ページ 135-167)と索引あり.

例 3:

504 ##$aDiscography: pages 310-375.

说明:唱片目录。

例 4:

500 ##$aIncludes indexes.

说明:补编内容仅为索引。

例 5:

504 ##$aIncludes bibliographical references (pages 205-215).

说明:单独的书目需记录页码。

例 6:

504 ##$a 参考文献:ページ 525-569.

例 7:

500 ##$aErrata slip inserted.

说明:补编内容为勘误表。

例 8:

500 ##$a 정오표 수록.

说明:补编内容为勘误表。

7.17　色彩内容

核心情况及与 MARC 21 的映射

元素名称	RDA 核心	本地核心	MARC 21 映射
色彩内容（RDA 7.17）	非核心	非核心	300 载体形态 300$b 其他形态细节 500 一般性附注

非核心元素，用资源本身所呈现的依据作为记录色彩内容的基础。如果必要，可从任何来源获取补充依据。

如果资源的色彩内容除了黑白或灰色阴影之外还有其他色彩，则用适合的术语记录色彩内容，例如，“color”“some color”“chiefly color”或其他语言的等同词。忽略资源实际内容之外的有色物质（如地图的边框）。

色彩内容一般记录在 300$b。

中国国家图书馆做法：

原始编目：西文编目时，记录色彩内容采用“color”的拼写形式。

套录编目：西文编目时，如果套录数据中已经采用了“colour”的拼写形式，无须修改，核对无误后保留套录信息。

例：

300 ##$a131 pages ：$billustrations （some color） ；$c24 cm

说明：西文原始编目。

7.18　声音内容

核心情况及与 MARC 21 的映射

元素名称	RDA 核心	本地核心	MARC 21 映射
声音内容（RDA 7.18）	非核心	非核心	300 载体形态 300$b 其他形态细节

非核心元素，用资源本身所呈现的依据作为记录声音内容的基础。如果必要，可从任何来源获取补充依据。该元素不适用于主要为录音的资源。用术语“sound”或其他语言的等同词记录声音内容。

声音内容一般记录在 300$b。

7.22 持续时间

核心情况及与 MARC 21 的映射

元素名称	RDA 核心	本地核心	MARC 21 映射
持续时间(RDA 7.22)	非核心	条件核心	300 载体形态 300$a 数量 306 播放时间 500 一般性附注 505 格式化内容附注 505 $a 格式化内容附注

中国国家图书馆条件核心元素,对于音频和视频资源,持续时间是核心元素。信息取自任何来源。

7.22.1 记录持续时间的基本说明

1. 有确切的播放或表演总时间

如果资源中已经说明了播放或表演的总时间,或者虽然没有说明,但是容易确定,则予以记录。

2. 无确切的播放或表演总时间

如果该时间在资源上没有明确说明,也不易确定,则估算大致时间,并前置以术语"approximately"或其他语言的等同词。

3. 无法估算总时间

如果该时间无法估算,则可不予以记录。

4. 记录时间的术语

持续时间可记录在多个字段,包括 300$a、306$a、500$a 或 505$a。记录持续时间时用术语"hours""minutes""seconds"(按 RDA 附录 B.5.3 缩写),或者用格式"1:30:00"。如果记录在 306 字段,遵循"hhmmss"的模式(例如,023035)

例 1:

300 ##$a1 audio disc (68 min., 37 sec.) :$bdigital, stereo. ;$c4 3/4 in.

例 2:

500 ##$aDuration: approximately 40 min.

例 3:

300 ##$a1 score (17 pages) (approximately 15 min.) ;$c28 cm

例 4:

300 ##$a スコア1 部(29 ページ) (約 26 分) ;$c31 cm

7.23 表演者、旁白者和/或出品人

核心情况及与 MARC 21 的映射

元素名称	RDA 核心	本地核心	MARC 21 映射
表演者、旁白者和/或出品人(RDA 7.23)	非核心	非核心	511 参加者或表演者附注

非核心元素,信息取自任何来源。

7.23.1 记录表演者、旁白者和/或出品人的基本说明

仅参与表演、应用或解说的音乐表演者,以及表演者、旁白者和/或出品人的说明记录在附注项 511 字段。如果记录电影演职员阵容的信息时,第 1 指示符为“1”,系统显示常数“Cast:”。对于其他类型的表演者等,指示符为“0”。

如果是音乐表演者,需指明表演媒介。

例 1:

511 0#$aElizabeth Fraser, vocals ; London Voices ; London Philharmonic Orchestra ; New Zealand Symphony Orchestra.

例 2:

511 1#$aJohn Finch, Alec McCowen, Barry Foster, Billie Whitelaw, Anna Massey, Barbara Leigh-Hunt, Bernard Cribbins, Vivien Merchant.

例 3:

511 0#$aThe London Haydn String Quartet (Catherine Manson, violin ; Margaret Faultless, violin ; James Boyd, viola ; Jonathan Cohen, cello)

说明:音乐表演者指明其表演媒介。

例 4:

511 0#$a 東京交響曲楽団演奏(ハインツホフマン指揮 ; 渡辺暁雄監督)

7.24 艺术和/或技术的贡献者名单

核心情况及与 MARC 21 的映射

元素名称	RDA 核心	本地核心	MARC 21 映射
艺术和/或技术的贡献者名单(RDA 7.24)	非核心	非核心	508 创作/制作责任附注 508$a 创作/制作责任附注

非核心元素,信息取自任何来源。对资源的艺术和/或技术制作做出贡献的个人、家族或团体,例如包括影片剪辑、画外音解说员、作曲和摄影、动画片摄影导演等。

例 1：

508 ##$aPhotographer, Richard Beymer ; film editor, Charles Pavlich.

例 2：

508 ##$aMusic, Joseph Horovitz ; editing, Ray Helm ; graphic designer, John Tribe.

例 3：

508 ##$a ペーターマーク編曲 ; 大野一志作詞.

7.25 比例尺

核心情况及与 MARC 21 的映射

元素名称	RDA 核心	本地核心	MARC 21 映射
比例尺(RDA 7.25)	条件核心	条件核心	255 制图数学数据 507 图示资料的比例尺附注
地图内容的水平比例尺(RDA 7.25.3)	条件核心	条件核心	255 制图数学数据 255$a 比例尺说明
地图内容的垂直比例尺(RDA 7.25.4)	条件核心	条件核心	255 制图数学数据 255$a 比例尺说明

条件核心元素，对于地图资源，比例尺是核心元素。信息取自任何来源。

7.25.1 记录比例尺的基本说明

7.25.1.3 记录比例尺

1. 用数字比例尺记录比例尺元素

无论资源上以何种形式呈现比例尺，均用表示比率的数字比例尺记录该元素，表示为"Scale 1: X"。如果资源上呈现的不是数字比例尺，则将该比例尺转换为数字比例尺。对于图形资料(如建筑图)或三维艺术品，该元素记录在 507 字段。对于地图资源，该元素记录在 255 字段。

例 1：

507 ##$aScale 1:96$b1/8 in. to 1 ft.

说明：资源上呈现的比例尺"1/8 in. = 1 ft"不是数字比例尺，即 0.125 英寸表示1 英尺，1 英尺换算为 12 英寸，则数字比例尺换算为：12/0.125 = 96，即 1:96。

例 2：

255 ##$aScale 1:7,286,400. 1 in. to 115 miles.

说明：资源上呈现的比例尺"1 in. to 115 miles"不是数字比例尺，即 1 英寸表示 115 英里，1 英里 = 5280 英尺，1 英尺 = 12 英寸，则 1 英里 = 63360 英寸，则数字比例尺换算为：115 × 63360 = 7,286,400。

例 3：

255 ##$a 縮尺 1:59,304,960 または赤道上の 1 インチ 936 マイル.

说明：资源上呈现的比例尺不是数字比例尺"1 インチ 936 マイル"，即 1 英寸表示 936 英里，1 英里 =

5280 英尺,1 英尺=12 英寸,则 1 英里=63360 英寸,则数字比例尺换算为:936×63360=59,304,960。

2. 无法获取比例尺

如果从信息源中无法获取比例尺信息,则根据图解比例尺或坐标方格估算出数字比例尺,前置以“approximately”或其他语言的等同词。如果比例尺无法确定,则记录为“Scale not given”或其他语言的等同词。

例 1:

255 ##$aapproximately 1:1,000.

例 2:

255 ##$aScale not given.

例 3:

255 ##$a 縮尺表示なし.

3. 数字资源的比例尺

对于数字资源,如果比例尺说明清晰地出现在资源上,则予以记录,否则,记录为“Scale not given”或其他语言的等同词。

7.25.1.4　多个比例尺

如果同一图像、地图等内部比例尺有变化,且外部比例尺值已知,则记录这两个比例尺,之间用连字符连接。如果比例尺值未知,则记录为“Scale varies”或其他语言的等同词。如果资源中的主要图像、地图等有多个比例尺,则记录为“Scales differ”或其他语言的等同词。

例 1:

255 ##$aScale 1:2650-1:1760.

例 2:

255 ##$aScale varies.

例 3:

255 ##$aScales differ.

7.25.1.4　交替规则

分别记录每个比例尺。

中国国家图书馆做法:

不应用交替规则。

7.25.3　地图内容的水平比例尺

地图内容的水平比例尺的记录遵循 NLC PS(FLR)7.25.1 的一般性说明。如果地图内容未按比例绘制,则记录为“Not drawn to scale”或其他语言的等同词,不要估算地图内容的水平比例尺。

例:

255 ##$aNot drawn to scale.

7.25.5　附加比例尺信息

资源上出现的与比例尺相关的补充信息(如转换为数字比例尺之前的说明)可作为附加

比例尺信息记录。按照资源的不同,记录在 255 字段(地图资源)或 507$b(其他资源)。

例:

255 ##$a1:250,000. 1 cm to 2.5 km.

7.26 地图内容的投影

核心情况及与 MARC 21 的映射

元素名称	RDA 核心	本地核心	MARC 21 映射
地图内容的投影(RDA 7.26)	非核心	非核心	255 制图数学数据 255$b 投影说明

非核心元素,取自资源内的任何来源。

如果在资源中、资源的容器、盒子或辅助材料中出现投影说明,应予以转录。投影紧随比例尺元素之后(255$b),前置以"空格—分号—空格"。

例:

255 ##$a1:500,000 ;$bBase fitted to Lambert conformal conic projection based on standard parallels of 33° and 45°.

7.28 奖项

核心情况及与 MARC 21 的映射

元素名称	RDA 核心	本地核心	MARC 21 映射
奖项(RDA 7.28)	非核心	非核心	586 奖项附注 586$a 奖项附注

如果作品的一个内容表达获得了一个奖项,该信息可记录在本元素。奖项元素记录在 586 字段。如果内容表达获得了多于一个的奖项,重复 586 字段分别予以记录。

中国国家图书馆做法:

具有国际影响的重要奖项(如诺贝尔奖、奥斯卡奖、格莱美奖、普利策奖、图灵奖、菲尔茨奖等)可予以记录。中国人获得的国际奖项需记录。

例 1:

586 ##$aNobel Prize in Chemistry, 2000.

例 2:

586 ##$aPulitzer Prize for drama, 1957.

例3：

586 ##$aA. M. Turing Award, 2013.

例4：

586 ##$aAuthor/illustrator nominated for the 2016 Hans Christian Andersen Award.

说明：中国儿童文学作家曹文轩在意大利博洛尼亚国际童书展上荣获2016年国际安徒生奖。

18 记录与资源相关的个人、家族和团体关系的一般性规则

18.0 范围

RDA 中的“关系”由两部分组成:相互关联的实体和关系类型。相互关联的实体包括所描述实体和与其发生各种关系的作品、内容表达、载体表现、单件、个人、家族和团体,通常由规范检索点所代表,在 MARC 21 书目格式中编码于 1XX、2XX 和 7XX 字段。关系类型由指明关系的一个术语或代码表示(如说明资源之间关系或表明个人、家族或团体对资源所负有责任的术语)。用于描述实体之间关系的术语称为关系说明语(relationship designators),RDA 关系说明语按不同的类型分别列于附录 I—附录 M 中,其中附录 L 待补充。关系说明语列表为开放列表,即编目员可根据实际需要自行补充术语。

从 RDA 的结构上看,第 5—10 部分是关于关系描述的,涉及 21 个章节。此外还包括 5 个关系说明语的附录。RDA 正文中关于关系描述的规则需与附录中的关系说明语配合使用才能表达关系。从 RDA 的内容上看,“关系”部分依据 FRBR 和 FRAD 模型中的“关系”而构建,涵盖了 6 种类型:第 1 种为 FRBR 中第 1 组实体作品、内容表达、载体表现和单件之间的基本关系,又称为高层实体关系;第 2 种为资源和与资源相关的责任者之间的关系;第 3 种为资源和与资源相关的主题之间的关系;第 4 种为除基本关系之外,FRBR 第 1 组实体之间的其他关系,即相关资源之间的关系;第 5 种为个人、家族和团体与相关个人、家族和团体之间的关系;第 6 种为主题与相关主题之间的关系。其中,前 3 种关系可视为资源的内部关系,后 3 种关系可视为资源之间的外部关系。上述 6 种关系与 RDA 章节的对应详见下表:

RDA 关系类型

部分	名称	包含章节	关系实质
第 5 部分	记录基本关系的一般性规则	第 17 章	FRBR 中第 1 组实体之间的基本关系(高层实体关系)
第 6 部分 附录 I	记录个人、家族和团体的关系 关系说明语:资源和与资源相关的个人、家族和团体之间的关系	第 18—22 章	FRBR 中第 2 组实体和第 1 组实体之间的责任关系
第 7 部分 附录 M	记录概念、物体、事件和地点的关系 关系说明语:主题之间的关系	第 23 章	FRBR 中第 3 组实体和第 1 组实体之间的主题关系
第 8 部分 附录 J	记录作品、内容表达、载体表现和单件之间的关系 关系说明语:作品、内容表达、载体表现和单件之间的关系	第 24—28 章	FRBR 中第 1 组实体之间的其他关系 FRAD 中第 2 类关系

续表

部分	名称	包含章节	关系实质
第 9 部分 附录 K	记录个人、家族和团体之间的关系 关系说明语：个人、家族和团体之间的关系	第 29—32 章	FRAD 中第 2 类关系
第 10 部分 附录 L	记录概念、物体、事件和地点之间的关系 关系说明语：概念、物体、事件和地点之间的关系	第 33—37 章	FRSAD 中实体之间的关系（待补充）

FRBR 第 1 组实体作品、内容表达、载体表现和单件之间的基本关系是指作品通过内容表达来实现、内容表达通过载体表现来具体化、载体表现通过单件来例证。在 RDA 中，记录这些基本关系的规则包含在第 17 章，“被表现的作品”和“被表现的内容表达”是核心元素。但在编目实践中，这些基本关系在 MARC 21 格式中是很难去独立表达的，因为它们已经融化在整条记录当中，而无法通过单一字段或字段组合予以表示。

资源与其责任者之间的关系对应于 FRBR 中第 1 组实体与第 2 组实体之间的关系。这种关系仅存在于书目记录中。RDA 第 18—22 章详细说明了记录责任关系的规则，第 18 章为一般性规则，第 19—22 章分别说明了作品、内容表达、载体表现和单件与责任者之间的关系。除正文的条款之外，附录 I 也按作品、内容表达、载体表现和单件 4 个层次详细列出了说明资源与责任者之间关系的说明语。

18.3　核心元素

作为核心元素的关系包括两种：

（1）作品与其创作者之间的关系。作品的第一个创作者是核心元素，如果存在多个创作者，则负有主要责任或在资源首选信息源中名列首位的创作者是核心元素。作为核心元素的创作者记录在 1XX 字段，其余创作者、与作品相联系的其他责任者，以及与内容表达、载体表现和单件相联系的责任者均由编目员自行判断记录在多个 7XX 字段。

（2）除创作者之外，其他个人、家族或团体的检索点如果用于构建代表作品的规范检索点，则该个人、家族或团体也作为核心元素予以记录，如刑事诉讼中被起诉的个人或团体。详见 NLC PS（FLR）第 19 章。

18.4　记录与资源相关的个人、家族和团体关系

关于记录资源与责任者之间的关系，RDA 提供了两种方法：

（1）个人、家族或团体的标识符，如个人、家族或团体的规范记录的控制号。该方法在中国国家图书馆的实践中不涉及。

（2）代表个人、家族和团体的规范检索点。责任关系在 MARC 21 书目记录中通过 1XX

和/或 7XX 字段予以表达，其中 $e 子字段记录用于阐明关系的说明语，关系说明语取自 RDA 附录 I。

18.5 关系说明语

资源与责任者之间的关系说明语取自 RDA 附录 I，记录在书目记录 1XX 或 7XX 字段的 $e，关系说明语首字母小写。如果存在多种关系类型，可重复 $e。$e 通常前置以逗号，除非个人规范检索点以短横“-”结束，如开口日期。关系说明语不能应用于名称 + 题名规范检索点。用于 1XX 字段的关系说明语必须是为创作者提供的关系说明语之一[NLC PS(FLR)附录 3 第一部分]。除“author”之外还有许多创作者的关系说明语，如地图的创作者是“cartographer”，音乐作品的创作者是“composer”。

例 1：

110 1#$aUnited States. $bBureau of Agricultural Economics, $ecartographer, $eissuing body.

例 2：

100 1#$aFitzgerald-Jones, Sandra, $d1938-$einterviewer.

例 3：

700 12$iContainer of (work): $aRaponda-Walker, André, $d1871-1968. $tDictionnaire mpongwè-français.

不用

700 12$iContainer of (work): $aRaponda-Walker, André, $d 1871-1968, $ecompiler. $tDictionnaire mpongwè-français.

中国国家图书馆做法：

① 关系说明语的术语表不是封闭的，如果术语不适用或不够专指，可使用其他术语。中国国家图书馆优先使用术语表中的术语，如果不适用，可选择其他标准术语表，可自行拟定术语。参见 NLC PS(FLR)0.12。

② 中国国家图书馆所有外文资源编目均使用 RDA 提供的关系说明语的术语表。

③ 如果 1XX 字段的关系说明语为“author”，则可不予记录。7XX 字段的个人、家族或团体的规范检索点均需记录适用的关系说明语。

例 1：

100 1#$aRaftery, Deirdre.

245 10$aEducation, identity and women religious, 1800-1950 : $bconvents, classrooms and colleges /$cDeirdre Raftery ; edited by Elizabeth Smyth.

700 1#$aSmyth, Elizabeth M. $q(Elizabeth Marian), $d1954-$eeditor.

说明：100 字段记录创作者，关系说明语为“author”，按本地政策可予以省略。700 字段记录贡献者，关系说明语需记录在 $e。

例 2：

100 1#$a 田枝，幹宏，$d1921-$ephotographer.

245 10$a インドネシアの古代美術 / $c 田枝幹宏撮影.

说明：100 字段记录的创作者不属于“author”的范畴，需记录关系说明语。日文编目关系说明语采用 RDA 提供的英语术语。

19
与作品相关的个人、家族和团体

19.1 记录与作品相关的个人、家族和团体的一般性规则

创作者信息首先取自资源的首选信息源,如图书的题名页。如果首选信息源上的信息不够充分,则按下列顺序选择信息源:在资源中显著出现的其他说明;仅在资源内容中出现的信息;其他来源。

作品的第一个创作者是核心元素,如果存在多个创作者,则负有主要责任或在资源首选信息源中名列首位的创作者是核心元素。作为核心元素的创作者记录在 1XX 字段,其余创作者、与作品相联系的其他责任者均由编目员自行判断记录在多个 7XX 字段。

19.2 创作者

19.2.1.1.1 视为创作者的团体

创作者是对作品负有责任的实体,可以是个人、家族或团体。通常来说,以个人作为创作者是最常见的情况,而团体视为作品的创作者则有一定的限制条件。判断团体是否视为作品的创作者需同时遵循两个标准:团体是否对作品的产生、发行或者导致其发行负有责任;且作品是否属于 RDA 19.2.1.1.1 中所列的一种或多种类别。

1. 团体是否对作品的产生、发行或者导致其发行负有责任

如果存在下列情形,则团体视为对作品的产生、发行或导致其发行负有责任:

(1)团体已经出版或发行了作品,如团体名称出现在出版声明等显著位置。

(2)团体导致作品发行。例如,团体 A 本身不具备出版能力,但是任命了团体 B 作为出版者出版了作品。此时,作品出版声明中虽然会出现团体 B 的名称,但实际上是团体 A 导致了作品的发行。在此类情况下,资源中会出现“Published for 团体 A by 团体 B”等表述。或者,团体 A 的名称出现在题上项的位置,商业出版者的名称出现在出版者的位置,也属于这种情况。

(3)团体实际上并不对资源的发行或导致资源的发行负有责任,但还是视为创作者。例如,商业出版者以图书的形式出版图书馆卡片目录。这显然不是图书馆发行了资源或导致资源的发行。但是,由于目录的内容是由图书馆负责编制的,作品的内容由图书馆发起,因此图书馆依然可视为对作品负有责任的团体。

(4)如果对团体是否对作品的产生、发行或者导致其发行负有责任存疑,则假定其负有责任。

2. 作品是否属于 RDA 19.2.1.1.1 中所列的一种或多种类别

如果满足上述对作品负有责任的条件,且作品属于 RDA 19.2.1.1.1 所列的 8 种类别之一,即将团体视为创作者。如果编目员对作品是否属于以下类别存疑,则团体不能视为作品

的创作者。

(1)涉及团体本身任何方面的行政性作品,如内部政策、程序、财政、运作等,或者管理人员、工作人员或成员等(如名录),或者资源(如目录、清单)。

(2)记录团体集体思想的作品(如委员会报告、关于对外政策、标准的官方立场声明)。这类作品的特点是不涉及机构本身,而是对事务表明官方立场,事务的主题应与团体相关,而且包含对事务的建议等。正因为这类作品不是仅对信息进行汇总,而是带有建议性,才能称为"集体思想"。

(3)记录由立法、司法、政府或其他机构产生的听证会(hearing)作品。团体召开听证会,不论其是否为立法性的,均以团体作为创作者。

(4)报道集体活动(如会议、考察、展览)的作品(如会议录、论文集、调查成果)。

(5)由作为一个整体的表演团体集体活动产生的作品,该团体对作品的责任不局限于纯粹的表演、执行等。例如,表演流行音乐的团体,包含大量的即兴创作。

(6)团体原创的地图作品,但不包含仅对作品出版或发行负有责任的团体。

(7)下列法律作品:行政管辖区的法律;国家元首、行政长官或执政机构的法令;法案和立法草案;行政法规等;宪法、宪章等;法院规章;对陪审团的指示、起诉书、法院诉讼和法院判决中任何一类的法律文件。

(8)由两个或两个以上的艺术家作为一个团体创作的单个艺术作品。

详见 NLC PS(FLR)19.2.1.3 中 6 的相关内容。

19.2.1.1.2　视为创作者的政府官员和宗教官员

本条款是团体作者的一种特殊情况。政府官员和宗教官员在其职务范围内活动所产生的作品,官员视为创作者,包括国家元首、政府首脑、属地或被占领土的首领、国际团体负责人的官方通信,如致立法机构的信件、文告(proclamations)、行政命令(executive orders);出自教皇、大主教、主教等的官方通信,如命令、教令(decrees)、牧函(pastoral letters)、诏书(bulls)、通谕(encyclicals)、致宗教会议的官方信件。

详见 NLC PS(FLR)19.2.1.3 中 7 的相关内容。

19.2.1.1.3　视为连续出版物创作者的个人或家族

连续出版物如果符合 RDA 19.2.1.1.1 所列条件,则以团体为创作者,该类情况比较常见。连续出版物以个人或家族作为创作者的情况比较少见,需要符合特定的条件,即个人或家族对作为整体的连续出版物而非单期或几期负有责任。判断的标识主要包括:正题名中含有个人名称或其部分名称;个人或家族是连续出版物的出版者;内容是个人观点的表达(如个人博客)。

例 1:

100 1#$aStone, I. F. $q(Isidor Feinstein), $d1907-1989.

245 10$aI. F. Stone's weekly.

264 #1$aWashington, D. C. :$bI. F. Stone, $c[1953-1969]

310 ##$aBiweekly, $bJan. 22, 1968-1969

321 ##$aWeekly, $b1953-Jan. 8, 1968

362 0#$aVol. 1, no. 1 (Jan. 17, 1953)-v. 17, no. 24 (Dec. 29, 1969).

说明:个人是连续出版物的出版者。

例 2:

100 1#$aBergman, Michael K.

210 0#$aAI3

222 #0$aAI3

245 10$aAI3 :$badaptive information, adaptive innovation, adaptive infrastructure.

246 30$aAdaptive information, adaptive innovation, adaptive infrastructure

246 1#$aAI3 blog

310 ##$aIrregular

362 1#$aBegan May 27, 2005.

说明:个人博客。

19.2.1.3 记录创作者

1. 单个个人对作品的创作负有责任

如果单个个人对作品的创作负有责任,将其记录在 100 字段,第 1 指示符为"1"。如果创作责任需要用关系说明语"author"表示,则省略关系说明语,如果属于其他创作责任,如"cartographer""artist",则需要在 $e 记录关系说明语。

例 1:

100 1#$aAbdelrahman, Maha M.

245 10$aEgypt's long revolution :$bprotest movements and uprisings /$cMaha Abdelrahman.

说明:作品仅有一个创作者,100 字段省略关系说明语"author"。

例 2:

100 1#$aBoller, David,$d1968-$eartist.

245 14$aDie letzten Tage der Menschheit :$beine Graphic Novel nach Karl Kraus /$cKonzept und Redaktion, Reinhard Pietsch ; Zeichnungen, David Boller.

700 1#$aPietsch, Reinhard,$eadapter,$eeditor.

说明:美术家作为创作者,100 字段需提供关系说明语"artist"。

例 3:

100 1#$aWilliams, William Carlos,$d1883-1963,$einterviewee.

245 10$aInterviews with William Carlos Williams :$b"speaking straight ahead" /$cedited with an introduction by Linda Welshimer Wagner.

700 1#$aWagner-Martin, Linda,$eeditor.

说明:受访者作为创作者,100 字段需提供关系说明语"interviewee"。

例 4:

100 1#$a 松下,奈緒,$d1985-$ecomposer.

245 10$aFor me /$c 松下奈緒作曲.

说明:作曲家作为创作者,100 字段需提供关系说明语"composer"。

例 5:

100 1#$a 윤,효석,$ecalligrapher.

245 10$a 동의보감 서예로 말하다 /$c 윤효석 사예.

说明:书法家作为创作者,100 字段需提供关系说明语“calligrapher”。

例 6:

100 1#$aЧайковский, Петр Ильич, $d1840-1893, $ecomposer.

245 10 $ aФранческа да Римини : $bфантазия для большого симфонического оркестра : партитура /$cП. И. Чайковский.

说明:柴可夫斯基的交响幻想曲《里米尼的弗兰切斯卡》,以作曲者做 100 字段。

2. 单个家族对作品的创作负有责任

如果单个家族对作品的创作负有责任,将其记录在 100 字段,第 1 指示符为“3”。家族对作品负有创作责任常见于档案收藏。

例 1:

100 3#$aFisher (Family :$gFisher, Christian, 1757-1838)

245 10$aDescendants and history of Christian Fisher, 1757-1838.

250 ##$aFourth edition /$bupdated by Fisher descendants ; edited by Katie Beiler.

700 1#$aBeiler, Katie, $eeditor.

例 2:

100 3#$a 徳川(家:$g 徳川)

245 10$a 徳川家が見た「真田丸の真実」/$c 徳川宗英編集.

700 1#$a 徳川, 宗英,$d1929-$eeditor.

3. 两个或两个以上个人、家族或团体以相同责任或不同责任方式对作品的创作负有责任

(1)如果存在多个承担相同责任方式的创作者,则负有主要责任或在资源首选信息源中名列首位的创作者是核心元素,记录在 1XX 字段,其余创作者由编目员自行判断记录在多个 7XX 字段。

中国国家图书馆做法:

原始编目:如果存在承担相同责任方式的多个创作者,除负有主要责任或名列首位的创作者记录在 1XX 之外,其余创作者如果数量为 4 个或 4 个以内,均需记录在多个 7XX 字段。如果其余创作者的数量在 4 个以上的,仅记录前 4 个,可省略其他创作者的规范检索点。如果 1XX 字段的关系说明语为“author”,则不予记录。7XX 字段的个人、家族或团体的规范检索点均需记录适用的关系说明语(即使是“author”也需记录)。关系说明语的记录方法详见 NLC PS(FLR)18.5。

套录编目:如果套录数据中提供了所有创作者的规范检索点,核对无误后保留套录信息。如果套录数据中未按原始编目的要求记录关系说明语,予以添加。

例 1:

100 1#$aAbramson, Paul R.

245 10$aChange and continuity in the 2012 elections /$cPaul R. Abramson, John H.

Aldrich, Brad T. Gomez, David W. Rohde.

700 1#$aAldrich, John H., $eauthor.

700 1#$aGomez, Brad T., $eauthor.

700 1#$aRohde, David W., $eauthor.

说明:创作者一共4个,除记录在100字段的主要创作者之外,其余创作者人数不足4人,均需提供700规范检索点。100字段无须记录关系说明语"author",700字段需记录关系说明语"author"。

例2:

100 1#$a新川, 登亀男, $d1947-

245 10$a聖徳太子の歴史学 :$b記憶と創造の一四〇〇年 /$c新川登亀男, 岸本美緒, 山口徹, 山内昌之, 有薗正一郎, 杉田清著.

700 1#$a岸本, 美緒, $d1962-$eauthor.

700 1#$a山口, 徹, $d1958-$eauthor.

700 1#$a山内, 昌之, $d1971-$eauthor.

700 1#$a有薗, 正一郎, $d1973-$eauthor.

说明:创作者一共6个,前5个需提供规范检索点,第6个的规范检索点可省略,但责任说明需完整记录所有创作者。

(2)如果多个个人、家族或团体承担不同责任方式,则选择最重要责任方式的第一个个人、家族或团体做1XX,承担其他创作责任方式的个人、家族或团体做7XX字段。对于音乐作品,一般来说曲作者为主要创作者记录在1XX字段,其余方式创作者(如词作者)记录在7XX字段。参见NLC PS(FLR)19.2.1.3中8的相关内容。

中国国家图书馆做法:

原始编目:多个责任方式中,如果某个责任方式的个人、家族或团体的数量为多个,则按本条款(1)中指示的方法操作。除主要创作责任方式的第一个责任者记录在1XX之外,其他创作责任方式的个人、家族、团体记录在7XX字段,需要提供关系说明语。

套录编目:如果套录数据中提供了所有责任方式创作者的规范检索点,核对无误后保留套录信息。如果套录数据中未按原始编目的要求记录关系说明语,予以添加。

例1:

100 1#$aAbrams, $cMiss, $dapproximately 1758-1821, $ecomposer.

245 10$aCrazy Jane :$ba favorite song /$cthe words by Mr. Lewis Esqr. ; set to music by Miss Abrams.

700 1#$aLewis, M. G. $q(Matthew Gregory), $d1775-1818, $elyricist.

例2:

100 1#$a鈴木, 輝昭, $d1958-$ecomposer.

245 10$a組曲いのち :$b混声合唱とピアノのための = Suite inochi : for mixed chorus and piano / $c鈴木輝昭作曲 ; 谷川俊太郎作詞.

700 1#$a谷川, 俊太郎, $d1931-$elyricist.

例 3：

100 1#$aBrueggemann, Walter, $d1933-

245 10$a 旧約聖書神学用語辞典 :$b 響き合う信仰 = Reverberations of Faith : a theological handbook of old testament themes /$cW. ブルッゲマン［著］；小友聡，左近豊監訳；大串肇［ほか 7 名］訳.

700 1#$a 小友，聡，$d1956-$ewriter of supplementary textual content.

700 1#$a 左近，豊，$d1968-$ewriter of supplementary textual content.

700 1#$a 大串，肇，$d1957-$etranslator.

4. 个人、家族或团体对根据已有作品创作的新作品负有责任

以实质上改变了原件的性质或内容的方式修改已有作品，对此负有责任的个人、家族或团体可视为该新作品的创作者。对于音乐作品的改编，需要注意的是，这种改编已经形成了一部新的音乐作品，而不同于仅形成同一作品新的内容表达的改编、改写。例如，资源上表明为自由改写或基于原作的改写，或者包含了新材料的改写；音乐作品的演释曲；原作品的和声或音乐风格已改变等。

例 1：

100 1#$aBemberg, Maria Luisa, $escreenwriter.

245 10$aDe eso no se habla /$cMaría Luisa Bemberg y Jorge Goldenberg ; prólogo: Oscar Barney Finn.

700 1#$aGoldenberg, Jorge, $escreenwriter.

700 1#$iMotion picture adaptation of (work): $aLlinás, Julio. $tDe eso no se habla (Short story)

730 0#$iScreenplay for motion picture (work): $aDe eso no se habla (Motion picture)

说明：小说改编成了电影。

例 2：

100 1#$aLanzara, Joseph.

245 10$aParadise lost :$bthe novel /$cby Joseph Lanzara ; based upon the epic poem by John Milton.

700 1#$iNovelization of (work): $aMilton, John, $d1608-1674. $tParadise lost.

说明：约翰·弥尔顿创作的史诗改编成了小说。

例 3：

100 1#$aHogan, Moses, $ecomposer.

245 10$aLet the heaven light shine on me :$btraditional spiritual /$carranged by Moses Hogan.

说明：音乐作品的改编。

例 4：

100 1#$a 橋本，忍，$d1918-$escreenwriter.

245 10$a 羅生門 /$c 橋本忍，芥川龍之介.

700 1#$iMotion picture adapation of (work): $a 芥川，龍之介，$d1892-1927. $t 藪の中.

700 1#$a 芥川, 龍之介, $d1892-1927, $escreenwriter.

说明:小说改编成电影。

5. 汇编作品

如果对汇编作品内容的选择、布局、编辑等实际上创作了一部新作品,则对作品集合汇编负有责任的个人、家族或团体视为创作者,记录在 1XX 字段。

例:

100 1#$aReed, Mark L., $ecompiler.

245 12$aA bibliography of William Wordsworth, 1787-1930 /$cMark L. Reed.

6. 以团体作为创作者的作品

(1)行政性质作品

涉及团体本身的行政性作品,以该团体作为创作者,记录在 110 字段。这类作品常见的包括报道团体活动的时事通讯(newsletter)、团体的年度报告(annual report)、反映团体规则和章程的手册(survey manual)、涉及团体行政性事务年鉴(yearbook)等。

例 1:

110 2#$aUniversity of the Orange Free State. $bPolitical Archives.

245 10$aNewsletter of the Political Archives.

例 2:

110 2#$aNational University of Lesotho.

245 10$aAnnual report /$cNational University of Lesotho.

例 3:

110 2#$aNHK 放送文化研究所.

245 10$aNHK 放送文化研究所年報 /$cNHK 放送文化研究所.

例 4:

110 1#$aFrance. $bCommission des archives diplomatiques.

245 10$aDocuments diplomatiques français /$cMinistère des affaires étrangères, Commission de publication des documents diplomatiques français.

例 5:

110 2#$a. وزارة الثقافة القومي والتراث الأردنية

245 10$a: حولية دائرة الاثار العامة / $bالمجلد التاسع و الثلاثون

$c. وزارة الثقافة القومى والتراث الأردنية

说明:约旦文化部年鉴。

例 6:

110 2 #$aСтокгольмский международный институт исследования проблем мира (СИПРИ)

245 10$aЕжегодник СИПРИ, 2010 : $bвооружения, разоружение и международная безопасность = SIPRI yearbook, 2010 : armaments, disarmament and international security /$cСтокгольмский международный институт исследования проблем мира.

说明:斯德哥尔摩国际问题研究所 2010 年鉴。

(2)记录团体集体思想的作品

记录团体集体思想的作品常见的包括委员会报告、关于对外政策、标准的官方立场声明(position paper)。

例:

110 2#$aAustralian Water Resources Council. $bWorking Group on the Recreational Use of Urban Water Supply Storages and Catchments.

245 10$aRecreational use of urban water storages and catchments :$ba position paper / $cby the Australian Water Resources Council Working Group on the Recreational Use of Urban Water Supply Storages and Catchments.

(3)听证会作品

例:

110 1#$aUnited States. $bCongress. $bHouse. $bCommittee on Agriculture. $bSubcommittee on General Farm Commodities, Resource Conservation, and Credit.

245 10$aReview of the U. S. Grain Standards Act :$bhearing before the Subcommittee on General Farm Commodities, Resource Conservation, and Credit of the Committee on Agriculture, House of Representatives, One Hundred Sixth Congress, second session, March 22, 2000.

(4)报道会议、考察或事件等集体活动的作品

会议是团体的一种特殊形式。在 RDA 中,会议规范检索点的构建规则在第 11 章"识别团体"中进行了说明。如果会议名称中包含日期和地点,则将其与会议相关的其他标识共同记录在 111$a,会议举办地点记录在 111$c,会议日期记录在 111$d,会议的下属单位记录在 111$e,会议届次记录在 111$n,与行政管辖区名称款目要素相连的会议名称记录在 111$q。如果会议相关机构的名称比地点提供了更好的识别,或者地点未知不易确定,则将机构的名称记录在 111$c;如果会议等在线举行,将"Online"(在线)作为地点记录在 111$c;如果一系列会议在两个或两个以上地点举行,则在 111$c 中记录每一个地点的名称,以分号相隔;如果检索点代表一系列会议,则不附加会议的届次、日期和地点。

例 1:

111 2#$aAnnual International Banking Conference$n(17th :$d2014 :$cFederal Reserve Bank of Chicago)

245 14$aThe new international financial system :$banalyzing the cumulative impact of regulatory reform /$cedited by Douglas Evanoff, Andrew G. Haldane, George Kaufman.

例 2:

110 2#$aAfrica Materials Research Society. $bInternational Conference$n(6th :$d2011:$cVictoria Falls, Zimbabwe)

245 14$aThe 6th International Conference of the Africa Materials Research Society:$bDecember 11-16, 2011 Victoria Falls, Zimbabwe : book of abstracts.

例 3:

111 2#$aTGC (Symposium)$n(7th :$d2012 :$cNewcastle upon Tyne, England)

245 10$aTrustworthy global computing :$b7th International Symposium, TGC 2012, Newcastle upon Tyne, UK, September 7-8, 2012, revised selected papers /$cCatuscia Palamidessi, Mark D. Ryan (eds.).

例 4:

111 2#$aExpedition to the Dead Sea Plain, Jordan$d(1965-1967)

245 10$aBāb edh-Dhrā :$bexcavations in the cemetery directed by Paul W. Lapp (1965-67) /$cby Walter E. Rast and R. Thomas Schaub.

说明:考察的名称记录在 111 字段。

(5)由一个表演团体集体活动产生的作品

一个表演团体作为整体集体活动产生了作品,该表演团体的责任不局限于纯粹的表演、执行等,还包括创作的责任,则将该表演团体视为作品的创作者,记录在 110 字段。如果有对该作品负有责任的个人,则记录在 700 字段,启用 $e 记录关系说明语。

例 1:

110 2#$aLiving Theatre (New York, N. Y.)

245 10$aParadise now /$ccollective creation of the Living Theatre ; written down by Judith Malina and Julian Beck.

700 1#$aMalina, Judith, $d1926-2015, $erecorder.

700 1#$aBeck, Julian, $d1925-1985, $erecorder.

说明:资源是由"Living Theatre (New York, N. Y.)"创作的一个戏剧的书面记录,符合 RDA 19.2.1.1.1 中团体作为创作者的相关规定。个人作为记录者,为其构建附加检索点,并添加关系说明语。

例 2:

110 2#$aAdventures of Stevie V (Musical group)

245 10$aDirty cash (Money talks) /$cthe Adventures of Stevie V.

(6)不单纯对出版或发行负有责任的团体原创的地图作品

例 1:

110 2#$aAdventure Cycling Association, $ecartographer.

245 10$aBicycle touring map. $pGreat parks north section 1, Jasper, AB to Fernie, BC, 373 miles /$cAdventure Cycling Association ; production manager, Carla Majernik ; cartography, Tom Robertson and Jennifer Hamelman ; route research, Ernie Franceschi and Gayl Teichert ; text, Gary MacFadden and Tom Robertson.

例 2:

110 2#$aOrdnance Survey of Ireland, $ecartographer.

245 10$aCork city street map and index :$bscale 1:15000 /$cOrdnance Survey of Ireland.

例 3:

110 2#$a 日地出版株式会社, $ecartographer.

245 10$a 最新東京都道路地図 /$c 日地出版株式会社製作.

(7)法律作品

①行政管辖区法律

行政管辖区的法律,将制定法律的行政管辖区的规范检索点记录在110字段。如果是法律汇编,用惯用总题名"Laws, etc."作为首选题名。

例:

110 1#$aChina, $eenacting jurisdiction.

240 10$aLaws, etc.

245 10$aCollected edition of laws and regulations.

②国家元首、行政长官或执政机构的法令

由国家元首、行政长官或执政机构颁布的法令,将国家元首、行政长官或执政机构的规范检索点记录在110字段。国家元首也是团体的一种类别,参见RDA 11.2.2.18。

例:

110 1#$aIndonesia. $bPresident (2004-2014 : Yudhoyono)

240 10$aPeraturan Presiden Republik Indonesia nomor 23 tahun 2011 tentang rencana aksi nasional hak asasi manusia Indonesia tahun 2011-2014. $lEnglish

245 14$aThe decree of the President of the Republic of Indonesia number 23 year 2011 on the national plan of action program on Indonesian human rights year 2011-2014.

③法案和立法草案

对于立法法案(常见术语为"Bill"),将立法团体的规范检索点记录110字段。

例:

110 1#$aAustralia. $bParliament.

245 10$aCorporate law reform bill 1992 & explanatory memorandum.

说明:由澳大利亚联邦议会通过的立法法案。

④行政法规等

如果行政法规视同为法律,将制定法规的行政管辖区的规范检索点记录在110字段。

例1:

110 1#$aNew Brunswick, $eenacting jurisdiction.

240 10$aLaws, etc.

245 10$aN. B. acts and regulations.

例2:

110 1#$aNorth Dakota, $eenacting jurisdiction.

245 10$aNorth Dakota century school code /$cissued by the Department of Public Instruction ; Wayne G. Sanstead, state superintendent.

700 1#$aSanstead, Wayne G.

710 1#$aNorth Dakota. $bDepartment of Public Instruction, $eissuing body.

例3:

110 1#$a 東京, $eenacting jurisdiction.

240 10$a 法律等

245 10$a 東京都環境保全関係条例集 /$c 東京都環境保全委員会編集.

710 2#$a 東京都環境保全委員会.

⑤宪法、宪章等

对于宪法(constitution)、宪章(charter),将制定法律的行政管辖区或国际政府间团体的规范检索点记录在 110 字段。

例 1:

110 2#$aUnited Nations, $eenacting jurisdiction.

240 10$aCharter. $lGerman

245 14$aDie Charta der Vereinten Nationen : $bmit Völkerbundssatzung, IGH-Statut und zwei UNO-Resolutionen : Textausgabe.

例 2:

110 1#$aUnited States, $eenacting jurisdiction.

245 14$aThe Constitution of the United States of America with the Declaration of Independence.

710 12$iContainer of (work): $aUnited States. $tConstitution.

710 12$iContainer of (work): $aUnited States. $tDeclaration of Independence.

例 3:

110 1#$a 日本, $eenacting jurisdiction.

240 10$a 憲法

245 10$a 日本国憲法 /$c 上田正一編.

700 1#$a 上田, 正一, $d1937-$eeditor.

⑥法院规章

如果法院规章作为法律而制定,将制定法律的行政管辖区的规范检索点做 110 字段。

例:

110 1#$aBhutan, $eenacting jurisdiction.

245 14$aThe Civil and Criminal Procedure Code of Bhutan.

⑦对陪审团的指示、法院诉讼和法院判决

对于陪审团的指示、司法判决等,将法院的规范检索点记录在 110 字段。

例 1:

110 1#$aMassachusetts. $bMunicipal Court (Boston)

245 12$aA charge to the grand jury of the county of Suffolk for the commonweath of Massachusetts, at the opening of the Municipal Court of the city of Boston, on the first Monday of December, A. D. 1831.

例 2:

110 2#$aEuropean Court of Human Rights.

245 10$aAffaire Airey : $barreêt du 6 feévrier 1981 (Article 50) = Airey case : judgment of 6 February 1981 (Article 50).

例 3:

110 1#$aPakistan. $bSupreme Court.

245 10$aJudgments on human rights and public interest litigation by Supreme Court of

Pakistan upto 1999.

(8)由两个或两个以上艺术家作为一个团体创作的单个艺术作品

例:

110 2#$aFAILE (Artist collective)

245 10$aWrong end of the rainbow stories /$cFAILE.

7.官方通信

单个政府或宗教官员的官方通信,将代表官职的规范检索点记录在110字段,将代表个人的规范检索点记录在700字段。如果是多个官员的官方通信,则不必提供代表个人的规范检索点。

例1:

110 1#$aNew York (N. Y.) $bMayor (1933-1945 : La Guardia)

245 10$aNew York City at war :$bemergency services : report /$cby F. H. La Guardia, mayor.

700 1#$aLa Guardia, Fiorello H. $q(Fiorello Henry), $d1882-1947.

说明:纽约市长的官方通信。

例2:

110 2#$aCatholic Church$bPope (1939-1958 : Pius XII)

245 10$aFulgens Corona :$bon the Marian Year and the dogma of the Immaculate Conception /$cencyclical letter of Pius XII.

700 0#$aPius$bXII, $cPope, $d1876-1958.

说明:教皇的官方通信。

例3:

110 1#$aUnited States. $bPresident.

245 14$aThe economic report of the President to the Congress.

说明:多位官员通信的汇编。

8.音乐作品

除了作曲之外,音乐作品往往还有其他责任者,如歌词作者、为舞蹈动作谱曲时舞谱作者、音乐作品的改编者、华彩乐段的作曲者、戏剧作品的配乐者等。但是音乐作品总体上以作曲者作为最重要的创作者,为其编制1XX规范检索点,其他责任方式的创作者为其提供7XX附加检索点。

(1)对于包含歌词、台本、文本等的音乐作品(如歌曲、歌剧、音乐喜剧),以作曲者的规范检索点做1XX字段,其他责任方式的创作者做7XX字段。

例:

100 1#$aAbrams, $cMiss, $dapproximately 1758-1821, $ecomposer.

245 10$aCrazy Jane :$ba favorite song /$cthe words by Mr. Lewis Esqr. ; set to music by Miss Abrams.

700 1#$aLewis, M. G. $q(Matthew Gregory), $d1775-1818, $elyricist.

(2)由两位或两位以上作曲者创作的混合曲,将名列首位的作曲者记录在1XX字段,其余作曲者依次记录在7XX字段。

例：

100 1#$aAmadei，Filippo，$dflourished 1690-1730，$ecomposer.

240 10$aMuzio Scaevola

245 14$aThe most favourite songs in the opera of Muzio Scaevola /$ccomposed by three famous masters.

700 1#$aBononcini，Antonio Maria，$d1677-1726，$ecomposer.

700 1#$aHandel，George Frideric，$d1685-1759，$ecomposer.

说明：责任说明中提及的三位知名作曲者分别为“Amadei”“Bononcini”和“Handel”，则将名列首位的“Amadei”作为核心元素记录在 100 字段，其余两位作曲者记录在 700 字段，并启用 $e 记录关系说明语“composer”。

(3)对于为舞蹈动作(如芭蕾舞、哑剧等)谱曲的音乐作品，以作曲者的规范检索点做 1XX 字段，其他责任方式的创作者做 7XX 字段。

例：

100 1#$aBishop，Henry R. $q(Henry Rowley)，$d1786-1855，$ecomposer.

245 10$aCaractacus ：$ba grand serious ballet of action ： with choruses ： performed at the Theatre Royal Drury Lane /$cthe ballet by Mr. D'Egville ； the words by T. Sheridan ； the whole of the music by Henry R. Bishop.

700 1#$aEgville，J. -H. d'，$echoreographer.

700 1#$aSheridan，Thomas，$d1775-1817，$elyricist.

说明：芭蕾舞剧，作曲者“Henry R. Bishop”作为创作者记录在 100 字段，编舞者“D'Egville”和词作者“T. Sheridan”记录在 700 字段。

(4)对于为戏剧作品、电影等作曲的音乐或配乐，以作曲者的规范检索点做 1XX 字段，其所配乐的戏剧等作品的创作者做 7XX 字段，通常为名称 + 题名规范检索点形式。电影等作品则一般采用 730 字段，直接记录作品题名的规范形式。

例 1：

100 1#$aDesplat，Alexandre，$ecomposer.

245 10$aLust，caution ：$boriginal motion picture soundtrack /$cmusic by Alexandre Desplat.

730 0#$aSe，jie (Motion picture)

例 2：

100 1#$a 久石，譲，$d1950-$ecomposer.

245 10$a 天空の城ラピュタ /$c 久石譲作曲 ；宮崎駿監督.

700 1#$a 宮崎，駿，$d1941-$edirector.

(5)对歌剧等戏剧作品的改编包括文本、情节、背景等元素，且题名也已改变，但音乐旋律并未发生变化，仍将作曲者作为新作品的创作者记录在 1XX 字段，改编者记录在 7XX 字段。

例：

100 1#$aStrauss，Johann，$d1825-1899，$ecomposer.

240 10$aFledermaus (Masquerade) $kLibretto. $lEnglish

245 10$aMasquerade /$ca new version of Johan Strauss' Die Fledermaus by James L. Limbacher.

700 1#$aLimbacher, James L. $tMasquerade.

说明：由"Johann Strauss"创作的歌剧"Fledermaus"被"James L. Limbacher"改写了剧本，形成了"Masquerade"。由于音乐旋律本身无大改变，仍视"Johann Strauss"为创作者，对新作品负有主要责任，"James L. Limbacher"作为台本作者记录在700字段。

19.3　与作品相关的其他个人、家族或团体

条件核心元素，仅当代表该个人、家族或团体的规范检索点用于构建代表作品的规范检索点时，为核心元素。首先取自资源的首选信息源，如图书的题名页。如果首选信息源上的信息不够充分，则按下列顺序选择信息源：在资源中显著出现的其他说明；仅在资源内容中出现的信息；其他来源。

19.3.1　记录与作品相关的其他个人、家族和团体的基本说明

与作品相关的其他个人、家族或团体是指创作者之外的与作品相联系的个人、家族或团体，如接受通信的个人、被告、法官、纪念文集的被纪念者、导演、学位导师、赞助机构等，详见NLC PS(FLR)附录3。

在书目记录中，除创作者关系必须记录之外，其他与作品相关的个人、家族或团体如果对检索重要，也可为其提供7XX规范检索点，并提供适用的关系说明语。

如果与作品相关的个人、家族或团体虽然不是创作者，但是符合用其规范检索点构建代表作品的规范检索点的规定(RDA 6.27—6.31)，则需将其记录为1XX规范检索点，如受管辖的行政管辖区、受管辖的法院、原告、被告等的规范检索点。

19.3.1.3　记录与作品相关的其他个人、家族和团体

除创作者之外，其他与作品相关的个人、家族和团体记录在7XX字段。

例1：

245 00$a50 years after Daojali-Hading :$bemerging perspectives in the archaeology of Northeast India : essays in honour of Tarun Chandra Sharma /$cedited by Tiatoshi Jamir and Manjil Hazarika.

700 1#$aSharma, T. C., $ehonouree.

700 1#$aJamir, Tiatoshi, $eeditor.

700 1#$aHazarika, Manjil, $eeditor.

说明："Tarun Chandra Sharma"作为被纪念者记录在700字段。

例2：

245 00$aAge of transition :$bByzantine culture in the Islamic world /$cedited by Helen C. Evans.

500 ##$aThis publication includes all essays presented at The Metropolitan Museum of Art in the following programs: Sunday at the Met, March 18, 2012; Perspectives

on Byzantium and Islam: A Symposium, March 20, 2012; Floor Mosaics in the Late Antique Mediterranean: A Kallinikeion Colloquium in Byzantine Studies Symposium, May 11, 2012; A Scholars Day Workshop: Collecting Byzantine and Islamic Art, June 4, 2012.

700 1#$aEvans, Helen C. ,$eeditor.

710 2#$aMetropolitan Museum of Art (New York, N. Y.),$ehost institution.

说明:"Metropolitan Museum of Art"作为主办机构记录在 710 字段。

例 3:

245 00$三田文学の系譜 :$b 桧谷昭彦教授還暦記念論文集 : 近代篇 /$c 中村三代司, 松村友視編.

700 1#$a 桧谷, 昭彦, $ehonouree.

700 1#$a 中村, 三代司, $d1947-$eeditor.

700 1#$a 松村, 友視, $d1951-$eeditor.

说明:"桧谷昭彦"作为被纪念者记录在 700 字段。

19.3.2 与法律作品相关的其他个人、家族和团体[①]

在法律作品中,一些个人、家族或团体虽然没有直接制定法律而视为创作者,但是需用其规范检索点来构建代表作品的规范检索点(RDA 6.27),因此在法律作品的书目记录中,需将这类个人、家族和团体记录在 1XX 字段。

1. 受法律法规等管辖的行政管辖区

如果受法律法规等管辖的行政管辖区不是制定它的行政管辖区,则将受法律法规等管辖的行政管辖区的规范检索点记录在 1XX 字段。

例:

110 1#$aCrimea (Ukraine),$ejurisdiction governed.

240 10$aLaws, etc.

245 10$aVedomosti Gosudarstvennogo Soveta Respubliki Krym.

2. 颁布机构或颁布者

对于由行政管辖区内的政府机构或有法律授权的代理机构颁布的行政法规,将颁布机

①根据 RDA 最新规定,条约、国际协定等不再属于团体作为创作者的法律作品类别。签订条约、国际协定等的政府或国际组织被视为与作品相关的其他团体,可为其编制附加规范检索点,记录在 710 字段。

例 1:

245 00$aAgreement on the implementation of the convention on social security between the United Kingdom of Great Britain and the Federal Republic of Germany, London, 10 December 1964.

710 1#$aGreat Britain. $kTreaties, etc., 1952-(Elizabeth II)

710 1#$aGermany (West). $kTreaties, etc.

例 2:

245 00$aAgreement between the United Nations and the International Civil Aviation Organization.

710 2#$aUnited Nations, $eparticipant in treaty.

710 2#$aInternational Civil Aviation Organization, $eparticipant in treaty.

构的规范检索点记录在 1XX 字段。

例：

110 1#$aCalifornia. $bBoard of Landscape Architects.

245 10$aState Board of Landscape Architects Law with rules and regulations and directory /$cissued by Board of Landscape Architects.

3. 受规章管辖的法院

对于管辖单个法院的法院规章(不论其官方形式,如法律或行政法规等),将受辖法院的规范检索点记录在 1XX 字段。对于管辖单个行政管辖区的多个法院的规章的汇编,如果其是作为法律而制定的,则将制定法律的行政管辖区记录在 1XX 字段,见 NLC PS(FLR)19.2.1.3 中 7 的相关内容。

例：

110 1#$aZimbabwe. $bSupreme Court, $ecourt governed.

245 10$aRules of the Supreme Court.

4. 受宪法宪章管辖的团体

对于由一个行政管辖区制定并管辖非行政管辖区团体的宪法、宪章等,将受管辖的团体的规范检索点记录在 1XX 字段。

例：

110 2#$aColumbus Savings Bank (Columbus, Ga.), $einstitution governed.

245 10$aCharter of Columbus Savings Bank, incorporated by special act of Legislature of the state of Georgia, December 24, 1888.

说明：关系说明语为编目员自拟。

5. 刑事审判中被起诉的个人或团体

对于刑事审判、弹劾、军事法庭等的正式诉讼以及此类案件的上诉程序,将被起诉的个人或团体记录在 1XX 字段。

例：

100 1#$aEarls, John, $d1802-1836, $edefendant.

245 10$aMurder in Muncy Creek : $ba true account of the 1836 trial, conviction, and hanging of John Earls /$cWilliam Bailey and Peggy Bailey ; commentary by Cyril H. Wecht, M. D., J. D.

700 1#$aBailey, William$c(Genealogist), $eeditor.

700 1#$aBailey, Peggy, $eeditor.

700 1#$aWecht, Cyril H., $d1931-$ewriter of added commentary.

6. 非刑事诉讼中提起诉讼的个人或团体

对于民事和其他非刑事诉讼(包括选举案件)的正式诉讼和报告以及此类案件的上诉,将提起起诉的个人或团体记录在 1XX 字段。

例：

100 1#$aBarrow, John, $eplaintiff.

245 10$aReport of the great will cause of Barrow and others v. Harrison: $bheard at Lancaster, August 13, 14, and 15, 1846, before Mr. Justice Cresswell and a

special jury.

700 1#$aHarrison, Myles, $edefendant.

7. 判例汇编

对于一个法院的判例汇编,如果能够归于一个或多个报告人,将报告人的规范检索点记录在 1XX 字段,否则将法院的规范检索点记录在 1XX 字段。对于多个法院的判例汇编,如果一个或多个报告人对全部判例汇编负有责任,则以报告人(或名列首位的报告人)的规范检索点做 1XX 字段;如果报告人或合作报告人不对全部判例汇编负有责任,则直接以首选题名构建规范检索点(即无 1XX 字段)。

例 1:

100 1#$aWilson, George, $d-1778, $ecourt reporter.

245 10$aReports of the cases argued and adjudged in the King's courts at Westminster :$bin three parts… /$cby George Wilson, serjeant at law ; with tables of the principal matters, names of the cases contained inthe three parts ; and some account of the lords the judges, serjeants at law, and most eminent counsel attending the bar during that time.

说明:法院判例汇编归于一个报告人,将其记录在 100 字段,并添加 $e 记录关系说明语"court reporter"。

例 2:

110 1#$aUtah. $bSupreme Court.

245 10$aReport of cases decided in the Supreme Court of the State of Utah.

说明:法院判例汇编无法归于某个报告人,则将法院的规范检索点记录在 110 字段。

★专题说明 6:构建代表作品的规范检索点

本章内容相当于 AACR2 实践中的"检索点的选取"。记录最主要或名列首位的创作者是 RDA 的核心元素。之所以作为核心元素,是因为创作者经常与首选题名一起共同构建代表作品的规范检索点,而该检索点用于识别作品,相关内容在 RDA 第 6 章(识别作品和内容表达)中予以说明。在 RDA 中构建代表作品的规范检索点有两种方法:

(1)以创作者的规范检索点 + 作品首选题名构建,即 100/110/111 + 240 或 100/110/111 + 245 形式;

(2)如果不存在创作者,如佚名作品,则直接以作品首选题名构建,即 130 或 245。编目实践中的大部分资源仅出版一次,或出版多次而没有更名,在这种情况下,245 字段中的正题名其实就是作品的首选题名,因此无须启用 130 或 240 字段。而对于其他包括翻译、改编、评论、音乐、圣经、法律、汇编、与其他连续出版物题名相同的连续出版物等,作品题名通常与原始作品的正题名不同。要将不同题名的作品汇集在一起,就需要确定作品首选题名。RDA 中首选题名相当于 AACR2 中的统一题名。

本章前述内容主要对构建作品的规范检索点的第一种方法,即 100/110/111 + 240 或 100/110/111 + 245 的情况,特别是对责任者何时做 1XX 规范检索点的规则进行了详细说明。第二种方法中仅存在245字段的情况在编目中很常见,即没有创作者,但往往存在贡献者,需为贡献者提供7XX附加规范检索点,详见NLC PS (FLR)第20章的相关内容。130字段和240字段均用于记录首选题名,其区别在于是否存在创作者。如果存在创作者,需用240字段记录首选题名,如果不存在,则启用130字段。

例1:

130 0#$aZEI policy paper (Online)

245 10$aZEI policy paper /$cZentrum für Europäische Integrationsforschung ; Centre d'études prospectives et d'informations internationales.

例2:

100 1#$aXi, Jinping.

240 10$aZhong hua min zu wei da fu xing de Zhongguo meng. $lFrench

242 10$a 中华民族伟大复兴的中国梦. $ychi

245 13$aLe rêve chinois du grand renouveau de la nation chinoise /$cXi Jinping ; compilation, Centre d'étude de la documentation du Comité central du Parti communiste chinois.

需要启用130字段记录首选题名的作品通常为佚名经典作品,包括佚名宗教作品、文学作品,以及需要与其他相同题名的不同作品相区分的作品,如连续出版物、电影作品等。

1.宗教经典

(1)宗教经典的规范检索点

对于宗教团体公认为宗教经典的作品,其规范检索点直接由作品的首选题名构建,不附加其他元素。

基督教《圣经》:130 0#$aBible

伊斯兰教《可兰经》:130 0#$aQur'ān

佛教《三藏》:130 0#$aTipiṭaka

犹太教《塔木德》:130 0#$aTalmud

犹太教《密释纳》:130 0#$aMishnah

犹太教《托塞夫塔》:130 0#$aTosefta

婆罗门教、印度教《吠陀经》:130 0#$aVedas

耆那教《耆那教圣典》:130 0#$aJaina Agama

琐罗亚斯德教《波斯古经》:130 0#$aAvesta

(2)宗教经典组成部分规范检索点

宗教经典组成部分的规范检索点由宗教经典的首选题名附加组成部分的首选题名构建。

①基督教

130 0#$aBible. $pOld Testament

130 0#$aBible. $pNew Testament

说明:圣约以"Old Testament"(旧约全书)或"New Testament"(新约全书)作为《圣经》首选题名的复分记录。与AACR2不同的是,圣约的题名不再缩写,而用全拼。

130 0#$aBible. $pEzra

130 0#$aBible. $pCorinthians, 1st

130 0#$aBible. $pPsalms, XXIII

130 0#$aBible. $pPsalms, CXX-CXXXIV

130 0#$aBible. $pLuke, XIV, 26

说明:圣书将钦定版的简短引用形式作为《圣经》首选题名的复分记录。与 AACR2 不同的是,两者之间不用再添加圣书所属的圣约。如果圣书有编号,则在名称之后将其编号记录为序数词,与名称之间用逗号分隔。如果是圣书的组成部分,则附加章节号,章用罗马数字表示,节用阿拉伯数字表示。

130 0#$aBible. $pFive Scrolls

130 0#$aBible. $pGospels

说明:将成组圣书的名称作为《圣经》首选题名的复分记录。两者之间不用再添加圣书所属的圣约。

130 0#$aBible. $pApocrypha

130 0#$aBible. $pApocrypha. $pSong of the Three Children

说明:对于以外传为人所知的汇编,将"Apocrypha"作为《圣经》首选题名的复分记录;对于单部外传,用外传书的名称做进一步的复分。

②佛教

将巴利文经典"Abhidhammapiṭaka"(论藏)、"Suttapiṭaka"(经藏)、"Vinayapiṭaka"(律藏)的分部的题名作为"Tipiṭaka"(三藏)首选题名的复分予以记录;将梵文经典的分部题名"Abhidharmapiṭaka"(论藏)、"Sūtrapiṭaka"(经藏)、"Vinayapiṭaka"(律藏)作为"Tripiṭaka"(三藏)的首选题名的复分予以记录。如果这些分部之下还有组成部分,且单独出版,则将该组成部分的题名作为分部规范检索点的复分。

130 0#$aTipiṭaka. $pAbhidhammapiṭaka

说明:巴利文《论藏》。

130 0#$aTripiṭaka. $pAbhidharmapiṭaka

说明:梵文《论藏》。

130 0#$aTipiṭaka. $pSuttapiṭaka

说明:巴利文《经藏》。

130 0#$aTripiṭaka. $pSūtrapiṭaka

说明:梵文《经藏》。

130 0#$aTipiṭaka. $pVinayapiṭaka

说明:巴利文《律藏》。

130 0#$aTripiṭaka. $pVinayapiṭaka

说明:梵文《律藏》。

③伊斯兰教

《古兰经》的章(sūrah)、三十个部分(juz')之一或指定的成组选编,将章等的题名作为《古兰经》首选题名的复分记录。章的题名前置以"Sūrat",部分的题名前置以"Juz'"。对于一章的一节,在"sūrah"的题名后附加节的编号,题名和编号之间用逗号分隔。

130 0#$aQur'an. $pSūrat Hūd

说明:《古兰经》的章,在章的名称前置以"Sūrat"。

130 0#$aQur'an. $pJuz'al-Mulk

说明:《古兰经》的部分,在部分的名称前置以“Juz”。

130 0#$aQur'an. $pSūrat al-Baqarah, 255

说明:《古兰经》一章的一节,在章的题名后附加节的编号,之间用逗号分隔。

④婆罗门教

对于《吠陀经》的四种标准汇编“Atharvaveda”(阿闼婆吠陀)、“Ṛgveda”(梨俱吠陀)、“Sāmaveda”(挲摩吠陀)、“Yajurveda”(夜柔吠陀),将汇编题名作为《吠陀经》首选题名的复分记录。

130 0#$aVedas. $pAtharvaveda

130 0#$aVedas. $pṚgveda

130 0#$aVedas. $pSāmaveda

130 0#$aVedas. $pYajurveda

2. 文学经典

为了集中同一作品的不同题名形式和版本,佚名文学经典作品规范检索点由作品的首选题名构建,记录在130字段。

例:

书目记录1:

130 0#$aBeowulf.

245 10$aBeowulf und das Finnsburg-Bruchstuck.

书目记录2:

130 0#$aBeowulf.

245 10$aBeówulf :$ban Anglo-Saxon poem.

说明:通过代表作品的规范检索点汇集不同语种题名形式的同一作品。

3. 需要区分的佚名作品

有些作品虽然题名相同,但却非同一作品,这时就需要构建代表作品的规范检索点将不同作品加以区分。

例1:

书目记录1:

130 0#$aPride and prejudice (Motion picture : 1940)

245 10$aPride and prejudice /$cMetro-Goldwyn-Mayer presents ; produced by Loew's Incorporated ; screen play by Aldous Huxley and Jane Murfin ; produced by Hunt Stromberg ; directed by Robert Z. Leonard.

书目记录2:

130 0#$aPride & prejudice (Motion picture : 2005)

245 10$aPride & prejudice /$cUniversal ; presented by Focus Features presents in association with Studiocanal ; a Working Title production ; produced in association with Scion Films ; produced by Tim Bevan, Eric Fellner, Paul Webster ; directed by Joe Wright ; screenplay, Deborah Moggach.

说明:由不同出品人、导演及演员制作的同名电影。

例 2：

130 0#$aBulletin（New York State Museum：1976）

130 0#$aBulletin（New Zealand. Department of Agriculture）

说明：题名相同的不同连续出版物。

20
与内容表达相关的个人、家族和团体

20.2 贡献者

中国国家图书馆条件核心元素,信息取自首选信息源。如果首选信息源上的信息不够充分,则按下列顺序选择信息源:在资源中显著出现的其他说明;仅在资源内容中出现的信息;其他来源。

20.2.1 记录贡献者的基本说明

通过内容表达对作品的实现做出贡献的个人、家族或团体被视为贡献者。常见的贡献者包括编者、译者、表演者和音乐改编者等。此外,附加评注者、插图者、附加音乐的作曲者等也被视为贡献者。

贡献者不是RDA的核心元素,但经常对识别资源重要,需适度记录。贡献者记录在书目记录的7XX字段,关系说明语详见NLC PS(FLR)附录3第二部分。

中国国家图书馆做法:

原始编目:对于重要的贡献者(如下列所示3种情况),在245$c责任说明中予以记录的前3个均需提供7XX规范检索点,并记录适用的关系说明语,3个之外的贡献者,可不予提供7XX规范检索点。对于其他不重要的贡献者,可不予提供7XX规范检索点。关系说明语的用法详见NLC PS(FLR)18.5。对于其他贡献者,编目员可自行决定提供规范检索点的数量。

套录编目:如果套录数据中提供了所有贡献者的规范检索点,核对无误后保留套录信息。如果套录数据中未按原始编目的要求记录关系说明语,予以添加。

1. 编者、编纂者等

例1:

245 00$a21st century defense strategy guidance and defense reduction considerations / $cBetsey J. Robertson and Barlow E. Morris, editors.

700 1#$aRobertson, Betsey J. , $eeditor.

700 1#$aMorris, Barlow E. , $eeditor.

说明:贡献者为汇编者,其数量在3个以内,需为每个贡献者提供700规范检索点。

例2:

245 00$aOn the eve of the Great War : $bpolitical concepts, conspiracies and theories / $cGregor Antolicic, Andrej Rahten, Petra Scoljšak (eds.) ; foreword by Oto Luthar.

700 1#$aAntolicic, Gregor, $eeditor.

700 1#$aRahten, Andrej, $eeditor.

700 1#$aSvoljšak, Petra, $eeditor.

700 1#$aLuthar, Oto, $ewriter of foreword.

说明:贡献者为汇编者,数量为 3 个,需为每个贡献者提供 700 规范检索点,并提供关系说明语“editor”。如果汇编者超过 3 个,则可仅记录前 3 个汇编者,第 4 个汇编者可不为其提供规范检索点。前言的作者也视为重要,可选择为其提供规范检索点,关系说明语记录为“writer of foreword”,为“writer of supplementary textual content”的一种。

2. 音乐的改编者、改写者、增加伴奏等的作曲者

需区别于作为创作者的作曲者,改编或改写并未产生新的音乐作品,如表演媒介的变化或音乐作品的简写本。对于改编或增加了伴奏的音乐作品,仍以原作品的规范检索点构建作品的规范检索点,改编者作为贡献者记录在 7XX 字段。

例 1:

100 1#$aCommuck, Thomas, $d1805-1855, $ecomposer.

245 10$aIndian melodies /$cby Thomas Commuck, a Narragansett Indian ; harmonized by Thomas Hastings, Esq.

700 1#$aHastings, Thomas, $d1784-1872, $ecomposer (expression)

说明:为伴奏作曲者“Thomas Hastings”添加 700 字段,并提供关系说明语“composer (expression)”。

例 2:

100 1#$aDelius, Frederick, $d1862-1934, $ecomposer.

240 10$aTo be sung of a summer night on the water; $oarranged

245 10$aTwo aquarelles /$cFrederick Delius ; arranged for string orchestra by Eric Fenby.

700 1#$aFenby, Eric, $d1906-1997, $earranger of music.

说明:音乐作品表演媒介发生变化,以原作品的创作者作为核心元素记录在 100 字段,改编者作为贡献者记录在 700 字段,并提供关系说明语“arranger of music”。改编作品的规范检索点由原作品的规范检索点附加“arranged”构建。

3. 译者

例 1:

245 00$a28 Portuguese poets /$cedited, with an introduction, by Richard Zenith ; translated by Richard Zenith and Alexis Levitin.

700 1#$aZenith, Richard, $eeditor, $ewriter of introduction, $etranslator.

700 1#$aLevitin, Alexis, $etranslator.

说明:译者作为贡献者,为其提供规范检索点。第一个译者还承担其他多个职责,添加多个关系说明语予以表示。

例 2:

100 1#$a Harvey, Leslie Daryl Danny, $d1956-

245 10$a カーボンフリーエネルギー事典 /$c[L・D・ダニー・ハーヴィー原著] ; 立木勝, 広瀬朗子, 佐々木知子翻訳 ; 立木勝編.

700 1#$a 立木, 勝, $etranslator, $eeditor.

700 1#$a 広瀬, 朗子, $etranslator.

700 1#$a 佐々, 木知子, $etranslator.

21
与载体表现相关的个人、家族和团体

21.1　记录与载体表现相关的个人、家族和团体的一般性规则

非核心元素，信息首先取自资源的首选信息源。如果首选信息源上的信息不够充分，则按下列顺序选择信息源：在资源中显著出现的其他说明；仅在资源内容中出现的信息；其他来源。

与载体表现相关的个人、家族和团体主要包括非出版资源的制作者，出版资源的出版者、发行者、生产者等，此外还包括图书设计者、制版者等。

中国国家图书馆做法：

载体表现与责任者之间的出版、生产、发行关系，通常由264等出版项字段清晰表达，一般无须用7XX字段规范检索点的形式说明。古籍或特殊馆藏资料的书目记录中有时需要记录这种关系，关系说明语详见NLC PS(FLR)附录3第三部分。

例：

500 ##$a" Planned...by Eugene M. Ettenberg...Printed by Lockwood & Brainard...Two thousand copies...signed by the illustrator" --Colophon.

700 1#$aEttenberg, Eugene M. , $d1903-1992 , $ebook designer.

710 2#$aCase, Lockwood & Brainard Co. , $eprinter.

说明：为载体表现的印刷者、设计者提供规范检索点。

22
与单件相关的个人、家族和团体

22.1 记录与单件相关的个人、家族和团体的一般性规则

非核心元素,信息取自任何来源。

与单件相关的个人、家族和团体主要包括拥有者、管理者、装订者、亲笔签名者等。

中国国家图书馆做法:

原始编目:对于名人赠书,需添加 7XX 字段捐赠者的规范检索点,在 $e 记录关系说明语“donor”,关系说明语详见 NLC PS(FLR)附录 3 第四部分。为检索便利,可添加 500 附注字段,注明捐赠来源及日期等信息。可参考以下格式:ZC-捐赠人/捐赠国(捐赠年月)。ZC 即专藏,捐赠人用其姓和名首字母大写组合表示,如巴金,缩写即 BJ,捐赠日期以阿拉伯数字 yyyymm 格式记录,如 201010。

其他与单件相关的个人、家族和团体,如管理者等,可由编目员依据重要程度自行判断是否需要提供 7XX 规范检索点。

套录编目:套录数据中有关捐赠者等单件的信息无须保留。

例 1:

500 ##$aZC-BJ (198107)

700 1#$aBa, Jin, $d1904-2005, $edonor.

说明:巴金赠书,附注中用本地标识注明“巴金专藏”,圆括号内为赠书时间。为捐赠者编制规范检索点,$e 记录关系说明语“donor”。

例 2:

245 00$aAffectionately inscribed to the memory of Elder Frederic W. Evans /$cby his loving and devoted gospel friends.

561 ##$aLC copy purchased from J. P. MacLean in 1906.

700 1#$aMacLean, J. P. $q (John Patterson), $d1848-1939, $eformer owner.

说明:先前拥有者重要,编目员为其编制规范检索点。

24
记录作品、内容表达、载体表现和单件之间关系的一般性规则

24.0 范围

RDA 第 5 部分(RDA 第 17 章)包含记录作品、内容表达、载体表现和单件之间存在的纵向关系,即作品由内容表达来实现、内容表达由载体表现来体现、载体表现由单件来例证。RDA 第 8 部分(RDA 第 24—28 章)则包含记录不同作品、不同内容表达、不同载体表现和不同单件之间存在的横向关系,实际上就是资源与相关资源之间的关系。其中第 24 章为一般性规则,第 25—28 章分别说明了相关作品、相关内容表达、相关载体表现和相关单件之间关系的规则。除正文条款之外,附录 J 按作品、内容表达、载体表现和单件的层次以及 FRAD 定义的几类关系为资源之间的关系提供说明语。

作品和内容表达层包括衍生关系、参照关系、整体/部分关系、伴随关系(附属关系)和连续关系(继承关系),载体表现和单件层没有这些关系中的连续关系,补充了等同关系。

①等同关系,即包含相同知识或艺术内容,如复制品等;

②衍生关系,即原资源与以其为基础修改之后资源之间的关系,如缩写、摘要、改编(电影改编、戏剧改编等)等;

③参照关系,即资源和为纪念其而创作资源之间的关系;

④整体/部分关系,即整体资源与其组成部分之间的从属关系,如汇编(包含与被包含)等;

⑤伴随关系,在 FRAD 中又称附属关系,资源与其附件之间的关系,如补遗、附录、勘误等;

⑥连续关系,在 FRAD 中又称继承关系,资源之间的时间序列关系,如吸收合并、分成、继承等。

在每种关系中,又形成互逆的两种关系。例如,在作品的衍生关系中,缩写自(作品)与缩写成(作品)形成一对互逆关系,圆括号内的“作品”并非同一部作品,一部是被缩写的作品,另一部是缩写后的作品,一个为因,一个为果。再如,在作品的连续关系中,吸收(作品)与被(作品)吸收形成一对互逆关系,一部是被吸收的作品,一部是吸收作品的作品。参见 NLC PS(FLR)18.0 部分的相关内容。

24.3 核心元素

非核心元素。

中国国家图书馆做法：

作品层的连续关系和整体/部分关系、载体表现层的等同关系、单件层的伴随关系为核心元素。

24.4 记录作品、内容表达、载体表现和单件之间的关系

关于记录资源与相关资源之间的关系，RDA 提供了 3 种方法：

(1)相关的作品、内容表达、载体表现或单件的标识符，如在连接字段中所记录的相关资源的标识符(ISBN、控制号等)。

(2)代表相关作品或内容表达的规范检索点，$i 记录用于阐明关系的说明语，关系说明语取自 RDA 附录 J。

(3)相关作品、相关内容表达、相关载体表现或相关单件的描述，包括结构化描述和非结构化描述。结构化的描述包括由 MARC 21 中的字段、子字段、指示符本身定义所产生的描述，或者以 ISBD 标识符的形式描述。非结构化的描述是指以自然语言予以描述。结构化描述优于非结构化描述。

例 1：

100 1#$aPollock, Jackson, $d1912-1956.

240 10$aJackson Pollock. $lEnglish

245 10$aJackson Pollock : the figure of the fury /$ccatalogue edited by Sergio Risaliti with Francesca Campana Comparini.

787 0#$tJackson Pollock. $b1. ed. $dFirenze, Italia : Giunti, 2014$z9788809794801$nItalian ed. also avail.

说明：通过相关载体表现的标识符揭示关系。

例 2：

100 1#$aArasse, Daniel.

240 10$aOn n'y voit rien. $lEnglish

245 10$aTake a closer look /$cDaniel Arasse ; translated from the French by Alyson Waters.

700 1#$iTranslation of: $aArasse, Daniel. $tOn n'y voit rien.

说明：通过规范检索点揭示关系。

100 1#$aArasse, Daniel.

240 10$aOn n'y voit rien. $lEnglish.

245 10$aTake a closer look /$cDaniel Arasse ; translated from the French by Alyson Waters.

500 ##$aTranslation of: On n'y voit rien / Daniel Arasse. -Paris : Editions Denoel, 2000.

说明：通过结构化的描述揭示关系。

100 1#$aArasse, Daniel.

240 10$aOn n'y voit rien. $lEnglish.

245 10$aTake a closer look /$cDaniel Arasse ; translated from the French by Alyson Waters.

500 ##$aTranslation of the author's French edition On n'y voit rien.

说明:通过非结构化的描述揭示关系。

24.5 关系说明语

资源与相关资源之间的关系说明语详见 NLC PS(FLR)附录4,记录在书目记录7XX字段(700、710、711、730、76X—78X)的 $i,如果启用了 $i, $i 需处于字段第1子字段的位置,关系说明语首字母大写,并以冒号结束该子字段。当76X—78X字段(780和785除外)启用 $i 记录关系时,第2指示符的值为"8",表示不生成格式化导语,而显示 $i 中的关系说明语。

例1:

100 1#$aBarnett, C. Z. $q(Charles Zachary)

245 10$aOliver Twist, or, The parish boy's progress :$ba domestic drama in three acts, adapted from Boz's celebrated tale /$cby C. Z. Barnett, author of Fair Rosamund, The bell ringer of Notre Dame, Dominique, The phantom bride, The vow of silence, The bravo, The cateran's son, The skeleton hand, Swing, Claude Lorraine, &c., &c., &c.

700 1#$iDramatization of (work):$aDickens, Charles,$d1812-1870. $tOliver Twist.

说明:相关作品之间的关系表达。

例2:

245 00$aHaunted houseboat /$cillustrated by Dave Aikins.

730 0#$iAdaptation of (expression):$aSpongeBob SquarePants (Television program)

说明:相关内容表达之间的关系表达。

例3:

130 0#$aBountyhunter (Print)

222 #0$aBountyhunter$b(Print)

245 10$aBountyhunter.

776 08$iAlso issued as a digital download:$tBountyhunter (Online)$x2167-468X$w(DLC)2012202783$w(OCoLC)790299931

说明:相关载体表现之间的关系表达。

中国国家图书馆做法:

关系说明语的术语表不是封闭的,如果术语不适用或不够专指,可使用其他术语。中国国家图书馆优先使用术语表中的术语,如果不适用,可自行拟定术语。参见 NLC PS(FLR)0.12。

25
相关作品

25.1 相关作品

作品层的相关关系包含衍生关系、参照关系、整体/部分关系、伴随关系和连续关系。相关关系的表达主要有 3 种方法：相关作品的标识符、代表相关作品的规范检索点、相关作品的描述（结构化描述和非结构化描述）。关系说明语详见 NLC PS（FLR）附录 4 第一部分。参见 NLC PS（FLR）24.4。

1. 衍生关系

作品层的衍生关系是一部作品与另一部基于它、以某种方式被修改的作品之间的关系，修改方式包括缩写、改编、模仿、戏仿、摘要等。

例 1：

100 1#$aDalziel, D. $q(Davison)

245 10$aRip Van Winkle's dream /$cBy D. Dalziel.

700 1#$iParody of (work):$aIrving, Washington,$d1783-1859. $tRip Van Winkle.

说明：用规范检索点的方法表达作品与其戏仿作品之间的关系。

例 2：

130 0#$aAlice in Wonderland (Motion picture : 1951)

245 10$aAlice in Wonderland /$cWalt Disney Productions ; directors, Clyde Geronimi, Hamilton Luske, Wilfred Jackson ; story, Winston Hibler.

500 ##$aAn adaption of Lewis Carroll's The adventures of Alice in Wonderland and Through the looking glass.

说明：用非结构化描述的方法表达作品与其改编作品之间的关系。

例 3：

500 ##$aAdaption of: Bloody crimes : the chase for Jefferson Davis and the death pageant for Lincoln's corpse / James L. Swanson. New York : Willam Morrow / Harper Collins, [2010].

说明：用结构化描述的方法表达作品与其改编作品之间的关系。

中国国家图书馆做法：

作品层的衍生关系通常比较重要，建议编目采用适合的方法予以记录。

2. 整体与部分关系

作品层的整体/部分关系是一部作品与其组成部分之间的关系，包括单部作品中的组成部分，如前言或某章节与整部作品，以及集合作品与其组成部分之间的关系；再如汇编作品与其分部作品之间的关系,或者专著与其所属丛编之间的关系。

专著与其所属丛编之间的整体/部分关系用书目记录中的丛编说明 490 以及配套使用的 8XX 字段的规范检索点表达。单部作品与其组成部分的关系通常通过 505 内容附注字段描述。汇编作品与其分部作品之间的整体/部分关系,可通过书目记录的 505 字段予以表达。如果内容已在描述的另一部分指明,如由于没有总题名,而将其记录在 245$a 以及 700 分析款目,则无须启用 505 字段。对 505 内容附注中的作品数量一般没有限制,特别烦琐的情况也可以省略。

中国国家图书馆做法:

整体/部分关系为核心元素。对于诗歌集、会议录、学术期刊、采访或书信集以及相似的资源,不应用该核心元素,即不必为其中的组成部分构建单独的规范检索点。

原始编目:单部作品与其组成部分的关系不要求记录在 505 字段。专著与其所属丛编之间的关系以及汇编作品与其分部作品之间的关系需记录。

套录编目:如果套录数据中已经存在 505 字段记录单部作品与其组成部分的关系,核对无误后予以保留。专著与其所属丛编之间的关系以及汇编作品与其分部作品之间的关系如果在套录数据中没有表达,需补充表达。

见 NLC PS(FLR)2.3.2 关于“汇编作品的处理方法”。

例 1:同一责任者的汇编

做法 1:

100 1#$aTwain, Mark, $d1835-1910.

240 10$aShort stories. $kSelections

245 10$aSelected stories by Mark Twain /$cMark Twain.

505 0#$aThe celebrated jumping frog of Calaveras County--The man that corrupted Hadleyburg--Is he living or is he dead?

做法 2:

100 1#$aTwain, Mark, $d1835-1910.

240 10$aShort stories. $kSelections

245 10$aSelected stories by Mark Twain /$cMark Twain.

505 0#$aThe celebrated jumping frog of Calaveras County--The man that corrupted Hadleyburg--Is he living or is he dead?

700 12$aTwain, Mark, $d1835-1910. $tCelebrated jumping frog of Calaveras County.

700 12$aTwain, Mark, $d1835-1910. $tMan that corrupted Hadleyburg.

700 12$aTwain, Mark, $d1835-1910. $tIs he living or is he dead?

做法 3:

100 1#$aTwain, Mark, $d1835-1910.

240 10$aShort stories. $kSelections

245 10$aSelected stories by Mark Twain /$cMark Twain.

505 0#$aThe celebrated jumping frog of Calaveras County--The man that corrupted Hadleyburg--Is he living or is he dead?

700 12$iContainer of (work):$aTwain, Mark,$d1835-1910. $tCelebrated jumping frog of Calaveras County.

700 12$iContainer of (work):$aTwain, Mark,$d1835-1910. $tMan that corrupted Hadleyburg.

700 12$iContainer of (work):$aTwain, Mark,$d1835-1910. $tIs he living or is he dead?

说明:上述3种方法都可以用于表达整体/部分的关系,中国国家图书馆采用做法3。

例2:有总题名的不同责任者的作品汇编

245 00$aFour plays by American playwrights /$cPerry A. Guedry, George C. Brian (with Andy Isca), Cj Stevens, Tennessee Williams.

505 0#$aSavonarola / by Perry A. Guedry--Royal Tyller's The Isle of Barrataria / adapted by Cj Stevens--Callie's boy / by George C. Brian ; music by Andy Isca--Cat on a hot tin roof / by Tennessee Williams.

700 12$iContainer of (work):$aGuedry, Perry A. ,$d1928-$tSavonarola.

700 12$iContainer of (work):$aStevens, Cj,$d1914-$tIsle of Barrataria.

700 12$iContainer of (work):$aBrian, George C. $tCallie's boy.

700 12$iContainer of (work):$aWilliams, Tennessee,$d1911-1983. $tCat on a hot tin roof.

说明:为所有4部作品做规范检索点。

例3:无总题名的不同责任者的作品汇编

245 04$aThe yearning /$cHannah Howell. A hell of a time / Jackie Kessler. City of demons / Richelle Meade. Bitten / Lynsay Sands.

700 12$iContainer of (work):$aHowell, Hannah. $tYearling.

700 12$iContainer of (work):$aKessler, Jackie$q(Jackie H.). $tHell of a time.

700 12$iContainer of (work):$aMead, Richelle. $tCity of demons.

700 12$iContainer of (work):$aSands, Lynsay. $tBitten.

3. 伴随关系

作品层的伴随关系是一部作品与另一部伴随它的作品之间的关系。伴随关系主要包括两种:补编和补充。

(1)补编

伴随关系是补编时,一个作品是主要的,另一个是次要的,如作品与其索引之间的关系。再如,文本与其插图之间的关系。如果文本与插图在一部作品里,两者与该作品是整体/部分的关系,但如果文本与插图分别出版,则两者之间为伴随关系。其他补编关系的例子还包括指南(guides)、附录(appendixes)、补编(supplements)等,它们对于主要作品而言,可以是依赖性的,也可以是独立的。

例1:

245 00$aIndici del "Giornale de' letterati d'Italia" /$ca cura di Michela Fantato ; premessa di Corrado Viola.

730 0#$iIndex to (work):$aGiornale de' letterati d'Italia.

说明:作品与其索引之间的关系。

例 2：

100 1#$aLamalattie, Pierre.

240 10$aPaintings. $kSelections

245 10$aPortraits /$cLamalattie.

700 1#$iIllustrations for (work): $aLamalattie, Pierre. $t121 curriculum vitae pour un tombeau.

说明：文本与插图分别出版，相互之间为伴随关系。

例 3：

100 1#$aFleer, Marilyn, $eauthor.

245 10$aTheorising play in the early years /$cMarilyn Fleer ; [foreword by Artin Göncü].

700 1#$iSupplement to (work) : $aFleer, Marilyn. $tPlay in the early years.

说明：作品与其补编之间的关系。

例 4：

245 00$a 交通事故民事裁判例集 : $b 索引 /$c 不法行為法研究会編.

730 0#$iIndex to (work): $a 交通事故民事裁判例集.

说明：作品与其索引之间的关系。

连续性资源之间的补编关系与专著记录方法不同。该关系不能记录在相关作品的700、710、711、730字段，而要使用770和772字段。如果在编连续出版物是另一连续出版物的补编，则被补编的连续出版物的规范检索点记录在772字段，第1指示符为“0”，第2指示符为“#”，系统自动生成关系说明语“Supplement to:”，如果在编连续出版物拥有补编，则作为其补编的连续出版物的规范检索点记录在770字段，第1指示符为“0”，第2指示符为“#”，系统自动生成关系说明语“Has supplement:”。

例：

010 ##$a^^^96658742^

245 00$aHart's lubricants world.

770 0#$tHart's lubricants world. Lubricants buyers directory$w(DLC) 96658743 $w(OCoLC)35719555

010 ##$a^^^96658743^

245 00$aHart's lubricants world. $pLubricants buyer's directory.

772 0#$tHart's lubricants world. Lubricants buyers directory$w(DLC) 96658742 $w(OCoLC)35719114

说明：两部连续出版物作品之间的补编关系，在各自的书目记录中用770和772字段分别揭示。

如果连续出版物的补编情况复杂，无法简单通过770和772字段表达，可组合使用580字段和770或772字段，580字段的内容显示给用户，770或772字段的内容不执行显示功能，仅执行连接功能。

例：

210 0#$aAm. q.

222 #0$aAmerican quarterly

245 00$aAmerican quarterly.

580 ##$aHas supplement：American studies, 1970-75；American studies international, 1975-79；Guide to American studies resources, Mar. 1994-

770 0#$tAmerican studies$g1970-75$x0003-1321$w(DLC)76649663$w(OCoLC)2744141

(2)补充

补充关系中作品之间没有先后关系，最典型的例子就是音乐作品中的华彩乐章。华彩乐章可以作为原始音乐作品的一部分创作，但有时独奏者也可即兴创作，这种情况下华彩乐章的创作者与原始音乐作品的创作者不同。

例：

100 1#$aZimmermann, Bernd Alois, $d1918-1970, $ecomposer.

245 10$aKadenzen :$bKonzerte für Flöte und Orchester in G-Dur, KV 313, in D-Dur, KV 314 von Wolfgang Amadeus Mozart = Cadenzas : Concertos for flute and orchestra in G major, KV 313, in D major, KV 314 by Wolfgang Amadeus Mozart /$cBernd Alois Zimmermann.

700 12$iCadenza composed for (work) :$aMozart, Wolfgang Amadeus, $d1756-1791. $tConcertos, $mflute, orchestra, $nK. 313, $rG major.

700 12$iCadenza composed for (work) :$aMozart, Wolfgang Amadeus, $d1756-1791. $tConcertos, $moboe, orchestra, $nK. 314, $rC major.

说明：为莫扎特的作品创作的华彩乐章。

中国国家图书馆做法：

作品层的伴随关系通常比较重要，建议采用适合的方法予以记录。

4. 连续关系

当连续出版物题名变化，连续出版物与另一连续出版物合并，或者以其他方式的变化影响了识别，则视为产生了新作品，需要创建了一个新著录。前后连续出版物之间存在连续关系。连续出版物之间的连续关系在书目记录中用一对“连接款目”字段 780 和 785 表示。

例：

245 00$aAmerican review of politics.

780 00$tMidsouth political science journal$x1051-5054$w(DLC)91650385$w(OCoLC)21984900

245 00$aMidsouth political science journal.

785 00$tAmerican review of politics$w(DLC)96644799$w(OCoLC)29443163

说明：该例通过 780 和 785 字段的先前后续款目的结构化描述表达连续出版物作品之间的连续关系，这种关系往往是互逆的，即在双方的书目记录中互相提供相关作品。

中国国家图书馆做法：

连续出版物之间的连续关系是核心元素，应予以记录。参见 NLC PS(FLR)1.6。

26
相关内容表达

26.1 相关内容表达

内容表达层的相关关系包含衍生关系、参照关系、整体/部分关系、伴随关系和连续关系。相关关系的表达主要有3种方法:相关内容表达的标识符、代表相关内容表达的规范检索点、相关内容表达的描述(结构化描述和非结构化描述)。关系说明语详见 NLC PS(FLR)附录4第二部分。参见 NLC PS(FLR)24.4。

内容表达层的这些关系类型与作品层相同,表达方法也类似,详见 NLC PS(FLR)25.1。本章仅重点介绍内容表达层最常见的几种关系类型。

1.衍生关系

内容表达层的衍生关系是一种内容表达与另一种基于它、以某种方式被修改的内容表达之间的关系。最常见的包括翻译(translation)、修订(revision)、音乐改编(musical arrangement)和同时出版的版本(simultaneous edition)等。

例1:

100 1#$aDurandin, Catherine.

240 10$aRoumanie post 1989. $lEnglish

245 10$aRomania since 1989 /$cCatherine Durandin, Zoe Petre.

700 1#$iTranslation of: $aDurandin, Catherine. $tRoumanie post 1989.

说明:用规范检索点的方法表达内容表达与其原著内容表达之间的关系。

例2:

100 1#$aPark, Patricia D.

245 10$aInternational law for energy and the environment /$cPatricia Park.

250 ##$aSecond edition.

775 08$iExpanded version of (expression): $aPark, Patricia D. $tEnergy law and the environment$dLondon : Taylor & Francis, 2002$z9780415271882

说明:通过775连接款目字段"其他版本款目"描述内容表达之间的不同版本关系,第1指示符为"0",表示显示附注,第2指示符为"8",表示不生成导语,视情况可在子字段 $i 中提供关系说明语。在该连接字段的 $z 子字段中使用资源的标识符(即 ISBN 号)表达相关内容表达之间的关系。

例3:

245 00$aMen of America /$carranged by Granville Bantock.

500 ##$aArrangement of a traditional Welsh air.

700 1#$aBantock, Granville, $cSir, $d1868-1946, $earranger of music.

说明:用非结构化描述的方法表达内容表达与其改编内容表达之间的关系。

中国国家图书馆做法：

内容表达层的衍生关系通常比较重要，建议采用适合的方法予以记录。

2. 整体与部分关系

内容表达层的整体/部分关系是一种内容表达与其组成部分之间的关系，如同一作品的不同语种译著汇编和不同作品的译著汇编等。

汇编内容表达与其分部内容表达之间的整体/部分关系，可通过书目记录的 505 字段予以表达。如果内容已在描述的另一部分指明，如由于没有总题名，而将其记录在 245$a 以及 700 分析款目，则无须启用 505 字段。对 505 内容附注中的内容表达数量一般没有限制，特别烦琐的情况也可以省略。

中国国家图书馆做法：

内容表达层的整体与部分关系通常比较重要，建议采用适合的方法予以记录。

(1) 同一作品的不同语种译著汇编

如果资源包含同一作品的多种内容表达，且每种内容表达的语言不同，则将整部作品的题名记录在 245 字段，分别为原著和至少一种语言的译著构建代表内容表达的规范检索点，原著的规范检索点可以省略代表语言的 $l。汇编中各种内容表达的规范检索点记录在 7XX 字段，第 2 指示符为"2"，要求采用关系说明语"Container of (expression):"，记录在 $i。

例：

100 1#$aMarx, Karl, $d1818-1883.

245 10$aManifest der Kommunistischen Partei =$bThe Communist manifesto = Manifeste du Parti Communiste /$cPer Petterson.

246 31$aCommunist manifesto

246 31$aManifeste du Parti Communiste

700 12$iContainer of (expression): $aMarx, Karl, $d1818-1883. $tManifest der Kommunistischen Partei.

700 12$iContainer of (expression): $aMarx, Karl, $d1818-1883. $tManifest der Kommunistischen Partei. $lEnglish.

700 12$iContainer of (expression): $aMarx, Karl, $d1818-1883. $tManifest der Kommunistischen Partei. $lFrench.

说明：汇编包含原著和两种语言的译著，为原著构建规范检索点，为译著构建带有语种($l)的规范检索点。

(2) 不同作品的译著汇编

如果资源包含不同作品的翻译汇编，则将整部作品的题名记录在 245 字段，汇编中各部翻译作品的题名记录在 505 字段，规范检索点记录在 7XX 字段，第 2 指示符为"2"，要求采用关系说明语"Container of (expression):"，记录在 $i。

例：

100 1#$aCarrier, Roch.

245 10$aRoch Carrier's novels /$cRoch Carrier.

505 0#$aLa guerre, yes sir! --Floralie, where are you? --Is it the sun, Philibert?

700 12$iContainer of (expression): $aCarrier, Roch. $tGuerre, yes sir!. $lEnglish.

700 12$iContainer of (expression): $aCarrier, Roch. $tFloralie, où es-tu?. $lEnglish.

700 12$iContainer of (expression): $aCarrier, Roch. $tIl est par là, le soleil. $lEnglish.

740 02$aLa guerre, yes sir!

740 02$aFloralie, where are you?

740 02$aIs it the sun, Philibert?

说明:汇编包含3部法语作品的英语译本,为每种译著构建代表内容表达的规范检索点,译著的英语译名则通过740字段"非控/相关分析题名"予以记录。

3.连续关系

内容表达层的连续关系是一种内容表达与其先前或后续等内容表达之间的关系,如一部作品不同时间出版的相同语言的译著。

例:

100 1#$aBrinckmann, Paul.

240 10$aOrthopädische Biomechanik. $lEnglish

245 10$aOrthopedic biomechanics /$cPaul Brinckmann, Wolfgang Frobin, Gunnar Leivseth, Burkhard Drerup.

500 ##$aPreceded by: Musculoskeletal biomechanics / Paul Brinckmann, Wolfgang Frobin, Gunnar Leivseth. c2002.

700 1#$iPreceded by (expression): $aBrinckmann, Paul. $tOrthopädische Biomechanik. $lEnglish. $f2002.

说明:相关内容表达的连续关系,可通过结构化描述(500字段)和/或构建规范检索点予以表达,同时可在700字段的子字段$i提供关系说明语。

中国国家图书馆做法:

内容表达层的连续关系通常比较重要,建议采用适合的方法予以记录。

27
相关载体表现

27.1 相关载体表现

载体表现层的相关关系包含等同关系、参照关系、整体/部分关系和伴随关系。相关关系的表达主要有两种方法:相关载体表现的标识符、相关载体表现的描述(结构化描述和非结构化描述)。关系说明语详见 NLC PS(FLR)附录 4 第三部分。参见 NLC PS(FLR)24.4。

中国国家图书馆做法:

载体表现层的等同关系为核心元素,其他关系类型编目员可不必记录。

载体表现层的等同关系是资源和资源的复本之间的关系。等同关系一般通过 775、776 连接款目字段或 5XX 附注字段予以表达。776 字段记录的复制品关系为不同载体的其他版本,如果为相同载体的其他版本,则用 775 字段记录。

例 1:

100 1#$aPratchett, Terry, $eauthor.

245 10$aSnuff :$ba novel of Discworld /$cTerry Pratchett.

264 #1$aBaltimore :$bJohns Hopkins University, $c[2011]

775 08$iAlso issued as: $aPratchett, Terry. $tSnuff. $dLondon : Doubleday, 2011- $z9780385619264

或

500 ##$a"Published simultaneously in Great Britain by Doubleday" --title page verso.

说明:一本小说同时在美国和英国出版,文本相同,互为等同关系。可用 775 字段结构化描述或 500 字段非结构化描述表达该关系。

例 2:

100 1#$aChamberlain, Joshua Lawrence, $d1828-1914.

245 14$aThe passing of the armies.

300 ##$axxi, 392 pages :$billustrations, maps ;$c21 cm

776 08$iReproduction of (manifestation): $aChamberlain, Joshua Lawrence, 1828-1914. $tThe passing of the armies$dNew York : G. P. Putnam, 1915$h1 microfilm reel ; 35 mm. $nCall number of the original: Microfilm 71726 (E) $w(DLC)89953285

说明:不同载体的其他载体表现用 776 字段描述等同关系。

28
相关单件

28.1 相关单件

单件层的相关关系包含等同关系、参照关系、整体/部分关系和伴随关系。相关关系的表达主要有两种方法:相关单件的标识符、相关单件的描述(结构化描述和非结构化描述)。关系说明语详见 NLC PS(FLR)附录 4 第四部分。参见 NLC PS(FLR)24.4。

中国国家图书馆做法:

单件层的伴随关系为核心元素,其他关系类型编目员可不必记录。

单件层的伴随关系是指载体表现在出版之后两个或更多的单件装订在一起。该关系通常用本地使用的附注字段以非结构化的描述表达,如 590 字段,还可以使用其他 5XX 附注字段并添加 $5 和机构代码的方式表达,或者使用 501 字段表达。

例:

245 00$aPapua New Guinea tourism sector review and master plan (2007-2017).

501 ##$aBound with: Samoa national infrastructure strategic plan / Pacific Regional Infrastructure Facility [for the] Government of Samoa, 2011.

说明:合订作品通过 501 字段(合订附注)的结构化描述揭示相关单件的伴随关系。

附录1　主要外文资源书目记录工作流程

为方便编目员编制 RDA 记录,快速掌握各种资源类型的编目步骤和技巧,本政策声明特别设计了主要外文资源书目记录的工作流程。需要说明的是,首先,流程中的各环节为推荐性的,要依据资源的实际情况予以采用;其次,各环节为资源编目时的主要环节,并非所有环节,如果资源还存在特殊性,而环节中并未包含适用步骤,需编目员自行添加;再次,工作流程着重于指引功能,因此并未在各环节做特别详尽的说明,而是指引编目员找到政策声明中适用的条款。

目　录

一、图书 ……………………………………………… (205)
二、连续出版物 ……………………………………… (210)
三、集成性资源 ……………………………………… (215)
四、电子资源 ………………………………………… (220)
五、地图资源 ………………………………………… (226)
六、乐谱资源 ………………………………………… (232)
七、音频资源 ………………………………………… (236)
八、静态图像资源 …………………………………… (242)
九、动态图像资源 …………………………………… (247)
十、三维资源 ………………………………………… (253)
十一、缩微资源 ……………………………………… (258)

一、图书

Step 1:确定编目策略

1. 判断资源类型及确定记录结构

RDA 定义的发行方式 NLC PS(FLR)1.1.3	LDR/07 代码
独立单元发行的资源	m
多部分专著	m
连续出版物	s
集成性资源	i

MARC21 定义的 7 种记录模式	LDR/06 代码
图书(BK)	a、t(手稿)
电子资源(ER)	m
连续性资源(CR)	a

续表

MARC21 定义的 7 种记录模式	LDR/06 代码
地图资源(MP)	e f
音乐资源(MU)	c d i j
可视资源(VM)	g k o r
混合型资源(MX)	p

LDR/06(记录类型)=a/t

LDR/07(书目级别)=m

008=BK

[见 NLC PS(FLR)专题说明1:资源类型的判断与书目记录结构的确定]

2. 确定著录类型

RDA 定义的著录类型 NLC PS(FLR)1.5

综合著录

分析著录

分级著录

(1)多部分专著:根据具体情况,采用综合著录(续入原有记录)或分析著录(新建记录)。

(2)汇编文献:综合著录。

[见 NLC PS(FLR)专题说明3:多部分专著和有多个信息源的汇编文献的处理]

3. 确定编目方法

套录编目	原始编目
LDR/05(记录状态)=c(修改过的记录) 040$d=CcBjTSG	LDR/05(记录状态)=n(新记录) 008/39=#(国家级书目机构) 040$a=CcBjTSG 040$c=CcBjTSG

例1:

LDR　^^^^^cam^^2200325^a^4500

008　930617s1993^^^^enk^^^^^^b^^^^001^0^eng^^

040 ##$aDLC$cDLC$dCcBjTSG

说明:本例为美国国会图书馆套录记录,LDR/05=c,008/39=#(LC为国家级书目机构),040$d=CcBjTSG(记录修改机构是中国国家图书馆,其代码为CcBjTSG)。

例2:

LDR　^^^^^nam^^2200325^a^4500

008　150917s2013^^^^enk^^^^^^b^^^^001^0^eng^^

040 ##$aCcBjTSG$cCcBjTSG

说明:本例为中国国家图书馆原始编目记录,LDR/05=n,008/39=#(国家图书馆为国家级书目机构),040$a和$c=CcBjTSG(创建记录的机构是中国国家图书馆)。

[见 NLC PS(FLR)中有关套录编目及原始编目的特定说明]

4. 确定 RDA 记录编码

LDR/18(编目标准) = i;

040$e = rda, $e 位置介于 $c 和 $d 之间

[见 NLC PS(FLR)0.12]

5. 确定编目语言

040$b = eng(西文资源用英语,其他语种选择相关语言代码)

040$b = rus(俄文资源)

040$b = jpn(日文资源)

[见 NLC PS(FLR)0.12]

6. 选择信息源

图书的首选信息源为题名页。如果在编资源为多部分专著,且卷期或部分顺序编号,则选择已有编号最小的卷期或部分的信息源。如果卷期或部分未编号或非顺序编号,则选择具有最早发行日期的卷期或部分的信息源。RDA 将信息源扩大到整个资源,仅取自资源之外的信息(RDA 2.2.4)才需置于方括号内。

[见 NLC PS(FLR)2.1、2.2]

Step 2:识别资源

7. 记录内容的语言

008/35-37(语种)记录资源内容中最主要的语种代码。如果资源内容还包括其他语种,可将其代码记录在 041 字段,并用附注的形式在 546 字段予以说明。如果资源内容中包括译文,则在 041 字段指明原文语种。

[见 NLC PS(FLR)7.12]

8. 记录载体表现标识符

ISBN 是核心元素需记录。多部分专著采用综合著录时可仅记录整套资源的 ISBN,采用分析著录时,需记录整套资源的 ISBN 以及所编目卷期的 ISBN。如果 ISBN 有限定信息需记录在 020$q。

[见 NLC PS(FLR)2.15]

9. 记录题名

依资源上呈现的情况记录:正题名(245$a)、并列正题名(245$b)、其他题名信息(245$b)、并列其他题名信息(245$b)、变异题名(246、242、740)、较晚正题名(246)。

[见 NLC PS(FLR)2.3]

10. 记录责任说明

依资源上呈现的情况如实转录责任说明(245$c);创作者的责任说明不能省略,其他责任说明可省略第一个之外的其他名称,并用编目语言总括说明所做的省略;可省略头衔、责任者所隶属的单位等信息。

[见 NLC PS(FLR)2.4]

11. 记录版本说明

版本标识和特定修订版标识是核心元素。如实转录版本标识(250$a)。并列版本标识

和与版本相关的责任说明可视重要程度选择记录。

[见 NLC PS(FLR)2.5]

12. 记录出版、发行、生产、版权说明

出版、发行、生产说明记录在 264 字段,第 2 指示符的值区分功能:1—出版;2—发行;3—生产;4—版权。如实转录出版、发行、生产、版权信息。各类地点与 008/15-17 字符位(出版地等)、各类日期与 008/06(日期类型/出版状态)、008/07-10(日期 1)、008/11-14(日期 2)存在对应关系。

[见 NLC PS(FLR)2.8 - 2.11]

13. 记录数量

资源完整时数量为核心元素,记录在 300$a,由单元数和载体类型术语组成,图书采用文本数量的术语,例如"pages"(页)、"leaves"(叶)或"columns"(栏)。日文、俄文等非拉丁文字图书编目时,采用与 RDA 术语对应的本国文字术语;如果资源由多册组成,记录数量时,给出册数和术语"volumes",如果资源不完整,仅记录到馆的卷册号,置于尖角括号内。

[见 NLC PS(FLR)3.4.5]

14. 记录插图性内容、色彩内容

如果图书包含插图性内容,则根据插图为单张还是多张记录为"illustration"或"illustrations",也可用专用术语记录插图性内容,代替或补充术语"illustration"或"illustrations";插图性内容一般记录在 300$b,与 008/18-21 字符位存在对应关系;用适合的术语记录色彩内容,例如,"color""some color""chiefly color"。

[见 NLC PS(FLR)7.15、7.17]

15. 记录尺寸

通常以厘米记录尺寸,向上取整,使用公制符号"cm";记录图书的高度,如果高度小于 10 厘米,以毫米记录;如果图书的宽度小于高度的一半,或大于高度,则记录高度 × 宽度;如果多部分专著的组成部分尺寸不同,则记录最小或较小和最大或较大的尺寸。

[见 NLC PS(FLR)3.5]

16. 记录内容类型、媒介类型、载体类型

用 RDA 术语记录内容类型(336)、媒介类型(337)和载体类型(338);如果图书带有附件,附件的内容类型、媒介类型和载体类型需重复 336、337 和 338 字段予以记录。图书的内容类型、媒介类型和载体类型记录如下:

336 ##$atext$2rdacontent

337 ##$aunmediated$2rdamedia

338 ##$avolume$2rdacarrier

[见 NLC PS(FLR)6.9、3.2、3.3]

17. 记录丛编说明

如实转录丛编说明(490);如果多部分专著各部分属于不同的丛编,为每个丛编说明建立一个 490 字段,并将与丛编对应的卷期/部分记录在 $3 中;如需检索,应采用 800 - 830 字段提供规范的丛编说明检索点。

[见 NLC PS(FLR)2.12]

18. 记录补编内容

补编内容为书目时,记录在 504 字段,如果仅为索引,则记录在 500 字段。

[见 NLC PS(FLR)7.16]

19. 记录内容提要

原始编目一般不要求编目员自行编制内容提要。如果外部数据源中存在内容提要信息,可复制到记录的 520 字段,置于引号内,并指明信息来源。如果有电子版的摘要,也可提供连接(520$u 或 856$u)。

[见 NLC PS(FLR)7.10]

20. 记录载体表现的附注

如果有关题名、责任说明、版本说明、出版说明、丛编说明的信息涉及来源、差错、变化、细节时,可记录相关附注。

[见 NLC PS(FLR)2.17]

Step 3:描述关系

21. 记录作品与责任者之间的关系

作品的第一个创作者是核心元素,如果存在多个创作者,则负有主要责任或在资源首选信息源中名列首位的创作者是核心元素。作为核心元素的创作者记录在 1XX 字段,其余创作者,与作品相联系的其他责任者,以及与内容表达、载体表现和单件相联系的责任者均由编目员自行判断记录在多个 7XX 字段。资源与责任者之间的关系说明语详见 NLC PS(FLR)附录 3,记录在书目记录 1XX 或 7XX 字段的 $e,关系说明语首字母小写。如果存在多种关系类型,可重复 $e。

[见 NLC PS(FLR)18 – 19]

22. 记录内容表达与责任者之间的关系

贡献者不是 RDA 的核心元素,但经常对识别资源重要,需适度记录。贡献者记录在书目记录的 7XX 字段,关系说明语详见 NLC PS(FLR)附录 3。

[见 NLC PS(FLR)20]

23. 记录单件与责任者之间的关系

拥有者等不是核心元素,但如果是重要的捐赠者、亲笔签名者等,需适度记录。拥有者记录在书目记录的 7XX 字段,关系说明语详见 NLC PS(FLR)附录 3。

[见 NLC PS(FLR)22]

24. 记录相关作品

作品层的相关关系包含衍生关系、参照关系、整体/部分关系、伴随关系和连续关系。其中整体/部分关系、连续关系为核心元素,需记录;衍生关系比较重要,需适度记录。相关关系的表达主要有 3 种方法:相关作品的标识符、代表相关作品的规范检索点、相关作品的描述(结构化描述和非结构化描述)。关系说明语详见 NLC PS(FLR)附录 4。

[见 NLC PS(FLR)25]

25. 记录相关内容表达

内容表达层的相关关系包含衍生关系、参照关系、整体/部分关系、伴随关系和连续关系。其中衍生关系、整体/部分关系、连续关系比较重要,需适度记录。相关关系的表达主要有3种方法:相关内容表达的标识符、代表相关内容表达的规范检索点、相关内容表达的描述(结构化描述和非结构化描述)。关系说明语详见 NLC PS(FLR)附录4。

[见 NLC PS(FLR)26]

26. 记录相关载体表现

载体表现层的相关关系包含等同关系、参照关系、整体/部分关系和伴随关系。其中等同关系是核心元素。相关关系的表达主要有两种方法:相关载体表现的标识符、相关载体表现的描述(结构化描述和非结构化描述)。关系说明语详见 NLC PS(FLR)附录4。

[见 NLC PS(FLR)27]

27. 记录相关单件

单件层的相关关系包含等同关系、参照关系、整体/部分关系和伴随关系。相关关系的表达主要有两种方法:相关单件的标识符、相关单件的描述(结构化描述和非结构化描述)。关系说明语详见 NLC PS(FLR)附录4。

[见 NLC PS(FLR)28]

二、连续出版物

Step 1:确定编目策略

1. 判断资源类型及确定记录结构

RDA 定义的发行方式 NLC PS(FLR)1.1.3	LDR/07 代码
独立单元发行的资源	m
多部分专著	m
连续出版物	s
集成性资源	i

MARC21 定义的7种记录模式	LDR/06 代码
图书(BK)	a、t(手稿)
电子资源(ER)	m
连续性资源(CR)	a
地图资源(MP)	e　f
音乐资源(MU)	c　d　i　j
可视资源(VM)	g　k　o　r
混合型资源(MX)	p

LDR/06(记录类型)=a

LDR/07(书目级别)=s

008=CR

[见 NLC PS(FLR)专题说明1:资源类型的判断与书目记录结构的确定]

2. 确定著录类型

RDA 定义的著录类型 NLC PS(FLR)1.5

综合著录

分析著录

分级著录

连续出版物通常采用综合著录,如果某些卷期特殊(如特刊),也可能采用分析著录。

3. 确定编目方法

套录编目	原始编目
LDR/05(记录状态)=c(修改过的记录) 040$d = CcBjTSG	LDR/05(记录状态)=n(新记录) 008/39 = #(国家级书目机构) 040$a = CcBjTSG 040$c = CcBjTSG

[见 NLC PS(FLR)中有关套录编目及原始编目的特定说明]

4. 确定 RDA 记录编码

LDR/18(编目标准)=i;

040$e = rda, $e 位置介于 $c 和 $d 之间

[见 NLC PS(FLR)0.12]

5. 确定编目语言

040$b = eng(西文资源用英语,其他语种选择相关语言代码)

040$b = rus(俄文资源)

040$b = jpn(日文资源)

[见 NLC PS(FLR)0.12]

6. 选择信息源

如果连续出版物的卷期或部分顺序编号,则选择已有编号最小的卷期或部分的信息源;如果卷期或部分未编号或非顺序编号,则选择具有较早发行日期的卷期或部分的信息源;无论作为著录基础的卷期或部分是否为该资源的第一卷期或部分,均需编制附注予以说明。

[见 NLC PS(FLR)2.1、2.2]

Step 2:识别资源

7. 记录内容的语言

008/35-37(语种)记录资源内容中最主要的语种代码。如果资源内容还包括其他语种,可将其代码记录在 041 字段,并用附注的形式在 546 字段予以说明。如果资源内容中包括译文,则在 041 字段指明原文语种。

[见 NLC PS(FLR)7.12]

8. 记录载体表现标识符

连续出版物最常见的标识符是 ISSN。在 022$a 中记录包括连字符在内的 ISSN。

[见 NLC PS(FLR)2.15]

9. 记录题名

依资源上呈现的情况记录：正题名（245 $a）、并列正题名（245 $b）、其他题名信息（245$b）、并列其他题名信息（245$b）、变异题名（246、242、740）、较晚正题名（246）、识别题名（222）和缩略题名（210）。

对于连续出版物，如果正题名以全称及首字母缩写形式同时出现，则选择全称形式作为正题名，将首字母缩写形式作为其他题名信息予以记录，并为该首字母缩写形式提供变异题名检索点。如果连续出版物的后续卷期或部分所载的正题名发生变化，且属于RDA 2.3.2.13.2定义的次要变化，则可将其作为较晚正题名记录在246 字段。如果连续出版物正题名中有差错，则需要更正后记录在245 字段，并为错误的题名提供变异题名检索点。

[见 NLC PS(FLR)2.3]

10. 记录责任说明

依资源上呈现的情况如实转录责任说明（245$c）；创作者的责任说明不能省略，其他责任说明可省略第一个之外的其他名称，并用编目语言总括说明所做的省略；可省略头衔、责任者所隶属的单位等信息。

对于连续出版物，通常将资源发行团体作为责任说明予以记录。仅在编者的名称是识别连续出版物的重要手段时，才记录识别连续出版物编者的责任说明。

[见 NLC PS(FLR)2.4]

11. 记录版本说明

版本标识和特定修订版标识是核心元素。如实转录版本标识（250$a）。并列版本标识和与版本相关的责任说明可视重要程度选择记录。需注意连续出版物上出现的“版”或“期”等词语只是指示编号的说明。指示定期修订的说明需作为频率记录。

[见 NLC PS(FLR)2.5]

12. 记录出版、发行、生产、版权说明

出版、发行、生产说明记录在 264 字段，第 2 指示符的值区分功能：1—出版；2—发行；3—生产；4—版权。如实转录出版、发行、生产、版权信息。各类地点与 008/15-17 字符位（出版地等）、各类日期与 008/06（日期类型/出版状态）、008/07-10（日期 1）、008/11-14（日期 2）存在对应关系。

对于连续出版物的出版日期，应记录首期的出版日期，其后随以连字符，如果资源已停止或已完成出版，则还应记录末期的出版日期。如果仅可获得末期的出版日期，则仅记录该日期，并前置以连字符。如果首期和末期的出版日期都未知，则记录一个大约的日期。如果不能估算出版日期，则不必记录。

[见 NLC PS(FLR)2.8 - 2.11]

13. 记录数量

对于连续出版物，记录其数量时，给出连续出版物编号所反映的书目卷数，而非物理册数。如果资源尚不完整，即仍在出版，则记作“volumes”，无须给出数值。

[见 NLC PS(FLR)3.4.5.16]

14. 记录尺寸

记录在 300$c,通常以厘米记录尺寸,向上取整,使用公制符号“cm”;当宽度小于高度的一半,或宽度大于高度,图书尺寸记录为高度 × 宽度,如果高度小于 10 厘米,以毫米记录。如果连续出版物的尺寸发生变化,则记录最小和最大册的尺寸。

[见 NLC PS(FLR)3.5]

15. 记录频率

用 RDA 2.14.1.3 的术语记录连续出版物的频率。当前频率记录在 310 字段,不可重复,与 008/18 字符位存在对应关系。先前频率记录于 321 字段,可重复。

[见 NLC PS(FLR)2.14]

16. 记录内容类型、媒介类型、载体类型

用 RDA 术语记录内容类型(336)、媒介类型(337)和载体类型(338)。例如,印刷型期刊的内容类型、媒介类型和载体类型为:

336 ##$atext$2rdacontent

337 ##$aunmediated$2rdamedia

338 ##$avolume$2rdacarrier

[见 NLC PS(FLR)6.9、3.2、3.3]

17. 记录连续出版物编号

当能获取连续出版物的首期或第一部分、末期或最后部分时,才记录连续出版物编号。如果信息不能获取,则省略该元素,编制附注说明连续出版物首期或第一部分、末期或最后部分的编号。连续出版物编号记录于 362 和 363 字段,362 第 1 指示符的值取“0”为格式化,取“1”为非格式化。363 字段为格式化记录。

[见 NLC PS(FLR)2.6]

18. 记录丛编说明

如实转录丛编说明(490);如果连续出版物各部分属于不同的丛编,为每个丛编说明建立一个 490 字段,并将与丛编对应的卷期/部分记录在 $3 中;如需检索,应采用 800 – 830 字段提供规范的丛编说明检索点。

[见 NLC PS(FLR)2.12]

19. 记录补编内容

补编内容为书目时,记录在 504 字段,如果仅为索引,则记录在 500 字段。

[见 NLC PS(FLR)7.16]

20. 记录载体表现的附注

连续出版物比较常见的附注有:连续出版物编号的附注(515/500)、题名附注、责任说明附注、版本说明附注、出版说明附注、频率附注和著录来源附注(588)等。

[见 NLC PS(FLR)2.17]

21. 记录内容提要

原始编目一般不要求编目员自行编制内容提要。如果外部数据源中存在内容提要信息,可复制到记录的 520 字段,置于引号内,并指明信息来源。如果有电子版的摘要,也可提供连接(520$u 或 856$u)。

[见 NLC PS(FLR)7.10]

Step 3：描述关系

22. 记录作品与责任者之间的关系

作品的第一个创作者是核心元素，如果存在多个创作者，则负有主要责任或在资源首选信息源中名列首位的创作者是核心元素。作为核心元素的创作者记录在 1XX 字段，其余创作者，与作品相联系的其他责任者，以及与内容表达、载体表现和单件相联系的责任者均由编目员自行判断记录在多个 7XX 字段。资源与责任者之间的关系说明语详见 NLC PS(FLR)附录 3，记录在书目记录 1XX 或 7XX 字段的 $e，关系说明语首字母小写。如果存在多种关系类型，可重复 $e。

[见 NLC PS(FLR)18 – 19]

23. 记录内容表达与责任者之间的关系

贡献者不是 RDA 的核心元素，但经常对识别资源重要，需适度记录。贡献者记录在书目记录的 7XX 字段，关系说明语详见 NLC PS(FLR)附录 3。

[见 NLC PS(FLR)20]

24. 记录单件与责任者之间的关系

拥有者等不是核心元素，但如果是重要的捐赠者、亲笔签名者等，需适度记录。拥有者记录在书目记录的 7XX 字段，关系说明语详见 NLC PS(FLR)附录 3。

[见 NLC PS(FLR)22]

25. 记录相关作品

作品层的相关关系包含衍生关系、参照关系、整体/部分关系、伴随关系和连续关系。其中整体/部分关系、连续关系为核心元素，需记录；衍生关系比较重要，需适度记录。相关关系的表达主要有 3 种方法：相关作品的标识符、代表相关作品的规范检索点、相关作品的描述(结构化描述和非结构化描述)。关系说明语详见 NLC PS(FLR)附录 4。

连续出版物常需要记录先前和后续作品之间的连续关系，用 780 和 785 字段相互连接。

[见 NLC PS(FLR)25]

26. 记录相关内容表达

内容表达层的相关关系包含衍生关系、参照关系、整体/部分关系、伴随关系和连续关系。其中衍生关系、整体/部分关系、连续关系比较重要，需适度记录。相关关系的表达主要有 3 种方法：相关内容表达的标识符、代表相关内容表达的规范检索点、相关内容表达的描述(结构化描述和非结构化描述)。关系说明语详见 NLC PS(FLR)附录 4。

[见 NLC PS(FLR)26]

27. 记录相关载体表现

载体表现层的相关关系包含等同关系、参照关系、整体/部分关系和伴随关系。其中等同关系是核心元素。相关关系的表达主要有两种方法：相关载体表现的标识符、相关载体表现的描述(结构化描述和非结构化描述)。关系说明语详见 NLC PS(FLR)附录 4。

连续出版物常需要记录不同载体之间的等同关系，用 776 字段相互连接。

[见 NLC PS(FLR)27]

28. 记录相关单件

单件层的相关关系包含等同关系、参照关系、整体/部分关系和伴随关系。相关关系的表达主要有两种方法：相关单件的标识符、相关单件的描述(结构化描述和非结构化描述)。

关系说明语详见 NLC PS(FLR)附录4。

[见 NLC PS(FLR)28]

三、集成性资源

Step 1:确定编目策略

1. 判断资源类型及确定记录结构

RDA 定义的发行方式 NLC PS(FLR)1.1.3	LDR/07 代码
独立单元发行的资源	m
多部分专著	m
连续出版物	s
集成性资源	i

MARC21 定义的 7 种记录模式	LDR/06 代码
图书(BK)	a、t(手稿)
电子资源(ER)	m
连续性资源(CR)	a
地图资源(MP)	e f
音乐资源(MU)	c d i j
可视资源(VM)	g k o r
混合型资源(MX)	p

[见 NLC PS(FLR)专题说明 1:资源类型的判断与书目记录结构的确定]

例 1:

LDR/06(记录类型)=a

LDR/07(书目级别)=i

008=CR

说明:在编资源为不断更新的活页出版物。

例 2:

LDR/06(记录类型)=a

LDR/07(书目级别)=i

006=ER

008=CR

说明:在编资源为定期更新的网站。

2. 确定著录类型

RDA 定义的著录类型 NLC PS(FLR)1.5

综合著录

分析著录

分级著录

集成性资源通常采用综合著录的方式。

[见 NLC PS(FLR)1.5]

3. 确定编目方法

套录编目	原始编目
LDR/05(记录状态)=c(修改过的记录) 040$d = CcBjTSG	LDR/05(记录状态)=n(新记录) 008/39 = #(国家级书目机构) 040$a = CcBjTSG 040$c = CcBjTSG

[见 NLC PS(FLR)中有关套录编目及原始编目的特定说明]

4. 确定 RDA 记录编码

LDR/18(编目标准)=i;

040$e = rda, $e 位置介于 $c 和 $d 之间

[见 NLC PS(FLR)0.12]

5. 确定编目语言

040$b = eng(西文资源用英语,其他语种选择相关语言代码)

040$b = rus(俄文资源)

040$b = jpn(日文资源)

[见 NLC PS(FLR)0.12]

6. 选择信息源

当集成性资源采用综合著录时,识别依据是当前更新后的整体的信息源。如果集成性资源为在线资源,需编制附注说明浏览日期。

[见 NLC PS(FLR)2.1、2.2]

Step 2:识别资源

7. 记录内容的语言

008/35-37(语种)记录资源内容中最主要的语种代码。如果资源内容还包括其他语种,可将其代码记录在041字段,并用附注的形式在546字段予以说明。如果资源内容中包括译文,则在041字段指明原文语种。

[见 NLC PS(FLR)7.12]

8. 记录载体表现标识符

ISBN 是核心元素需记录。对于不断更新的活页出版物,需添加限定词“loose-leaf”。

[见 NLC PS(FLR)2.15]

9. 记录题名

依资源上呈现的情况记录:正题名(245$a)、并列正题名(245$b)、其他题名信息(245$b)、并列其他题名信息(245$b)、变异题名(246、242、740)、较早正题名(247)。

对于集成性资源来说,当题名有差错时,更正错误,并为错误的题名提供变异题名检索点。当正题名发生变化,需将新正题名记录在245$a,原正题名作为较早正题名记录在247字段。

例:

245 00$aNew York Newspapers database.

247 11$aNewspapers database of New York.

500 ##$aFormer title(as viewed Sep, 10, 2000): Newspapers database of New York.

说明:247 字段记录较早正题名, 500 字段提供附注,说明较早正题名的浏览日期。

[见 NLC PS(FLR)2.3]

10. 记录责任说明

依资源上呈现的情况如实转录责任说明(245$c);创作者的责任说明不能省略,其他责任说明可省略第一个之外的其他名称,并用编目语言总括说明所做的省略;可省略头衔、责任者所隶属的单位等信息。

[见 NLC PS(FLR)2.4]

11. 记录版本说明

版本标识和特定修订版标识是核心元素。如实转录版本标识(250$a)。并列版本标识和与版本相关的责任说明可视重要程度选择记录。

对于集成性资源,定期修订的说明不作为版本标识记录,而作为频率记录,例如,"Frequently updated""Revised edtion issued every 3 months"。

[见 NLC PS(FLR)2.5]

12. 记录出版、发行、生产、版权说明

出版、发行、生产说明记录在 264 字段,第 2 指示符的值区分功能:1—出版;2—发行;3—生产;4—版权。如实转录出版、发行、生产、版权信息。各类地点与 008/15-17 字符位(出版地等)、各类日期与 008/06(日期类型/出版状态)、008/07-10(日期 1)、008/11-14(日期 2)存在对应关系。

对于集成性资源,如果后续的某一更新后的整体的出版地/出版者名称发生变化,则修改该出版地以反映当前更新后的整体,并在必要时,为更新前的出版地/出版者名称编制附注。集成性资源如果第一个更新后的整体可获得,且资源仍在出版,则记录首期的日期,其后随以短横"-";如果出版已经完成或终止,且拥有第一个更新后的整体,则提供出版的起讫日期;如果不能估算出版日期,则不必记录。

例:

264 #1$aOptical Society of America, $c2007-

500 ##$aPublished by Excite, Inc., 1987-2006.

说明:集成性资源的出版者从 2007 年起变更为"Optical Society of America"。

[见 NLC PS(FLR)2.8 - 2.11]

13. 记录数量

对于不断更新的活页出版物,在记录文本数量时,首先记录册数,其后随以"loose-leaf",并置于圆括号内;对于定期更新的网站,以"online resource"作为载体类型术语记录数量。

[见 NLC PS(FLR)3.4.5]

14. 记录插图性内容、色彩内容:

色彩内容记录在 300$b,选择适合的术语记录。

[见 NLC PS(FLR)7.17]

15. 记录尺寸

在线集成性资源不记录尺寸元素，而对其他类型的集成性资源来说，尺寸为核心元素。如果集成性资源的尺寸发生变化，则修改尺寸以反映当前更新后的整体的情况，必要时可编制一个附注。

[见 NLC PS(FLR)3.5]

16. 记录频率

用 RDA 2.14.1.3 的术语记录集成性资源的频率。当前频率记录在 310 字段，不可重复。先前频率记录于 321 字段，可重复。

[见 NLC PS(FLR)2.14]

17. 记录内容类型、媒介类型、载体类型

用 RDA 术语记录内容类型(336)、媒介类型(337)和载体类型(338)；如果集成性资源带有附件，附件的内容类型、媒介类型和载体类型需重复 336、337 和 338。

例：

336 ##$atext$2rdacontent

336 ##$astill image$2rdacontent

336 ##$atwo-dimensional moving image$2rdacontent

337 ##$acomputer$2rdamedia

338 ##$aonline resource$2rdacarrier

说明：在线数据库同时含有文字、图片以及影像资料，因此启用 3 个 336 字段记录内容类型。

[见 NLC PS(FLR)6.9、3.2、3.3]

18. 记录丛编说明

如实转录丛编说明(490)；如果集成性资源各部分属于不同的丛编，为每个丛编说明建立一个 490 字段，并将与丛编对应的卷期/部分记录在 $3 中；如需检索，应采用 800－830 字段提供规范的丛编说明检索点。

[见 NLC PS(FLR)2.12]

19. 记录补编内容

补编内容为书目时，记录在 504 字段，如果仅为索引，则记录在 500 字段。

[见 NLC PS(FLR)7.16]

20. 记录内容提要

原始编目一般不要求编目员自行编制内容提要。如果外部数据源中存在内容提要信息，可复制到记录的 520 字段，置于引号内，并指明信息来源。如果有电子版的摘要，也可提供连接(520$u 或 856$u)。

[见 NLC PS(FLR)7.10]

21. 记录载体表现的附注

集成性资源常见的附注有题名附注、责任说明附注、版本说明附注、出版说明附注、作为识别资源依据的卷期、部分或更新后的整体的附注、内容提要等。

例：

588 ##$aDescription based on contents viewed on December 30, 2014; title from database home page.

说明:588 字段表示著录基于 2014 年 12 月 30 日浏览的网站内容,题名取自数据库网站的主页。

[见 NLC PS(FLR)2.17]

22. 记录统一资源定位符

URL 记录在 856 字段,通过第 1 指示符的取值确定访问方法,最常选取的值是“4”,即 HTTP 访问模式;访问地址一般记录在 $u。

[见 NLC PS(FLR)4.6]

Step 3:描述关系

23. 记录作品与责任者之间的关系

作品的第一个创作者是核心元素,如果存在多个创作者,则负有主要责任或在资源首选信息源中名列首位的创作者是核心元素。作为核心元素的创作者记录在 1XX 字段,其余创作者,与作品相联系的其他责任者,以及与内容表达、载体表现和单件相联系的责任者均由编目员自行判断记录在多个 7XX 字段。资源与责任者之间的关系说明语详见 NLC PS(FLR)附录 3,记录在书目记录 1XX 或 7XX 字段的 $e,关系说明语首字母小写。如果存在多种关系类型,可重复 $e。

[见 NLC PS(FLR)18 – 19]

24. 记录内容表达与责任者之间的关系

贡献者不是 RDA 的核心元素,但经常对识别资源有作用,需适度记录。贡献者记录在书目记录的 7XX 字段,关系说明语详见 NLC PS(FLR)附录 3。

集成性资源比较常见的需要被记录的贡献者关系包括主编(prominent editor)、赞助机构等。

例:

700 1#$aMandell, Daniel R. , $d1956-$eadvisor.

700 1#$aNichols, Roger L. , $eadvisor.

710 2#$aGale (Firm), $eissuing body.

说明:为数据库的顾问和发行机构提供检索点,并给出关系说明语。

[见 NLC PS(FLR)20]

25. 记录单件与责任者之间的关系

拥有者等不是核心元素,但如果是重要的捐赠者、亲笔签名者等,需适度记录。拥有者记录在书目记录的 7XX 字段,关系说明语详见 NLC PS(FLR)附录 3。

[见 NLC PS(FLR)22]

26. 记录相关作品

作品层的相关关系包含衍生关系、参照关系、整体/部分关系、伴随关系和连续关系。其中整体/部分关系、连续关系为核心元素,需记录,衍生关系比较重要,需适度记录。相关关系的表达主要有 3 种方法:相关作品的标识符、代表相关作品的规范检索点、相关作品的描述(结构化描述和非结构化描述)。关系说明语详见 NLC PS(FLR)附录 4。

[见 NLC PS(FLR)25]

27. 记录相关内容表达

内容表达层的相关关系包含衍生关系、参照关系、整体/部分关系、伴随关系和连续关系。其中衍生关系、整体/部分关系、连续关系比较重要，需适度记录。相关关系的表达主要有3种方法：相关内容表达的标识符、代表相关内容表达的规范检索点、相关内容表达的描述（结构化描述和非结构化描述）。关系说明语详见NLC PS（FLR）附录4。

［见NLC PS（FLR）26］

28. 记录相关载体表现

载体表现层的相关关系包含等同关系、参照关系、整体/部分关系和伴随关系。其中等同关系是核心元素。相关关系的表达主要有两种方法：相关载体表现的标识符、相关载体表现的描述（结构化描述和非结构化描述）。关系说明语详见NLC PS（FLR）附录4。

［见NLC PS（FLR）27］

29. 记录相关单件

单件层的相关关系包含等同关系、参照关系、整体/部分关系和伴随关系。相关关系的表达主要有两种方法：相关单件的标识符、相关单件的描述（结构化描述和非结构化描述）。关系说明语详见NLC PS（FLR）附录4。

［见NLC PS（FLR）28］

四、电子资源

Step 1：确定编目策略

1. 判断资源类型及确定记录结构

RDA定义的发行方式 NLC PS（FLR）1.1.3	LDR/07代码
独立单元发行的资源	m
多部分专著	m
连续出版物	s
集成性资源	i

MARC21定义的7种记录模式	LDR/06代码
图书（BK）	a、t（手稿）
电子资源（ER）	m
连续性资源（CR）	a
地图资源（MP）	e　f
音乐资源（MU）	c　d　i　j
可视资源（VM）	g　k　o　r
混合型资源（MX）	p

电子资源的记录类型和记录结构以电子资源显著的内容特征为判断基础；资源的次要特征或附属特征记录在006字段，作为008字段的补充。

例1：

LDR/06（记录类型）=a

LDR/07(书目级别)=m

008=BK

说明:在编资源为书目数据库。

例 2:

LDR/06(记录类型)=m

LDR/07(书目级别)=m

008=ER

说明:在编资源为可操作的数值型数据库。

例 3:

LDR/06(记录类型)=a

LDR/07(书目级别)=s

008=CR

说明:在编资源为印刷型期刊的电子版。

例 4:

LDR/06(记录类型)=e

LDR/07(书目级别)=m

008=MP

说明:在编资源为光盘版地图。

例 5:

LDR/06(记录类型)=k

LDR/07(书目级别)=i

008=VM

说明:在编资源为图片数据库。

例 6:

LDR/06(记录类型)=c

LDR/07(书目级别)=m

008=MU

说明:在编资源为乐谱数据库。

为配合电子资源的表示,“BK”“MP”“MU”“CR”“VM”“MX”几种模式的 008 字段在表示载体形态的字符位(008/23 或 008/29)定义了电子资源的代码,“o”表示远程访问的电子资源,“q”表示直接访问的电子资源,“s”表示不区分访问方式的电子资源。

[见 NLC PS(FLR)专题说明 1:资源类型的判断与书目记录结构的确定]

2. 确定著录类型

RDA 定义的著录类型 NLC PS(FLR)1.5

综合著录

分析著录

分级著录

(1)多部分专著:根据具体情况,采用综合著录(续入原有记录)或分析著录(新建记录)。

(2)汇编文献:综合著录。

［见 NLC PS 专题说明3：多部分专著和有多个信息源的汇编文献的处理］

3. 确定编目方法

套录编目	原始编目
LDR/05（记录状态）= c（修改过的记录） 040$d = CcBjTSG	LDR/05（记录状态）= n（新记录） 008/39 = #（国家级书目机构） 040$a = CcBjTSG 040$c = CcBjTSG

［见 NLC PS（FLR）中有关套录编目及原始编目的特定说明］

4. 确定 RDA 记录编码

LDR/18（编目标准）= i；

040$e = rda，$e 位置介于 $c 和 $d 之间

［见 NLC PS（FLR）0.12］

5. 确定编目语言

040$b = eng（西文资源用英语，其他语种选择相关语言代码）

040$b = rus（俄文资源）

040$b = jpn（日文资源）

［见 NLC PS（FLR）0.12］

6. 选择信息源

电子资源的首选信息源是资源内部信息源，例如题名屏等；如果上述来源不可获取，则选择永久印制于或固定于资源的载有题名的标签等。

［见 NLC PS（FLR）2.1、2.2］

Step 2：识别资源

7. 记录内容的语言

008/35-37（语种）记录资源内容中最主要的语种代码。如果资源内容还包括其他语种，可将其代码记录在041字段，并用附注的形式在546字段予以说明。如果资源内容中包括译文，则在041字段指明原文语种。

［见 NLC PS（FLR）7.12］

8. 记录载体表现标识符

电子资源，特别是在线电子资源，很少含有标识符，但以 CD-ROM 格式正式出版发行的资源可能会有 ISBN 等载体表现标识符。

［见 NLC PS（FLR）2.15］

9. 记录题名

依资源上呈现的情况记录：正题名（245$a）、并列正题名（245$b）、其他题名信息（245$b）、并列其他题名信息（245$b）、变异题名（246、242、740）、较早正题名（247）、较晚正题名（246）。

对于电子资源，只有当文件名或数据集名称是首选信息源上唯一名称时才能作为正题名记录。正题名无论取自何种信息源，均需编制附注予以说明。

例：

245 10$aOptimization methods in metabolic networks /$cCostas D. Maranas, Department of Chemical Engineering, the Pennsylvania State University, Ali R. Zomorrodi, Bioinformatics Program, Boston University.

588 ##$aTitle from title screen.

说明：正题名信息来源于题名屏。

[见 NLC PS(FLR)2.3]

10. 记录责任说明

依资源上呈现的情况如实转录责任说明(245$c)；创作者的责任说明不能省略，其他责任说明可省略第一个之外的其他名称，并用编目语言总括说明所做的省略；可省略头衔、责任者所隶属的单位等信息。

[见 NLC PS(FLR)2.4]

10. 记录版本说明

版本标识和特定修订版标识是核心元素。如实转录版本标识(250$a)。并列版本标识和与版本相关的责任说明可视重要程度选择记录。

电子资源中出现诸如"edition""issue""release""level""state""update"或更常见的"version"(经常缩写为"v")等词时，可作为版本标识的依据，予以记录。

[见 NLC PS(FLR)2.5]

11. 记录出版、发行、生产、版权说明

出版、发行、生产说明记录在 264 字段，第 2 指示符的值区分功能：1—出版；2—发行；3—生产；4—版权。如实转录出版、发行、生产、版权信息。各类地点与 008/15-17 字符位(出版地等)、各类日期与 008/06(日期类型/出版状态)、008/07-10(日期 1)、008/11-14(日期 2)存在对应关系。

[见 NLC PS(FLR)2.8 – 2.11]

12. 记录数量

电子资源的载体类型术语参见 RDA 3.3.1.3 术语表；对于联机资源，记录载体类型"online resource"，如果联机资源的数量是完整的或全部数量已知(如图书的电子版)，则在载体类型术语后记录子单元数，并置于圆括号内。子单元数量的记录方法参见相关资源。

例：

300 ##$a1 online resource(xxi, 355 pages)

说明：联机资源，圆括号内记录子单元数。

[见 NLC PS(FLR)3.1、3.4]

13. 记录插图性内容、色彩内容

如果电子资源包含插图性内容，则根据插图为单张还是多张记录为"illustration"或"illustrations"，也可用专用术语记录插图性内容，代替或补充术语"illustration"或"illustrations"；插图性内容一般记录在 300$b，与图书(BK)模式下 008/18-21 字符位存在对应关系；用适合的术语记录色彩内容，例如，"color""some color""chiefly color"。

[见 NLC PS(FLR)7.15、7.17]

14. 记录尺寸

尺寸记录在300$c,与007/04字符位存在对应关系。电子资源根据类型的不同,描述尺寸的规则也不同,主要包括:对于计算机盘片以英寸"in."或"cm"记录盘片的直径;联机资源不记录尺寸。

[见 NLC PS(FLR)3.5]

15. 记录代

电子资源的代是指"电子资源的原始载体和原件复制品的载体之间的关系",记录在340$j,与007/11字符位存在对应关系。

16. 记录数字文件特征

数字文件特征反映的是资源载体形态方面的特征,具体包括文件类型、编码格式、文件大小、分辨率、地区编码等,用RDA 3.19的术语表分别记录在347的不同子字段。

例1:

300 ##$a1 online resource (ix, 120 pages) :$billustrations (chiefly color), PDF

347 ##$atext file$bPDF$2rda

说明:编码格式记录在300$b表示插图、颜色、声音的术语之后,也可同时记录在347$b。

例2:

347 ##$avideo file$bDVD video$eregion 4$2rda

说明:地区编码记录在347$e,也可同其他系统细节信息一同记录在538字段。

[见 NLC PS(FLR)3.19]

17. 记录内容类型、媒介类型、载体类型

用RDA术语记录内容类型(336)、媒介类型(337)和载体类型(338);电子资源常常具有多种资料类型特征,如果对识别重要,可记录各文献类型对应的术语。

例1:

336 ##$atext$2rdacontent

337 ##$acomputer$2rdamedia

338 ##$aonline resource$2rdacarrier

说明:在编资源为书目数据库。

例2:

336 ##$acartographic image$2rdacontent

336 ##$aspoken word$2rdacontent

337 ##$acomputer$2rdamedia

338 ##$acomputer disc$2rdacarrier

说明:在编资源为含有声音、地图等多媒体信息的组合型计算机文件。

[见 NLC PS(FLR)6.9、3.2、3.3]

18. 记录丛编说明

如实转录丛编说明(490);如果多部分专著各部分属于不同的丛编,为每个丛编说明建立一个490字段,并将与丛编对应的卷期/部分记录在$3中;如需检索,应采用800-830字段提供规范的丛编说明检索点。

[见 NLC PS(FLR)2.12]

19. 记录补编内容

补编内容为书目时,记录在 504 字段,如果仅为索引,则记录在 500 字段。

[见 NLC PS(FLR)7.16]

20. 记录内容提要

原始编目一般不要求编目员自行编制内容提要。如果外部数据源中存在内容提要信息,可复制到记录的 520 字段,置于引号内,并指明信息来源。如果有电子版的摘要,也可提供连接(520$u 或 856$u)。

[见 NLC PS(FLR)7.10]

21. 记录载体表现的附注

如果有关题名、责任说明、版本说明、出版说明、丛编说明的信息涉及来源、差错、变化、细节时,可记录相关附注。

电子资源常见的附注主要包括:记录正题名来源和远程访问的电子资源的访问时间的附注(500/588 字段),访问模式和系统要求的附注(538 字段),内容提要以及内容附注。

[见 NLC PS(FLR)2.17]

例:

506 ##$aAvailable to OhioLINK libraries.

588 ##$aTitle from title screen.

说明:506 字段说明检索限定信息。588 揭示正题名来源。

22. 记录统一资源定位符

URL 记录在 856 字段,通过第 1 指示符的取值确定访问方法,最常选取的值是“4”,即 HTTP 访问模式;访问地址一般记录在 $u。

[见 NLC PS(FLR)4.6]

Step 3:描述关系

23. 记录作品与责任者之间的关系

作品的第一个创作者是核心元素,如果存在多个创作者,则负有主要责任或在资源首选信息源中名列首位的创作者是核心元素。作为核心元素的创作者记录在 1XX 字段,其余创作者,与作品相联系的其他责任者,以及与内容表达、载体表现和单件相联系的责任者均由编目员自行判断记录在多个 7XX 字段。资源与责任者之间的关系说明语详见 NLC PS(FLR)附录 3,记录在书目记录 1XX 或 7XX 字段的 $e,关系说明语首字母小写。如果存在多种关系类型,可重复 $e。

[见 NLC PS(FLR)18 - 19]

24. 记录内容表达与责任者之间的关系

贡献者不是 RDA 的核心元素,但经常对识别资源重要,需适度记录。贡献者记录在书目记录的 7XX 字段,关系说明语详见 NLC PS(FLR)附录 3。

[见 NLC PS(FLR)20]

25. 记录单件与责任者之间的关系

拥有者等不是核心元素,但如果是重要的捐赠者、亲笔签名者等,需适度记录。拥有者记录在书目记录的 7XX 字段,关系说明语详见 NLC PS(FLR)附录 3。

［见 NLC PS(FLR)22］

26. 记录相关作品

作品层的相关关系包含衍生关系、参照关系、整体/部分关系、伴随关系和连续关系。其中整体/部分关系、连续关系为核心元素,需记录;衍生关系比较重要,需适度记录。相关关系的表达主要有3种方法:相关作品的标识符、代表相关作品的规范检索点、相关作品的描述(结构化描述和非结构化描述)。关系说明语详见 NLC PS(FLR)附录4。

［见 NLC PS(FLR)25］

27. 记录相关内容表达

内容表达层的相关关系包含衍生关系、参照关系、整体/部分关系、伴随关系和连续关系。其中衍生关系、整体/部分关系、连续关系比较重要,需适度记录。相关关系的表达主要有3种方法:相关内容表达的标识符、代表相关内容表达的规范检索点、相关内容表达的描述(结构化描述和非结构化描述)。关系说明语详见 NLC PS(FLR)附录4。

［见 NLC PS(FLR)26］

28. 记录相关载体表现

载体表现层的相关关系包含等同关系、参照关系、整体/部分关系和伴随关系。其中等同关系是核心元素。相关关系的表达主要有两种方法:相关载体表现的标识符、相关载体表现的描述(结构化描述和非结构化描述)。关系说明语详见 NLC PS(FLR)附录4。

［见 NLC PS(FLR)27］

29. 记录相关单件

单件层的相关关系包含等同关系、参照关系、整体/部分关系和伴随关系。相关关系的表达主要有两种方法:相关单件的标识符、相关单件的描述(结构化描述和非结构化描述)。关系说明语详见 NLC PS(FLR)附录4。

［见 NLC PS(FLR)28］

五、地图资源

Step 1:确定编目策略

1. 判断资源类型及确定记录结构

RDA 定义的发行方式 NLC PS(FLR)1.1.3	LDR/07 代码
独立单元发行的资源	m
多部分专著	m
连续出版物	s
集成性资源	i

MARC21 定义的7种记录模式	LDR/06 代码
图书(BK)	a、t(手稿)
电子资源(ER)	m

续表

MARC21 定义的 7 种记录模式	LDR/06 代码
连续性资源(CR)	a
地图资源(MP)	e　f
音乐资源(MU)	c　d　i　j
可视资源(VM)	g　k　o　r
混合型资源(MX)	p

LDR/06(记录类型)=e/f

LDR/07(书目级别)=m/s

008=MP

[见 NLC PS(FLR)专题说明 1:资源类型的判断与书目记录结构的确定]

2. 确定著录类型

RDA 定义的著录类型 NLC PS(FLR)1.5

综合著录

分析著录

分级著录

(1)多部分专著:根据具体情况,采用综合著录(续入原有记录)或分析著录(新建记录)。

(2)汇编文献:综合著录。

[见 NLC PS 专题说明 3:多部分专著和有多个信息源的汇编文献的处理]

3. 确定编目方法

套录编目	原始编目
LDR/05(记录状态)=c(修改过的记录) 040$d=CcBjTSG	LDR/05(记录状态)=n(新记录) 008/39=#(国家级书目机构) 040$a=CcBjTSG 040$c=CcBjTSG

[见 NLC PS(FLR)中有关套录编目及原始编目的特定说明]

4. 确定 RDA 记录编码

LDR/18(编目标准)=i;

040$e=rda,$e 位置介于 $c 和 $d 之间

[见 NLC PS(FLR)0.12]

5. 确定编目语言

040$b=eng(西文资源用英语,其他语种选择相关语言代码)

040$b=rus(俄文资源)

040$b=jpn(日文资源)

[见 NLC PS(FLR)0.12]

6. 选择信息源

印刷型地图资源的首选信息源为题名页（如地图集）、题名张（如一系列单张地图）或题名卡。电子型地图资源的首选信息源是永久印刷或粘贴于资源（如 CD-ROM）的带有题名的标签，或包含题名的嵌入文本元数据（如 PDF 文件）。

［见 NLC PS（FLR）2.1、2.2］

Step 2：识别资源

7. 记录内容的语言

008/35-37（语种）记录资源内容中最主要的语种代码。如果资源内容还包括其他语种，可将其代码记录在 041 字段，并用附注的形式在 546 字段予以说明。如果资源内容中包括译文，则在 041 字段指明原文语种。

［见 NLC PS（FLR）7.12］

8. 记录载体表现标识符

ISBN 是核心元素需记录。多部分专著采用综合著录时可仅记录整套资源的 ISBN，采用分析著录时，需记录整套资源的 ISBN 以及所编目卷期的 ISBN。如果 ISBN 有限定信息需记录在 020$q。

［见 NLC PS（FLR）2.15］

9. 记录题名

依资源上呈现的情况记录：正题名（245$a）、并列正题名（245$b）、其他题名信息（245$b）、并列其他题名信息（245$b）、变异题名（246、242、740）、较晚正题名（246）。

如果地图资源本身没有正题名，且不能从其他任何来源获取题名，则需要自拟题名，并包括所覆盖区域的名称或一个识别标识，还可包括所描述的主题（RDA 2.3.2.11）；如果地图资源的正题名没有说明所覆盖的地理区域和/或所描述的主题，则需补充一个词或短语描述覆盖的地理区域作为其他题名信息（RDA 2.3.4.5），并置于方括号内。

［见 NLC PS（FLR）2.3］

10. 记录责任说明

依资源上呈现的情况如实转录责任说明（245$c）；创作者的责任说明不能省略，其他责任说明可省略第一个之外的其他名称，并用编目语言总括说明所做的省略；可省略头衔、责任者所隶属的单位等信息。

［见 NLC PS（FLR）2.4］

11. 记录版本说明

版本标识和特定修订版标识是核心元素。如实转录版本标识（250$a）。并列版本标识和与版本相关的责任说明可视重要程度选择记录。

［见 NLC PS（FLR）2.5］

12. 记录比例尺

均采用数字比例尺“Scale 1：X”的形式在 255$a 记录比例尺元素，资源上出现的与比例尺相关的补充信息（如转换为数字比例尺之前的说明）作为附加比例尺信息记录在 255$a 字段；多个比例尺用连字符连接；地图内容未按比例绘制，则记录为“Not drawn to scale”。

［见 NLC PS（FLR）7.25］

13. 记录地图内容的投影

在比例尺元素之后转录投影说明于 255$b,前置以“空格—分号—空格”;与 008/22-23(投影)存在对应关系。

[见 NLC PS(FLR)7.26]

14. 记录地图内容的坐标

用十进制度数记录坐标于 255$c;坐标酌情前置以“W”“E”“N”或“S”。两组经纬度之间用斜线分隔,前后均不空格。经度或纬度之间用连字符分隔,前后均不空格。

[见 NLC PS(FLR)7.4]

15. 记录出版、发行、生产、版权说明

出版、发行、生产说明记录在 264 字段,第 2 指示符的值区分功能:1—出版;2—发行;3—生产;4—版权。如实转录出版、发行、生产、版权信息。各类地点与 008/15-17 字符位(出版地等)、各类日期与 008/06(日期类型/出版状态)、008/07-10(日期 1)、008/11-14(日期 2)存在对应关系。

[见 NLC PS(FLR)2.8 – 2.11]

16. 记录数量

地图资源的载体包括册、张以及光盘、在线等数字载体,数量记录在 300$a,不采用 RDA 3.3.1.3 的术语,而采用 RDA 3.4.1.3 例外中提供的专用术语。

[见 NLC PS(FLR)3.4.2]

17. 记录插图性内容、色彩内容

如果地图包含插图性内容,则根据插图为单张还是多张记录为“illustration”或“illustrations”,也可用专用术语记录插图性内容,代替或补充术语“illustration”或“illustrations”;插图性内容一般记录在 300$b,与 008/18-21 字符位存在对应关系;色彩内容一般记录在 300$b,与 007/03 字符位存在对应关系,采用适合的 RDA 术语,例如,“color”“some color”“chiefly color”。

[见 NLC PS(FLR)7.15、7.17]

18. 记录尺寸

除了要求按内廓测量之外,地图尺寸通常与其他资源遵循相同的规则,记录高度×宽度或直径,记录直径时需注明。如果是在线资源,无须记录尺寸。

[见 NLC PS(FLR)3.5.2.2]

19. 记录内容类型、媒介类型、载体类型

用 RDA 术语记录内容类型(336)、媒介类型(337)和载体类型(338);如果地图带有附件,附件的内容类型、媒介类型和载体类型需重复 336、337 和 338 字段予以记录。印刷型地图的内容类型、媒介类型和载体类型记录常见如下:

336 ##$acartographic image$2rdacontent

337 ##$aunmediated$2rdamedia

338 ##$avolume$2rdacarrier (一本地图集)

或

338 ##$asheet$2rdacarrier (一张地图)

如果地图为电子型的,内容、媒介和载体类型记录常见如下:

336 ##$acartographic image$2rdacontent

337 ##$acomputer$2rdamedia

338 ##$acomputer discs$2rdacarrier

或

338 ##$aonline resource$2rdacarrier

［见 NLC PS 6.9、3.2、3.3］

20. 记录丛编说明

如实转录丛编说明(490)；如果多部分专著各部分属于不同的丛编，为每个丛编说明建立一个 490 字段，并将与丛编对应的卷期/部分记录在 $3 中；如需检索，应采用 800－830 字段提供规范的丛编说明检索点。

［见 NLC PS(FLR)2.12］

21. 记录补编内容

补编内容为书目时，记录在 504 字段，如果仅为索引，则记录在 500 字段。

［见 NLC PS(FLR)7.16］

22. 记录内容提要

原始编目一般不要求编目员自行编制内容提要。如果外部数据源中存在内容提要信息，可复制到记录的 520 字段，置于引号内，并指明信息来源。如果有电子版的摘要，也可提供连接(520$u 或 856$u)。

［见 NLC PS(FLR)7.10］

23. 记录载体表现的附注

如果有关题名、责任说明、版本说明、出版说明、丛编说明的信息涉及来源、差错、变化、细节时，可记录相关附注。

［见 NLC PS(FLR)2.17］

24. 记录地图内容的其他细节

可在 500 字段记录在比例尺、投影坐标说明中未记录的资源地图内容的数学数据和其他特征。

例 1：

500 ##$aRelief shown by gradient tints and spot heights. Depths shown by contours and gradient tints.

说明：500 字段记录地图资料的地形类型。

例 2：

500 ##$aShows international and administrative boundaries, armistice line, cease-fire line, and roads.

说明：500 字段记录描述中未记录的资源地图内容的一些其他特征。

例 3：

500 ##$aIncludes 3 insets: location map, scale 1∶15,000,000, Southern Israel, scale 1∶1,250,000 and Egypt, scale 1∶2,500,000.

说明：地图资源存在 3 个插图，比例尺不同时，可在 500 字段说明。

Step 3:描述关系

25. 记录作品与责任者之间的关系

作品的第一个创作者是核心元素,如果存在多个创作者,则负有主要责任或在资源首选信息源中名列首位的创作者是核心元素。作为核心元素的创作者记录在 1XX 字段,其余创作者,与作品相联系的其他责任者,以及与内容表达、载体表现和单件相联系的责任者均由编目员自行判断记录在多个 7XX 字段。资源与责任者之间的关系说明语详见 NLC PS(FLR)附录 3,记录在书目记录 1XX 或 7XX 字段的 $e,关系说明语首字母小写。如果存在多种关系类型,可重复 $e。

地图资源最常见创作者为制图者(cartographer)。

例:

110 2#$aCollins (Firm : London, England), $ecartographer.

说明:制图者关系说明语为“cartographer”。

[见 NLC PS(FLR)18 – 19]

26. 记录内容表达与责任者之间的关系

贡献者不是 RDA 的核心元素,但经常对识别资源重要,需适度记录。贡献者记录在书目记录的 7XX 字段,关系说明语详见 NLC PS(FLR)附录 3。

[见 NLC PS(FLR)20]

27. 记录单件与责任者之间的关系

拥有者等不是核心元素,但如果是重要的捐赠者、亲笔签名者等,需适度记录。拥有者记录在书目记录的 7XX 字段,关系说明语详见 NLC PS(FLR)附录 3。

[见 NLC PS(FLR)22]

28. 记录相关作品

作品层的相关关系包含衍生关系、参照关系、整体/部分关系、伴随关系和连续关系。其中整体/部分关系、连续关系为核心元素,需记录;衍生关系比较重要,需适度记录。相关关系的表达主要有 3 种方法:相关作品的标识符、代表相关作品的规范检索点、相关作品的描述(结构化描述和非结构化描述)。关系说明语详见 NLC PS(FLR)附录 4。

[见 NLC PS(FLR)25]

29. 记录相关内容表达

内容表达层的相关关系包含衍生关系、参照关系、整体/部分关系、伴随关系和连续关系。其中衍生关系、整体/部分关系、连续关系比较重要,需适度记录。相关关系的表达主要有 3 种方法:相关内容表达的标识符、代表相关内容表达的规范检索点、相关内容表达的描述(结构化描述和非结构化描述)。关系说明语详见 NLC PS(FLR)附录 4。

[见 NLC PS(FLR)26]

30. 记录相关载体表现

载体表现层的相关关系包含等同关系、参照关系、整体/部分关系和伴随关系。其中等同关系是核心元素。相关关系的表达主要有两种方法:相关载体表现的标识符、相关载体表现的描述(结构化描述和非结构化描述)。关系说明语详见 NLC PS(FLR)附录 4。

[见 NLC PS(FLR)27]

31. 记录相关单件

单件层的相关关系包含等同关系、参照关系、整体/部分关系和伴随关系。相关关系的表达主要有两种方法：相关单件的标识符、相关单件的描述（结构化描述和非结构化描述）。关系说明语详见 NLC PS（FLR）附录4。

［见 NLC PS（FLR）28］

六、乐谱资源

Step 1：确定编目策略

1. 判断资源类型及确定记录结构

RDA 定义的发行方式 NLC PS（FLR）1.1.3	LDR/07 代码
独立单元发行的资源	m
多部分专著	m
连续出版物	s
集成性资源	i

MARC21 定义的 7 种记录模式	LDR/06 代码
图书（BK）	a、t（手稿）
电子资源（ER）	m
连续性资源（CR）	a
地图资源（MP）	e　f
音乐资源（MU）	c　d　i　j
可视资源（VM）	g　k　o　r
混合型资源（MX）	p

LDR/06（记录类型）= c/d

LDR/07（书目级别）= m

008 = MU

［见 NLC PS（FLR）专题说明1：资源类型的判断与书目记录结构的确定］

2. 确定著录类型

RDA 定义的著录类型 NLC PS（FLR）1.5

综合著录

分析著录

分级著录

（1）多部分专著：根据具体情况，采用综合著录（续入原有记录）或分析著录（新建记录）。

（2）汇编文献：综合著录。

［见 NLC PS（FLR）专题说明3：多部分专著和有多个信息源的汇编文献的处理］

3. 确定编目方法

套录编目	原始编目
LDR/05(记录状态)=c(修改过的记录) 040$d = CcBjTSG	LDR/05(记录状态)=n(新记录) 008/39 = #(国家级书目机构) 040$a = CcBjTSG 040$c = CcBjTSG

[见 NLC PS 中有关套录编目及原始编目的特定说明]

4. 确定 RDA 记录编码

LDR/18(编目标准)=i;

040$e = rda, $e 位置介于 $c 和 $d 之间

[见 NLC PS(FLR)0.12]

5. 确定编目语言

040$b = eng(西文资源用英语,其他语种选择相关语言代码)

040$b = rus(俄文资源)

040$b = jpn(日文资源)

[见 NLC PS(FLR)0.12]

6. 选择信息源

印刷型乐谱的首选信息源是题名页或题名卡。对于其他格式的乐谱(如 CD-ROM),首选信息源或是一个永久印刷或粘贴于资源的带有题名的标签,或嵌入文本元数据,或资源本身组成部分的其他来源。

[见 NLC PS(FLR)2.1、2.2]

Step 2:识别资源

7. 记录内容的语言

008/35-37(语种)记录资源内容中最主要的语种代码。如果资源内容还包括其他语种,可将其代码记录在 041 字段,并用附注的形式在 546 字段予以说明。如果资源内容中包括译文,则在 041 字段指明原文语种。

[见 NLC PS(FLR)7.12]

8. 记录载体表现标识符

除国际公认的体系的标识符 ISBN,通常也记录乐谱的出版者编号和版号于 028$a,第 1 指示符用于区分出版者编号类型,$b 记录编号来源。如果存在国际标准音乐号(ISMN),则记录在 024 字段,第 1 指示符为“2”。

[见 NLC PS(FLR)2.15]

9. 记录音乐作品形式

在 008/18-19(乐曲形式)记录音乐作品主要的形式;当 008/18-19 代码为“mu”(多种形式),启用 047 字段,在 $a 分别记录作品包含的每种形式的代码。

例 1:

008　140418s2013^^^^nyumua|^^beiz^^n^^|^zxx^^^

047 ##adfadvancaop$asu

说明：音乐作品有多种乐曲形式。

10. 记录题名

如果乐谱资源的题名仅由作曲类型的术语(如"symphony"或"concerto")组成，或其后随以表演媒介、调、作曲日期、编号元素时，将上述这些元素均作为正题名予以记录。如果乐谱资源本身没有正题名，且不能从其他任何来源获取题名，则需要自拟题名，并包括表演媒介、数字标识(如系列号、作品号)、调和/或其他区别特征(RDA 2.3.2.11)。

[见 NLC PS(FLR)2.3]

11. 记录责任说明

依资源上呈现的情况如实转录责任说明(245$c)；创作者的责任说明不能省略，其他责任说明可省略第一个之外的其他名称，并用编目语言总括说明所做的省略；可省略头衔、责任者所隶属的单位等信息。

[见 NLC PS(FLR)2.4]

12. 记录版本说明

版本标识和特定修订版标识是核心元素。如实转录版本标识(250$a)。并列版本标识和与版本相关的责任说明可视重要程度选择记录。

[见 NLC PS(FLR)2.5]

13. 记录出版、发行、生产、版权说明

出版、发行、生产说明记录在264字段，第2指示符的值区分功能：1—出版；2—发行；3—生产；4—版权。如实转录出版、发行、生产、版权信息。各类地点与008/15-17字符位(出版地等)、各类日期与008/06(日期类型/出版状态)、008/07-10(日期1)、008/11-14(日期2)存在对应关系。

[见 NLC PS(FLR)2.8－2.11]

14. 记录数量

乐谱资源的数量记录在300$a，不采用RDA 3.3.1.3的术语，而采用RDA 7.20.1.3提供的专用术语；依RDA 3.4.5在指示乐谱格式的术语后指明册和/或页、叶或栏数，并置于圆括号内。

[见 NLC PS(FLR)3.4.3]

15. 记录插图性内容、色彩内容

如果印刷型乐谱包含插图性内容，则根据插图为单张还是多张记录为"illustration"或"illustrations"，也可用专用术语记录插图性内容，代替或补充术语"illustration"或"illustrations"；插图性内容一般记录在300$b，与008/18-21字符位存在对应关系；用适合的术语记录色彩内容，例如，"color""some color""chiefly color"。

[见 NLC PS(FLR)7.15、7.17]

16. 记录尺寸

通常以厘米记录尺寸，向上取整，使用公制符号"cm"；记录册的高度，如果高度小于10厘米，以毫米记录；如果册的宽度小于高度的一半，或大于高度，则记录高度×宽度；如果多部分专著的组成部分尺寸不同，则记录最小或较小和最大或较大的尺寸。

[见 NLC PS(FLR)3.5]

17. 记录内容类型、媒介类型、载体类型

用 RDA 术语记录内容类型(336)、媒介类型(337)和载体类型(338);如果乐谱带有附件,附件的内容类型、媒介类型和载体类型需重复 336、337 和 338。乐谱资源的内容类型、媒介类型和载体类型记录常见如下:

336 ##$anotated music$2rdacontent

337 ##$aunmediated$2rdamedia

338 ##$avolume$2rdacarrier

或

338 ##$asheet$2rdacarrier

[见 NLC PS(FLR)6.9、3.2、3.3]

18. 记录丛编说明

如实转录丛编说明(490);如果多部分专著各部分属于不同的丛编,为每个丛编说明建立一个 490 字段,并将与丛编对应的卷期/部分记录在 $3 中;如需检索,应采用 800 - 830 字段提供规范的丛编说明检索点。

[见 NLC PS(FLR)2.12]

19. 记录补编内容

补编内容为书目时,记录在 504 字段,如果仅为索引,则记录在 500 字段。

[见 NLC PS(FLR)7.16]

20. 记录内容提要

原始编目一般不要求编目员自行编制内容提要。如果外部数据源中存在内容提要信息,可复制到记录的 520 字段,置于引号内,并指明信息来源。如果有电子版的摘要,也可提供连接(520$u 或 856$u)。

[见 NLC PS(FLR)7.10]

21. 记录载体表现的附注

如果有关题名、责任说明、版本说明、出版说明、丛编说明的信息涉及来源、差错、变化、细节时,可记录相关附注。

对于乐谱资源,常见的附注包括:作曲形式、表演媒介、音乐记谱法或语言、表演的持续时间。

[见 NLC PS(FLR)2.17]

Step 3:描述关系

22. 记录作品与责任者之间的关系

作品的第一个创作者是核心元素,如果存在多个创作者,则负有主要责任或在资源首选信息源中名列首位的创作者是核心元素。作为核心元素的创作者记录在 1XX 字段,其余创作者,与作品相联系的其他责任者,以及与内容表达、载体表现和单件相联系的责任者均由编目员自行判断记录在多个 7XX 字段。资源与责任者之间的关系说明语详见 NLC PS(FLR)附录 3,记录在书目记录 1XX 或 7XX 字段的 $e,关系说明语首字母小写。如果存在多种关系类型,可重复 $e。

对乐谱常见的创作者是作曲者(composer)。

[见 NLC PS(FLR)18 - 19]

23. 记录内容表达与责任者之间的关系

贡献者不是 RDA 的核心元素,但经常对识别资源重要,需适度记录。贡献者记录在书目记录的 7XX 字段,关系说明语详见 NLC PS(FLR)附录 3。

[见 NLC PS(FLR)20]

24. 记录单件与责任者之间的关系

拥有者等不是核心元素,但如果是重要的捐赠者、亲笔签名者等,需适度记录。拥有者记录在书目记录的 7XX 字段,关系说明语详见 NLC PS(FLR)附录 3。

[见 NLC PS(FLR)22]

25. 记录相关作品

作品层的相关关系包含衍生关系、参照关系、整体/部分关系、伴随关系和连续关系。其中整体/部分关系、连续关系为核心元素,需记录,衍生关系比较重要,需适度记录。相关关系的表达主要有 3 种方法:相关作品的标识符、代表相关作品的规范检索点、相关作品的描述(结构化描述和非结构化描述)。关系说明语详见 NLC PS(FLR)附录 4。

[见 NLC PS(FLR)25]

26. 记录相关内容表达

内容表达层的相关关系包含衍生关系、参照关系、整体/部分关系、伴随关系和连续关系。其中衍生关系、整体/部分关系、连续关系比较重要,需适度记录。相关关系的表达主要有 3 种方法:相关内容表达的标识符、代表相关内容表达的规范检索点、相关内容表达的描述(结构化描述和非结构化描述)。关系说明语详见 NLC PS(FLR)附录 4。

[见 NLC PS(FLR)26]

27. 记录相关载体表现

载体表现层的相关关系包含等同关系、参照关系、整体/部分关系和伴随关系。其中等同关系是核心元素。相关关系的表达主要有两种方法:相关载体表现的标识符、相关载体表现的描述(结构化描述和非结构化描述)。关系说明语详见 NLC PS(FLR)附录 4。

[见 NLC PS(FLR)27]

28. 记录相关单件

单件层的相关关系包含等同关系、参照关系、整体/部分关系和伴随关系。相关关系的表达主要有两种方法:相关单件的标识符、相关单件的描述(结构化描述和非结构化描述)。关系说明语详见 NLC PS(FLR)附录 4。

[见 NLC PS(FLR)28]

七、音频资源

Step 1:确定编目策略

1. 判断资源类型及确定记录结构

RDA 定义的发行方式 NLC PS(FLR)1.1.3	LDR/07 代码
独立单元发行的资源	m
多部分专著	m

续表

RDA 定义的发行方式 NLC PS(FLR)1.1.3	LDR/07 代码
连续出版物	s
集成性资源	i

MARC21 定义的 7 种记录模式	LDR/06 代码
图书(BK)	a、t(手稿)
电子资源(ER)	m
连续性资源(CR)	a
地图资源(MP)	e f
音乐资源(MU)	c d i j
可视资源(VM)	g k o r
混合型资源(MX)	p

LDR/06(记录类型)=i/j

LDR/07(书目级别)=m

008=MU

[见 NLC PS(FLR)专题说明 1:资源类型的判断与书目记录结构的确定]

2. 确定著录类型

RDA 定义的著录类型 NLC PS(FLR)1.5

综合著录

分析著录

分级著录

(1)多部分专著:根据具体情况,采用综合著录(续入原有记录)或分析著录(新建记录)。

(2)汇编文献:综合著录。

[见 NLC PS(FLR)专题说明 3:多部分专著和有多个信息源的汇编文献的处理]

3. 确定编目方法

套录编目	原始编目
LDR/05(记录状态)=c(修改过的记录) 040$d=CcBjTSG	LDR/05(记录状态)=n(新记录) 008/39=#(国家级书目机构) 040$a=CcBjTSG 040$c=CcBjTSG

[见 NLC PS(FLR)中有关套录编目及原始编目的特定说明]

4. 确定 RDA 记录编码

LDR/18(编目标准)=i;

040$e=rda, $e 位置介于 $c 和 $d 之间

[见 NLC PS(FLR)0.12]

5. 确定编目语言

040$b = eng(西文资源用英语,其他语种选择相关语言代码)

040$b = rus(俄文资源)

040$b = jpn(日文资源)

[见 NLC PS(FLR)0.12]

6. 选择信息源

音频资源的首选信息源是永久印刷或粘贴于资源的载有题名的标签,或对数字音频,则是包含一个题名的文本形式的嵌入元数据(RDA 2.2.2.4)。若既无标签又无元数据可用,资源本身一部分的其他来源可被使用。

[见 NLC PS(FLR)2.1、2.2]

Step 2:识别资源

7. 记录内容的语言

008/35-37(语种)记录资源内容中最主要的语种代码。如果资源内容还包括其他语种,可将其代码记录在041字段,并用附注的形式在546字段予以说明。如果资源内容中包括译文,则在041字段指明原文语种。

[见 NLC PS(FLR)7.12]

8. 记录载体表现标识符

音频资源常见的载体表现标识符是出版者编号,记录在028字段,第1指示符为"0",表示录音资料的发行号,$b 记录编号来源;通用产品代码(UPCs),记录于024字段,第1指示符是"1"。

[见 NLC PS(FLR)2.15]

9. 记录音乐作品形式

在008/18-19(乐曲形式)记录音乐作品主要的形式;当008/18-19代码为"mu"(多种形式),启用047字段,在 $a 分别记录作品包含的每种形式的代码。

例1:

008　140418s2013^^^^nyumua|^^beiz^^n^^|^zxx^^^

047 ##adfadvancaop$asu

说明:音乐作品有多种乐曲形式。

10. 记录题名

依资源上呈现的情况记录:正题名(245 $a)、并列正题名(245 $b)、其他题名信息(245$b)、并列其他题名信息(245$b)、变异题名(246、242、740)等。

如果音乐资源的题名仅由作曲类型的术语(例如,"symphony"或"concerto")组成,或其后随以表演媒介、调、作曲日期、编号元素时,将上述这些元素均作为正题名予以记录。如果音乐资源本身没有正题名,且不能从其他任何来源获取题名,则需要自拟题名,并包括表演媒介、数字标识(例如,系列号、作品号)、调和/或其他区别特征(RDA 2.3.2.11)。

[见 NLC PS(FLR)2.3]

11. 记录责任说明

依资源上呈现的情况如实转录责任说明(245$c);创作者的责任说明不能省略,其他责任说明可省略第一个之外的其他名称,并用编目语言总括说明所做的省略;可省略头衔、责任者所隶属的单位等信息。

如果责任说明中同时列出了一个组合、表演团体或公司等成员的名称以及该组合的名称,则仅记录该组合的名称,省略成员名称。如果对识别或检索重要,可将成员名称作为表演者、旁白者和/或出品人元素记录,即编制 511 字段附注。

[见 NLC PS(FLR)2.4]

12. 记录版本说明

版本标识和特定修订版标识是核心元素。如实转录版本标识(250$a)。并列版本标识和与版本相关的责任说明可视重要程度选择记录。

[见 NLC PS(FLR)2.5]

13. 记录出版、发行、生产、版权说明

出版、发行、生产说明记录在 264 字段,第 2 指示符的值区分功能:1—出版;2—发行;3—生产;4—版权。如实转录出版、发行、生产、版权信息。各类地点与 008/15-17 字符位(出版地等)、各类日期与 008/06(日期类型/出版状态)、008/07-10(日期 1)、008/11-14(日期 2)存在对应关系。

录音版权符号为"℗",如果系统不能录入标志,则可用单词"phonogram"来替代。

[见 NLC PS(FLR)2.8 - 2.11]

14. 记录数量

资源完整时数量为核心元素;记录在 300$a,由单元数和载体类型术语组成,音频资源常用的载体类型术语为"audio disc"。日文、俄文等非拉丁文字图书编目时,采用与 RDA 术语对应的本国文字术语。

[见 NLC PS(FLR)3.4]

15. 记录持续时间

如果资源中已经说明了播放的总时间或总时间容易确定,则记录在 300$a 或 306$a;也可将分部作品的持续时间记录在 505 字段。其中,300 和 505 字段使用术语"hours""minutes""seconds"(按 RDA 附录 B.5.3 缩写),306 字段遵循"hhmmss"的模式。

[见 NLC PS(FLR)7.22]

16. 记录尺寸

记录音频资源的尺寸在 300$c。音频载体包括单轴盒、双轴盒、盘片。单轴盒如合式录音带记录盒面长度 x 高度,后随以用毫米记录的磁带宽度,中间用逗号分隔;双轴盒如卡式录音带记录盒面长度 x 高度,后随以用毫米记录的磁带宽度,中间用逗号分隔;盘片则以英寸或厘米记录其直径。

[见 NLC PS(FLR)3.5.1.4]

17. 记录内容类型、媒介类型、载体类型

用 RDA 术语记录内容类型(336)、媒介类型(337)和载体类型(338);如果音频资源带有附件,附件的内容类型、媒介类型和载体类型需重复 336、337 和 338。音频资源的内容类型、媒介类型和载体类型记录如下:

336 ##$aperformed music$2rdacontent

或

336 ##$asounds$2rdacontent

或

336 ##$aspoken word$2rdacontent

337 ##$aaudio$2rdamedia

338 ##$aaaudio disc$2rdacarrier

[见 NLC PS(FLR)6.9、3.2、3.3]

18. 记录声音特征

用 RDA 3.16 提供的术语分别记录录音类型、录音媒介、播放速度、纹槽特征、音轨配置、播放声道配置、特殊播放特征，可记录于 300$b 和 344 字段，与 007(录音资料模式)的各字符位存在对应关系。

例:

344 ##$adigital$boptical$gsurround$hDolby Digital 5.1$2rda

说明:分别记录音频资料的录音类型、录音媒介、播放声道配置和特殊播放特征。

[见 NLC PS(FLR)3.16]

19. 记录数字文件特征

数字文件特征反映的是资源载体形态方面的特征，具体包括文件类型、编码格式、文件大小、分辨率、地区编码等，用 RDA 3.19 的术语表分别记录在 347 的各子字段。

例:

347 ##$aaudio file$bMP3$c10 MB$f40 kbps$2rda

说明:音频文件，记录文件类型、编码格式、文件大小和传输速度。

[见 NLC PS(FLR)3.19]

20. 记录丛编说明

如实转录丛编说明(490);如果多部分专著各部分属于不同的丛编，为每个丛编说明建立一个 490 字段，并将与丛编对应的卷期/部分记录在 $3 中;如需检索，应采用 800 - 830 字段提供规范的丛编说明检索点。

[见 NLC PS(FLR)2.12]

21. 记录补编内容

补编内容为书目时，记录在 504 字段，如果仅为索引，则记录在 500 字段。

[见 NLC PS(FLR)7.16]

22. 记录内容提要

原始编目一般不要求编目员自行编制内容提要。如果外部数据源中存在内容提要信息，可复制到记录的 520 字段，置于引号内，并指明信息来源。如果有电子版的摘要，也可提供连接(520$u 或 856$u)。

[见 NLC PS(FLR)7.10]

23. 记录载体表现的附注

如果有关题名、责任说明、版本说明、出版说明、丛编说明的信息涉及来源、差错、变化、细节时，可记录相关附注。

对于音频资源,比较常见的附注包括:内容附注、内容提要、获取日期和地点、持续时间。

[见 NLC PS(FLR)2.17]

24. 记录表演者、旁白者和/或出品人

仅参与表演、应用或解说的音乐表演者,以及表演者、旁白者和/或出品人的说明记录在附注项 511 字段。对于除电影演职员类型的表演者等,指示符为"0"。如果是音乐表演者,需指明表演媒介。

[见 NLC PS(FLR)7.23]

25. 记录艺术和/或技术的贡献者

除表演者以外的参与该作品创作或制作的个人名称或机构记录在 508 字段,记录的责任说明需包含每个名称或每组名称所承担职能的说明。

[见 NLC PS(FLR)7.24]

Step 3:描述关系

26. 记录作品与责任者之间的关系

作品的第一个创作者是核心元素,如果存在多个创作者,则负有主要责任或在资源首选信息源中名列首位的创作者是核心元素。作为核心元素的创作者记录在 1XX 字段,其余创作者,与作品相联系的其他责任者,以及与内容表达、载体表现和单件相联系的责任者均由编目员自行判断记录在多个 7XX 字段。资源与责任者之间的关系说明语详见 NLC PS (FLR)附录 3,记录在书目记录 1XX 或 7XX 字段的 $e,关系说明语首字母小写。如果存在多种关系类型,可重复 $e。

音乐作品的创作者是作曲者(composer);当表演团体对音乐作品的责任方式不仅仅是表演时,以该表演团体作为创作者。

[见 NLC PS(FLR)18 - 19]

27. 记录内容表达与责任者之间的关系

贡献者不是 RDA 的核心元素,但经常对识别资源重要,需适度记录。贡献者记录在书目记录的 7XX 字段,关系说明语详见 NLC PS(FLR)附录 3。

[见 NLC PS(FLR)20]

28. 记录单件与责任者之间的关系

拥有者等不是核心元素,但如果是重要的捐赠者、亲笔签名者等,需适度记录。拥有者记录在书目记录的 7XX 字段,关系说明语详见 NLC PS(FLR)附录 3。

[见 NLC PS(FLR)22]

29. 记录相关作品

作品层的相关关系包含衍生关系、参照关系、整体/部分关系、伴随关系和连续关系。其中整体/部分关系、连续关系为核心元素,需记录;衍生关系比较重要,需适度记录。相关关系的表达主要有 3 种方法:相关作品的标识符、代表相关作品的规范检索点、相关作品的描述(结构化描述和非结构化描述)。关系说明语详见 NLC PS(FLR)附录 4。

[见 NLC PS(FLR)25]

30. 记录相关内容表达

内容表达层的相关关系包含衍生关系、参照关系、整体/部分关系、伴随关系和连续关系。其中衍生关系、整体/部分关系、连续关系比较重要，需适度记录。相关关系的表达主要有3种方法：相关内容表达的标识符、代表相关内容表达的规范检索点、相关内容表达的描述（结构化描述和非结构化描述）。关系说明语详见 NLC PS（FLR）附录4。

[见 NLC PS（FLR）26]

31. 记录相关载体表现

载体表现层的相关关系包含等同关系、参照关系、整体/部分关系和伴随关系。其中等同关系是核心元素。相关关系的表达主要有两种方法：相关载体表现的标识符、相关载体表现的描述（结构化描述和非结构化描述）。关系说明语详见 NLC PS（FLR）附录4。

[见 NLC PS（FLR）27]

32. 记录相关单件

单件层的相关关系包含等同关系、参照关系、整体/部分关系和伴随关系。相关关系的表达主要有两种方法：相关单件的标识符、相关单件的描述（结构化描述和非结构化描述）。关系说明语详见 NLC PS（FLR）附录4。

[见 NLC PS（FLR）28]

八、静态图像资源

Step 1：确定编目策略

1. 判断资源类型及确定记录结构

RDA 定义的发行方式 NLC PS（FLR）1.1.3	LDR/07 代码
独立单元发行的资源	m
多部分专著	m
连续出版物	s
集成性资源	i

MARC21 定义的7种记录模式	LDR/06 代码
图书（BK）	a、t（手稿）
电子资源（ER）	m
连续性资源（CR）	a
地图资源（MP）	e　f
音乐资源（MU）	c　d　i　j
可视资源（VM）	g　k　o　r
混合型资源（MX）	p

LDR/06（记录类型）= k

LDR/07（书目级别）= m

008 = VM

[见 NLC PS（FLR）专题说明1：资源类型的判断与书目记录结构的确定]

2. 确定著录类型

RDA 定义的著录类型 NLC PS(FLR)1.5

综合著录

分析著录

分级著录

(1)多部分专著:根据具体情况,采用综合著录(续入原有记录)或分析著录(新建记录)。

(2)汇编文献:综合著录。

[见 NLC PS(FLR)专题说明 3:多部分专著和有多个信息源的汇编文献的处理]

3. 确定编目方法

套录编目	原始编目
LDR/05(记录状态)= c(修改过的记录) 040$d = CcBjTSG	LDR/05(记录状态)= n(新记录) 008/39 = #(国家级书目机构) 040$a = CcBjTSG 040$c = CcBjTSG

[见 NLC PS(FLR)中有关套录编目及原始编目的特定说明]

4. 确定 RDA 记录编码

LDR/18(编目标准)= i;

040$e = rda, $e 位置介于 $c 和 $d 之间

[见 NLC PS(FLR)0.12]

5. 确定编目语言

040$b = eng(西文资源用英语,其他语种选择相关语言代码)

040$b = rus(俄文资源)

040$b = jpn(日文资源)

[见 NLC PS(FLR)0.12]

6. 选择信息源

静态图像资源的首选信息源为题名页、题名张或题名卡片的图像。

[见 NLC PS(FLR)2.1、2.2]

Step 2:识别资源

7. 记录内容的语言

008/35-37(语种)记录资源内容中最主要的语种代码。如果资源内容还包括其他语种,可将其代码记录在 041 字段,并用附注的形式在 546 字段予以说明。如果资源内容中包括译文,则在 041 字段指明原文语种。

[见 NLC PS(FLR)7.12]

8. 记录载体表现标识符

ISBN 是核心元素需记录。多部分专著采用综合著录时可仅记录整套资源的 ISBN,采用分析著录时,需记录整套资源的 ISBN 以及所编目卷期的 ISBN。如果 ISBN 有限定信息需记

录在020$q。

[见 NLC PS(FLR)2.15]

9. 记录题名

依资源上呈现的情况记录:正题名(245$a)、并列正题名(245$b)、其他题名信息(245$b)、并列其他题名信息(245$b)、变异题名(246、242、740)、较晚正题名(246)。

静态图像资源通常没有题名,此时应用交替规则使用创建数据机构首选的语言和文字自拟题名。如果静态图像资源为照片、油画等没有典型书目信息的资源,自拟题名无须置于方括号内。

[见 NLC PS(FLR)2.3]

10. 记录责任说明

依资源上呈现的情况如实转录责任说明(245$c);创作者的责任说明不能省略,其他责任说明可省略第一个之外的其他名称,并用编目语言总括说明所做的省略;可省略头衔、责任者所隶属的单位等信息。

[见 NLC PS(FLR)2.4]

11. 记录版本说明

版本标识和特定修订版标识是核心元素。如实转录版本标识(250$a)。并列版本标识和与版本相关的责任说明可视重要程度选择记录。

[见 NLC PS(FLR)2.5]

12. 记录制作说明

仅应用于非出版形式的资源。仅制作日期为核心元素。启用264字段予以记录,第2指示符为"0"。制作地、制作者名称的信息未能从资源本身识别时,制作地、制作者名称的信息可取自资源之外,但需置于方括号内。制作日期取自任何来源,因此即使取自资源之外,也无须置于方括号内。

[见 NLC PS(FLR)2.7]

13. 记录出版、发行、生产、版权说明

出版、发行、生产说明记录在264字段,第2指示符的值区分功能:1—出版;2—发行;3—生产;4—版权。如实转录出版、发行、生产、版权信息。各类地点与008/15-17字符位(出版地等)、各类日期与008/06(日期类型/出版状态)、008/07-10(日期1)、008/11-14(日期2)存在对应关系。

[见 NLC PS(FLR)2.8-2.11]

14. 记录数量

静态图像资源的数量记录在300$a,不采用RDA 3.3.1.3的术语,而采用RDA 3.4.1.3例外中提供的专用术语。

[见 NLC PS(FLR)3.4.4]

15. 记录色彩内容

如果资源中的静态图像是黑色、白色或不同色度的灰色,则在300$b记录为"black and white(黑色和白色)"。如果含有两种以上的颜色,则记录为"color(彩色)"。如果图像含有一或两种颜色,则记录颜色的名称,如"yellow and green"(黄色和绿色)。有灰度的数字静态图像可以记录为"grayscale"(灰度)。

[见 NLC PS(FLR)7.17]

16. 记录尺寸

对静态图像资源,需记录图画区域的测量值(而非张自身)。记录高度×宽度、直径等。如果静态图像画图区域为矩形,记录高度×宽度,单位采用厘米;如果画图区域为圆形,记录直径;如果画图区域为椭圆形,记录高和宽两个维度上的长短轴尺寸;如果为其他不规则图形,采用适当的方法记录尺寸。对于非矩形图像,均需注明。

例:

300 ##$c10 x 8 cm oval

说明:在编资源为椭圆形静态图像。

[见 NLC PS(FLR)3.5.3]

17. 记录内容类型、媒介类型、载体类型

用 RDA 术语记录内容类型(336)、媒介类型(337)和载体类型(338);如果静态图像带有附件,附件的内容类型、媒介类型和载体类型需重复 336、337 和 338。静态图像的内容类型、媒介类型和载体类型可记录如下:

336 ##$astill image$2rdacontent

337 ##$aunmediated$2rdamedia

338 ##$asheet$2rdacarrier

[见 NLC PS(FLR)6.9、3.2、3.3]

18. 记录基底材料

如果静态图像资源为绘画作品,且基底材料较为特殊,则需记录基底材料。用 RDA 3.6.1.3 提供的术语表将基底材料记录在 340$a。

例:

340 ##$aglass

说明:绘画作品的基底材料为玻璃。

[见 NLC PS(FLR)3.6]

19. 记录应用材料

应用材料是指用作资源基底材料的物理或化学物质。如果静态图像资源为绘画作品,且应用材料较为特殊,则需记录。用 RDA 3.7.1.3 提供的术语表将应用材料记录在 340$c。

例:

340 ##$cwatercolour

说明:绘画作品的应用材料为水彩。

20. 记录衬底/底座

静态图像资源的衬底/底座是指以支撑为目的,资源基底材料所附着的物理材料。如果对识别和选择资源重要,则用 RDA 3.8.1.3 提供的术语表将衬底/底座记录在 340$e。

例:

340 ##$eBristol board

说明:印刷图片的衬底。

23. 记录数字文件特征

数字文件特征是指与资源中文本、图像、音频、视频和其他类型数据的数字编码有关的

技术规格,用 RDA 3.19 提供的术语表将数字文件特征记录在 347 字段。

[见 NLC PS(FLR)3.19]

24. 记录丛编说明

如实转录丛编说明(490);如果多部分专著各部分属于不同的丛编,为每个丛编说明建立一个 490 字段,并将与丛编对应的卷期/部分记录在 $3 中;如需检索,应采用 800－830 字段提供规范的丛编说明检索点。

[见 NLC PS(FLR)7.16]

25. 记录内容提要

原始编目一般不要求编目员自行编制内容提要。如果外部数据源中存在内容提要信息,可复制到记录的 520 字段,置于引号内,并指明信息来源。如果有电子版的摘要,也可提供连接(520$u 或 856$u)。

[见 NLC PS(FLR)7.10]

26. 记录载体表现的附注

如果有关题名、责任说明、版本说明、出版说明、丛编说明的信息涉及来源、差错、变化、细节时,可记录相关附注。

[见 NLC PS(FLR)2.17]

Step 3:描述关系

27. 记录作品与责任者之间的关系

作品的第一个创作者是核心元素,如果存在多个创作者,则负有主要责任或在资源首选信息源中名列首位的创作者是核心元素。作为核心元素的创作者记录在 1XX 字段,其余创作者,与作品相联系的其他责任者,以及与内容表达、载体表现和单件相联系的责任者均由编目员自行判断记录在多个 7XX 字段。资源与责任者之间的关系说明语详见 NLC PS(FLR)附录3,记录在书目记录 1XX 或 7XX 字段的 $e,关系说明语首字母小写。如果存在多种关系类型,可重复 $e。

图像资源的创作者通常不创作文本。一般绘画的创作者为美术家(artist),照片的创作者为摄影师(photographer)。

[见 NLC PS(FLR)18－19]

28. 记录内容表达与责任者之间的关系

贡献者不是 RDA 的核心元素,但经常对识别资源重要,需适度记录。贡献者记录在书目记录的 7XX 字段,关系说明语详见 NLC PS(FLR)附录3。

[见 NLC PS(FLR)20]

29. 记录单件与责任者之间的关系

拥有者等不是核心元素,但如果是重要的捐赠者、亲笔签名者等,需适度记录。拥有者记录在书目记录的 7XX 字段,关系说明语详见 NLC PS(FLR)附录3。

[见 NLC PS(FLR)22]

30. 记录相关作品

作品层的相关关系包含衍生关系、参照关系、整体/部分关系、伴随关系和连续关系。其中整体/部分关系、连续关系为核心元素,需记录;衍生关系比较重要,需适度记录。相关关系的表达主要有 3 种方法:相关作品的标识符、代表相关作品的规范检索点、相关作品的描述(结构化描述和非结构化描述)。关系说明语详见 NLC PS(FLR)附录 4。

[见 NLC PS(FLR)25]

31. 记录相关内容表达

内容表达层的相关关系包含衍生关系、参照关系、整体/部分关系、伴随关系和连续关系。其中衍生关系、整体/部分关系、连续关系比较重要,需适度记录。相关关系的表达主要有 3 种方法:相关内容表达的标识符、代表相关内容表达的规范检索点、相关内容表达的描述(结构化描述和非结构化描述)。关系说明语详见 NLC PS(FLR)附录 4。

[见 NLC PS(FLR)26]

32. 记录相关载体表现

载体表现层的相关关系包含等同关系、参照关系、整体/部分关系和伴随关系。其中等同关系是核心元素。相关关系的表达主要有两种方法:相关载体表现的标识符、相关载体表现的描述(结构化描述和非结构化描述)。关系说明语详见 NLC PS(FLR)附录 4。

[见 NLC PS(FLR)27]

33. 记录相关单件

单件层的相关关系包含等同关系、参照关系、整体/部分关系和伴随关系。相关关系的表达主要有两种方法:相关单件的标识符、相关单件的描述(结构化描述和非结构化描述)。关系说明语详见 NLC PS(FLR)附录 4。

[见 NLC PS(FLR)28]

九、动态图像资源

Step 1:确定编目策略

1. 判断资源类型及确定记录结构

RDA 定义的发行方式 NLC PS(FLR)1.1.3	LDR/07 代码
独立单元发行的资源	m
多部分专著	m
连续出版物	s
集成性资源	i

MARC21 定义的 7 种记录模式	LDR/06 代码
图书(BK)	a、t(手稿)
电子资源(ER)	m
连续性资源(CR)	a
地图资源(MP)	e f
音乐资源(MU)	c d i j
可视资源(VM)	g k o r
混合型资源(MX)	p

LDR/06(记录类型)=g

LDR/07(书目级别)=m

008=VM

[见NLC PS(FLR)专题说明1:资源类型的判断与书目记录结构的确定]

2. 确定著录类型

RDA定义的著录类型 NLC PS(FLR)1.5

综合著录

分析著录

分级著录

(1)多部分专著:根据具体情况,采用综合著录(续入原有记录)或分析著录(新建记录)。

(2)汇编文献:综合著录。

[见NLC PS(FLR)专题说明3:多部分专著和有多个信息源的汇编文献的处理]

3. 确定编目方法

套录编目	原始编目
LDR/05(记录状态)=c(修改过的记录) 040$d=CcBjTSG	LDR/05(记录状态)=n(新记录) 008/39=#(国家级书目机构) 040$a=CcBjTSG 040$c=CcBjTSG

[见NLC PS(FLR)中有关套录编目及原始编目的特定说明]

4. 确定RDA记录编码

LDR/18(编目标准)=i;

040$e=rda, $e位置介于$c和$d之间

[见NLC PS(FLR)0.12]

5. 确定编目语言

040$b=eng(西文资源用英语,其他语种选择相关语言代码)

040$b=rus(俄文资源)

040$b=jpn(日文资源)

[见NLC PS(FLR)0.12]

6. 选择信息源

动态图像资源的首选信息源是题名屏或题名帧。若无题名帧或题名屏可用,则选择一个永久印刷或粘贴于资源的带有题名的标签,或对数字动态图像资源,则包含题名的文本形式的嵌入元数据(RDA 2.2.2.4)将被使用。若既无标签又无元数据可用,附件或容器可被使用。

[见NLC PS(FLR)2.1、2.2]

Step 2：识别资源

7. 记录内容的语言

008/35-37（语种）记录资源内容中最主要的语种代码。如果资源内容还包括其他语种，可将其代码记录在 041 字段，并用附注的形式在 546 字段予以说明。如果资源内容中包括译文，则在 041 字段指明原文语种。

[见 NLC PS(FLR)7.12]

8. 记录载体表现标识符

动态图像资源常见的载体表现标识符是出版者编号，记录在 028 字段，第 1 指示符为“4”，表示录像编号，$b 记录编号来源；通用产品代码（UPCs），记录在 024 字段，第 1 指示符为“1”。

[见 NLC PS(FLR)2.15]

9. 记录题名

依资源上呈现的情况记录：正题名（245 $a）、并列正题名（245 $b）、其他题名信息（245$b）、并列其他题名信息（245$b）、变异题名（246、242、740）等。

动态图像资源题名说明通常包含的“作为引导且不作为题名一部分的词语”，例如“Walt Disney presents a film by James Cameron”，不作为正题名的一部分进行转录。

[见 NLC PS(FLR)2.3]

10. 记录责任说明

依资源上呈现的情况如实转录责任说明（245$c）；创作者的责任说明不能省略，其他责任说明可省略第一个之外的其他名称，并用编目语言总括说明所做的省略；可省略头衔、责任者所隶属的单位等信息。

表演者、旁白者和/或出品人等其他个人或团体以及对资源的艺术和/或技术制作做出贡献的个人则从责任声明中省略，将这些信息记录在附注中。

[见 NLC PS(FLR)2.4]

11. 记录版本说明

版本标识和特定修订版标识是核心元素。如实转录版本标识（250$a）。并列版本标识和与版本相关的责任说明可视重要程度选择记录。

[见 NLC PS(FLR)2.5]

12. 记录出版、发行、生产、版权说明

出版、发行、生产说明记录在 264 字段，第 2 指示符的值区分功能：1—出版；2—发行；3—生产；4—版权。如实转录出版、发行、生产、版权信息。各类地点与 008/15-17 字符位（出版地等）、各类日期与 008/06（日期类型/出版状态）、008/07-10（日期 1）、008/11-14（日期 2）存在对应关系。

对动态图像资源，制作公司通常并非描述的载体表现的出版者。关于制作公司的信息一般记录在附注中。

[见 NLC PS(FLR)2.8－2.11]

13. 记录数量

资源完整时数量为核心元素，记录在 300$a，是由单元数和载体类型术语组成，动态图像资源常用的载体类型术语为“videodisc”。日文、俄文等非拉丁文字图书编目时，采用与 RDA 术语对应的本国文字术语。

［见 NLC PS（FLR）3.4］

14. 记录持续时间

如果资源中已经说明了播放的总时间或总时间容易确定，则记录在 300$a 或 306$a；也可将分部作品的持续时间记录在 505 字段。其中，300 和 505 字段使用术语“hours”“minutes”“seconds”（按 RDA 附录 B.5.3 缩写），306 字段遵循“hhmmss”的模式。

［见 NLC PS（FLR）7.22］

15. 记录声音内容

非核心元素，取自任何来源。记录在 300$b。对于电影和录像等动态图像资源，声音内容应记录为“sound”或“silent”。

［见 NLC PS（FLR）7.18］

16. 记录色彩内容

如果资源中的动态图像是黑白色，则在 300$b 记录为“black and white”（黑色和白色）；如果为彩色，则用 RDA 适当的术语记录。

［见 NLC PS（FLR）7.17］

17. 记录尺寸

记录动态图像资源的尺寸在 300$c。动态图像资源常见的有盘片，用英寸或厘米记录其直径。

［见 NLC PS（FLR）3.5.1.4］

18. 记录内容类型、媒介类型、载体类型

用 RDA 术语记录内容类型（336）、媒介类型（337）和载体类型（338）；如果动态图像带有附件，附件的内容类型、媒介类型和载体类型需重复 336、337 和 338。动态图像资源的内容类型、媒介类型和载体类型记录如下：

336 ##$atwo-dimensional moving image$2rdacontent

或

336 ##$athree-dimensional moving image$2rdacontent

337 ##$avideo$2rdamedia

338 ##$avideodisc$2rdacarrier

或

338 ##$avideocassette$2rdacarrier

［见 NLC PS（FLR）6.9、3.2、3.3］

19. 记录声音特征

用 RDA 3.16 提供的术语分别记录录音类型、录音媒介、播放速度、纹槽特征、音轨配置、播放声道配置、特殊播放特征，可记录在 300$b 和 344 字段，与 007（录像资料模式）的各字符位存在对应关系。

［见 NLC PS（FLR）3.16］

20. 记录视频特征

用 RDA 3.18.2.3 提供的术语将视频格式记录在 346$a，例如“Beta”“VHS”等，用 RDA

3.18.3.3 提供的术语将广播标准记录在 346$b，例如“HDTV”“PAL”“NTSC”或“SECAM”。

[见 NLC PS(FLR)3.18]

21. 记录数字文件特征

数字文件特征是指与资源中文本、图像、音频、视频和其他类型数据的数字编码有关的技术规格，一般记录在 347 字段。文件类型记录在 $a。对于动态图像资源，常用的是“video file”，音频编码格式记录在 $b。若关于地区编码的信息已知，则记录于 347$e。对动态图像资源用户来说，区域编码信息是非常重要的。

[见 NLC PS(FLR)3.19]

22. 记录丛编说明

如实转录丛编说明(490)；如果多部分专著各部分属于不同的丛编，为每个丛编说明建立一个 490 字段，并将与丛编对应的卷期/部分记录在 $3 中；如需检索，应采用 800 – 830 字段提供规范的丛编说明检索点。

[见 NLC PS(FLR)2.12]

23. 记录内容提要

原始编目一般不要求编目员自行编制内容提要。如果外部数据源中存在内容提要信息，可复制到记录的 520 字段，置于引号内，并指明信息来源。如果有电子版的摘要，也可提供连接(520$u 或 856$u)。

[见 NLC PS(FLR)7.10]

24. 记录载体表现的附注

如果有关题名、责任说明、版本说明、出版说明、丛编说明的信息涉及来源、差错、变化、细节时，可记录相关附注。

对于动态图像资源，比较常见的附注包括评级、给出剧情简介或其他内容总结的附注、有关内容的语言的附注(包括原始语言、译制语言、字母或隐藏字幕)、奖项、宽高比、获取的地点和日期。

[见 NLC PS(FLR)2.17]

25. 记录表演者、旁白者和/或出品人

仅参与表演、应用或解说的音乐表演者，以及表演者、旁白者和/或出品人的说明记录在附注项 511 字段。记录电影演职员阵容的信息时，第 1 指示符为“1”，系统显示常数“Cast:”。

[见 NLC PS(FLR)7.23]

26. 记录艺术和/或技术的贡献者

除表演者以外的参与该作品创作或制作的个人名称或机构记录在 508 字段，记录的责任说明需包含每个名称或每组名称所承担职能的说明。

[见 NLC PS(FLR)7.24]

Step 3:描述关系

27. 记录作品与责任者之间的关系

作品的第一个创作者是核心元素，如果存在多个创作者，则负有主要责任或在资源首选信息源中名列首位的创作者是核心元素。作为核心元素的创作者记录在 1XX 字段，其余创作者，与作品相联系的其他责任者，以及与内容表达、载体表现和单件相联系的责任者均由编目员自行判断记录在多个 7XX 字段。资源与责任者之间的关系说明语详见 NLC PS(FLR)附录 3,记录在书目记录 1XX 或 7XX 字段的 $e,关系说明语首字母小写。如果存在多种关系类型,可重复 $e。

大多数动态图像资源不具有主要的创作者,对合作的动态图像资源作品,用作品首选题名构建代表作品的规范检索点,而不是用作品的规范检索点中一个创作者的规范检索点。

动态图像资源的创作者包括编剧(screenwriter)、电影导演(film director),电影制作者(film producer)和制作公司(production company)。

[见 NLC PS(FLR)18 - 19]

28. 记录内容表达与责任者之间的关系

贡献者不是 RDA 的核心元素,但经常对识别资源重要,需适度记录。贡献者记录在书目记录的 7XX 字段,关系说明语详见 NLC PS(FLR)附录 3。

[见 NLC PS(FLR)20]

29. 记录单件与责任者之间的关系

拥有者等不是核心元素,但如果是重要的捐赠者、亲笔签名者等,需适度记录。拥有者记录在书目记录的 7XX 字段,关系说明语详见 NLC PS(FLR)附录 3。

[见 NLC PS(FLR)22]

30. 记录相关作品

作品层的相关关系包含衍生关系、参照关系、整体/部分关系、伴随关系和连续关系。其中整体/部分关系、连续关系为核心元素,需记录;衍生关系比较重要,需适度记录。相关关系的表达主要有 3 种方法:相关作品的标识符、代表相关作品的规范检索点、相关作品的描述(结构化描述和非结构化描述)。关系说明语详见 NLC PS(FLR)附录 4。

[见 NLC PS(FLR)25]

31. 记录相关内容表达

内容表达层的相关关系包含衍生关系、参照关系、整体/部分关系、伴随关系和连续关系。其中衍生关系、整体/部分关系、连续关系比较重要,需适度记录。相关关系的表达主要有 3 种方法:相关内容表达的标识符、代表相关内容表达的规范检索点、相关内容表达的描述(结构化描述和非结构化描述)。关系说明语详见 NLC PS(FLR)附录 4。

[见 NLC PS(FLR)26]

32. 记录相关载体表现

载体表现层的相关关系包含等同关系、参照关系、整体/部分关系和伴随关系。其中等同关系是核心元素。相关关系的表达主要有两种方法:相关载体表现的标识符、相关载体表现的描述(结构化描述和非结构化描述)。关系说明语详见 NLC PS(FLR)附录 4。

[见 NLC PS(FLR)27]

33. 记录相关单件

单件层的相关关系包含等同关系、参照关系、整体/部分关系和伴随关系。相关关系的表达主要有两种方法:相关单件的标识符、相关单件的描述(结构化描述和非结构化描述)。关系说明语详见 NLC PS(FLR)附录 4。

[见 NLC PS(FLR)28]

十、三维资源

Step 1:确定编目策略

1. 判断资源类型及确定记录结构

RDA 定义的发行方式 NLC PS(FLR)1.1.3	LDR/07 代码
独立单元发行的资源	m
多部分专著	m
连续出版物	s
集成性资源	i

MARC21 定义的 7 种记录模式	LDR/06 代码
图书(BK)	a、t(手稿)
电子资源(ER)	m
连续性资源(CR)	a
地图资源(MP)	e f
音乐资源(MU)	c d i j
可视资源(VM)	g k o r
混合型资源(MX)	p

LDR/06(记录类型)=o/r

LDR/07(书目级别)=m

008=VM

[见 NLC PS(FLR)专题说明 1:资源类型的判断与书目记录结构的确定]

2. 确定著录类型

RDA 定义的著录类型 NLC PS(FLR)1.5

综合著录

分析著录

分级著录

(见 NLC PS 1.5)

3. 确定编目方法

套录编目	原始编目
LDR/05(记录状态)=c(修改过的记录) 040$d=CcBjTSG	LDR/05(记录状态)=n(新记录) 008/39=#(国家级书目机构) 040$a=CcBjTSG 040$c=CcBjTSG

[见 NLC PS(FLR)中有关套录编目及原始编目的特定说明]

4. 确定 RDA 记录编码

LDR/18（编目标准）= i；

040$e = rda，$e 位置介于 $c 和 $d 之间

[见 NLC PS（FLR）0.12]

5. 确定编目语言

040$b = eng（西文资源用英语，其他语种选择相关语言代码）

040$b = rus（俄文资源）

040$b = jpn（日文资源）

[见 NLC PS（FLR）0.12]

6. 选择信息源

三维资源的首选信息源是永久印制于或固定于资源的载有题名的标签。大部分三维资源和几乎全部的自然物体都未含有此类标签，此时可从资源本身之外的其他信息源上获取信息（RDA 2.2.4）。

[见 NLC PS（FLR）2.1、2.2]

Step 2：识别资源

7. 记录内容的语言

008/35-37（语种）记录资源内容中最主要的语种代码。如果资源内容还包括其他语种，可将其代码记录在 041 字段，并用附注的形式在 546 字段予以说明。如果资源内容中包括译文，则在 041 字段指明原文语种。

[见 NLC PS（FLR）7.12]

8. 记录载体表现标识符

三维资源很少含有标识符，但正式出版发行的资源，例如游戏或智力玩具可能会有发行商的目录号甚至 ISBN。

[见 NLC PS（FLR）2.15]

9. 记录题名

依资源上呈现的情况记录：正题名（245 $a）、并列正题名（245 $b）、其他题名信息（245$b）、并列其他题名信息（245$b）、变异题名（246、242、740）等。

对于出版发行的三维资源来说，如果资源没有题名，则编制一个题名置于方括号内。而当资源没有典型的书目信息时，例如，自然物体，则无须添加方括号或提供附注。

例：

245 10$aNecessary disclosures.

588 ##$aTitle from the box.

说明：在编资源只有正题名，启用 588 字段说明题名来源。

[见 NLC PS（FLR）2.3]

10. 记录责任说明

依资源上呈现的情况如实转录责任说明（245 $c）；创作者的责任说明不能省略，其他责任说明可省略第一个之外的其他名称，并用编目语言总括说明所做的省略；可省略头衔、责任者所隶属的单位等信息。

[见 NLC PS(FLR)2.4]

10. 记录版本说明

版本标识和特定修订版标识是核心元素。如实转录版本标识(250$a)。并列版本标识和与版本相关的责任说明可视重要程度选择记录。

三维资源极少有版本说明。

[见 NLC PS(FLR)2.5]

11. 记录制作说明

仅应用于非出版形式的资源。仅制作日期为核心元素。启用 264 字段予以记录,第 2 指示符为“0”。制作地、制作者名称的信息未能从资源本身识别时,制作地、制作者名称的信息可取自资源之外,但需置于方括号内。制作日期取自任何来源,因此即使取自资源之外,也无须置于方括号内。

[见 NLC PS(FLR)2.7]

12. 记录出版、发行、生产、版权说明

出版、发行、生产说明记录在 264 字段,第 2 指示符的值区分功能:1—出版;2—发行;3—生产;4—版权。如实转录出版、发行、生产、版权信息。各类地点与 008/15-17 字符位(出版地等)、各类日期与 008/06(日期类型/出版状态)、008/07-10(日期 1)、008/11-14(日期 2)存在对应关系。

[见 NLC PS(FLR)2.8 -2.11]

13. 记录数量

资源完整时数量为核心元素,记录在 300$a,是由单元数和载体类型术语组成。描述三维资源的数量时,不采用 RDA 3.3.1.3 的术语,而用 RDA 3.4.1.3 例外中提供的术语表。可在指示单元类型的术语后,指明组件数和一个或多个类型,并置于圆括号内。

例:

300 ##$a1 ball-shaped bookwork (10 cards, 1 sheet)

[见 NLC PS(FLR)3.4.5]

14. 记录色彩内容

色彩内容记录在 300$b。如果三维资源是黑白色,则记录为“black and white”(黑色和白色);如果有一种或两种其他色彩,则说明色彩的名称。

例:

300 ##$bblue and white

说明:三维资源的色彩为蓝白色相间。

[见 NLC PS(FLR)7.17]

15. 记录尺寸

对球仪,记录直径,需注明。其他三维形式,记录其本身的尺寸。通常记录高度 × 宽度 × 深度。如果三维形式置于容器中,则省略本身的尺寸,记录容器的尺寸。

[见 NLC PS(FLR)3.5.1.4]

16. 记录内容类型、媒介类型、载体类型

用 RDA 术语记录内容类型(336)、媒介类型(337)和载体类型(338);如果三维资源带有附件,附件的内容类型、媒介类型和载体类型需重复 336、337 和 338。三维资源的内容类

型、媒介类型和载体类型可记录如下：

336 ##$athree-dimensional form$2rdacontent

337 ##$aunmediated$2rdamedia

338 ##$aobject$2rdacarrier

[见 NLC PS(FLR)6.9、3.2、3.3]

17. 记录基底材料

三维物体，如雕塑、球仪等，需记录基底材料。用 RDA 3.6.1.3 提供的术语表将基底材料记录在 340$a。

例：

340 ##$awood

说明：雕塑作品为木质基底材料。

[见 NLC PS(FLR)3.6]

18. 记录应用材料

应用材料是指用作资源基底材料的物理或化学物质，用 RDA 3.7.1.3 提供的术语表将应用材料记录在 340$c。

[见 RDA 3.7]

19. 记录衬底/底座

三维资源的衬底/底座是指以支撑为目的，资源基底材料所附着的物理材料。如果对识别和选择资源重要，则用 RDA 3.8.1.3 提供的术语表将衬底/底座记录在 340$e。

20. 记录丛编说明

如实转录丛编说明(490)；如果多部分专著各部分属于不同的丛编，为每个丛编说明建立一个 490 字段，并将与丛编对应的卷期/部分记录在 $3 中；如需检索，应采用 800－830 字段提供规范的丛编说明检索点。

[见 NLC PS(FLR)2.12]

21. 记录补编内容

补编内容为书目时，记录在 504 字段，如果仅为索引，则记录在 500 字段。

[见 NLC PS(FLR)7.16]

22. 记录内容提要

原始编目一般不要求编目员自行编制内容提要。如果外部数据源中存在内容提要信息，可复制到记录的 520 字段，置于引号内，并指明信息来源。如果有电子版的摘要，也可提供连接(520$u 或 856$u)。

[见 NLC PS(FLR)7.10]

23. 记录载体表现的附注

如果有关题名、责任说明、版本说明、出版说明、丛编说明的信息涉及来源、差错、变化、细节时，可记录相关附注。

三维资源需要记录题名附注(RDA 2.17.2)。

[见 NLC PS(FLR)2.17]

Step 3：描述关系

24. 记录作品与责任者之间的关系

作品的第一个创作者是核心元素，如果存在多个创作者，则负有主要责任或在资源首选信息源中名列首位的创作者是核心元素。作为核心元素的创作者记录在 1XX 字段，其余创作者，与作品相联系的其他责任者，以及与内容表达、载体表现和单件相联系的责任者均由编目员自行判断记录在多个 7XX 字段。资源与责任者之间的关系说明语详见 NLC PS(FLR)附录 3，记录在书目记录 1XX 或 7XX 字段的 $e，关系说明语首字母小写。如果存在多种关系类型，可重复 $e。

三维资源的创作者创作的产品通常不是文本形式，例如，雕塑和玩具，其创作者称为雕塑家(sculptor)和设计师(sculptor)。如果没有明显的创作者，则无须著录。如果由两个或两个以上的艺术家作为一个团体(该团体有名称)创作的单个艺术作品，则视团体为作品的创作者。

例：

100 1#$aPeters, Sarah, $edesigner.

[见 NLC PS(FLR)18 – 19]

25. 记录内容表达与责任者之间的关系

贡献者不是 RDA 的核心元素，但经常对识别资源重要，需适度记录。贡献者记录在书目记录的 7XX 字段，关系说明语详见 NLC PS(FLR)附录 3。

[见 NLC PS(FLR)20]

26. 记录单件与责任者之间的关系

拥有者等不是核心元素，但如果是重要的捐赠者、亲笔签名者等，需适度记录。拥有者记录在书目记录的 7XX 字段，关系说明语详见 NLC PS(FLR)附录 3。

[见 NLC PS(FLR)22]

27. 记录相关作品

作品层的相关关系包含衍生关系、参照关系、整体/部分关系、伴随关系和连续关系。其中整体/部分关系、连续关系为核心元素，需记录，衍生关系比较重要，需适度记录。相关关系的表达主要有 3 种方法：相关作品的标识符、代表相关作品的规范检索点、相关作品的描述(结构化描述和非结构化描述)。关系说明语详见 NLC PS(FLR)附录 4。

[见 NLC PS(FLR)25]

28. 记录相关内容表达

内容表达层的相关关系包含衍生关系、参照关系、整体/部分关系、伴随关系和连续关系。其中衍生关系、整体/部分关系、连续关系比较重要，需适度记录。相关关系的表达主要有 3 种方法：相关内容表达的标识符、代表相关内容表达的规范检索点、相关内容表达的描述(结构化描述和非结构化描述)。关系说明语详见 NLC PS(FLR)附录 4。

[见 NLC PS(FLR)26]

29. 记录相关载体表现

载体表现层的相关关系包含等同关系、参照关系、整体/部分关系和伴随关系。其中等同关系是核心元素。相关关系的表达主要有两种方法：相关载体表现的标识符、相关载体表现的描述(结构化描述和非结构化描述)。关系说明语详见 NLC PS(FLR)附录4。

［见 NLC PS(FLR)27］

30. 记录相关单件

单件层的相关关系包含等同关系、参照关系、整体/部分关系和伴随关系。相关关系的表达主要有两种方法:相关单件的标识符、相关单件的描述(结构化描述和非结构化描述)。关系说明语详见 NLC PS(FLR)附录4。

［见 NLC PS(FLR)28］

十一、缩微资源

Step 1:确定编目策略

1. 判断资源类型及确定记录结构

RDA 定义的发行方式 NLC PS(FLR)1.1.3	LDR/07 代码
独立单元发行的资源	m
多部分专著	m
连续出版物	s
集成性资源	i

MARC21 定义的 7 种记录模式	LDR/06 代码
图书(BK)	a、t(手稿)
电子资源(ER)	m
连续性资源(CR)	a
地图资源(MP)	e　f
音乐资源(MU)	c　d　i　j
可视资源(VM)	g　k　o　r
混合型资源(MX)	p

缩微资源的记录结构以被缩微的对象所具有的资源类型特征为判断基础。

例1:

LDR/06(记录类型)=a

LDR/07(书目级别)=m

008=BK

说明:原始资源为图书。

例2:

LDR/06(记录类型)=a

LDR/07(书目级别)=s

008=CR

说明:原始资源为期刊。

例 3:

LDR/06(记录类型)=e

LDR/07(书目级别)=m

008=MP

说明:原始资源为地图。

例 4:

LDR/06(记录类型)=j

LDR/07(书目级别)=m

008=MU

说明:原始资源为乐谱。

为配合缩微资源的表示,"BK""MP""MU""CR"几种模式的 008 字段在表示载体形态的字符位(008/23 或 008/29)定义了缩微资源的代码,"a"表示缩微胶卷,"b"表示缩微平片,"c"表示不透明缩微片。

[见 NLC PS(FLR)专题说明 1:资源类型的判断与书目记录结构的确定]

2. 确定著录类型

RDA 定义的著录类型 NLC PS(FLR)1.5

综合著录

分析著录

分级著录

(1)多部分专著:根据具体情况,采用综合著录(续入原有记录)或分析著录(新建记录)。

(2)汇编文献:综合著录。

[见 NLC PS(FLR)专题说明 3:多部分专著和有多个信息源的汇编文献的处理]

3. 确定编目方法

套录编目	原始编目
LDR/05(记录状态)=c(修改过的记录) 040$d=CcBjTSG	LDR/05(记录状态)=n(新记录) 008/39=#(国家级书目机构) 040$a=CcBjTSG 040$c=CcBjTSG

[见 NLC PS(FLR)中有关套录编目及原始编目的特定说明]

4. 确定 RDA 记录编码

LDR/18(编目标准)=i;

040$e=rda,$e 位置介于 $c 和 $d 之间

[见 NLC PS(FLR)0.12]

5. 确定编目语言

040$b=eng(西文资源用英语,其他语种选择相关语言代码)

040$b=rus(俄文资源)

040$b=jpn(日文资源)

［见 NLC PS(FLR)0.12］

6. 选择信息源

缩微资源实质上是一种缩微形式的复制品,因此在编目时有其特殊性。在编目策略方面需要确定编制记录的基础:原始资源 or 缩微资源。如果以原始资源作为描述对象,则出版说明、载体形态等信息均以原始资源为信息基础,同时在533字段(复制品附注)说明缩微资源的出版、制作、载体形态等信息。如果以缩微资源本身为描述对象,则出版说明、载体形态等信息均以缩微制品本身为信息基础,同时在534字段(原版附注)说明原始资源的相关信息。

例1:

245 12$aA declaration of former passages and proceedings betwixt the English and the Narrowgansets, with their confederates /$cby John Winthrop.

264 #3$a[Cambridge, Massachusetts] :$b[Stephen Day],$c[1645]

300 ##$a7, [1] pages ;$c18 cm

533 ##$aMicrofiche.$b[New York] :$cReadex Microprint,$d[1985]$e1 microfiche ; 11 x 15 cm$f(Early American imprints. First series ; no. 17)

说明:描述对象为原始资源。

例2:

245 00$aAfrica in 50 years' time :$bthe road towards inclusive growth /$cAfrican Development Bank.

264 #1$a[Ann Arbor, MI] :$bProQuest,$c2011.

300 ##$a1 microfiche :$billustrations

340 ##$onegative$2rda

534 ##$pOriginally published:$cTunis, Tunisia : African Development Bank, 2011.

说明:描述对象为缩微资源。

Step 2:识别资源

7. 记录内容的语言

参见原始资源所属资源类型的编目方法。

［见 NLC PS(FLR)7.12］

8. 记录载体表现标识符

参见原始资源所属资源类型的编目方法。

［见 NLC PS(FLR)2.15］

9. 记录题名

参见原始资源所属资源类型的编目方法。

［见 NLC PS(FLR)2.3］

10. 记录责任说明

参见原始资源所属资源类型的编目方法。

［见 NLC PS(FLR)2.4］

10. 记录版本说明

参见原始资源所属资源类型的编目方法。

[见 NLC PS(FLR)2.5]

11. 记录出版、发行、生产、版权说明

参见原始资源所属资源类型的编目方法。

[见 NLC PS(FLR)2.8 – 2.11]

12. 记录数量

如果以缩微资源本身作为描述对象，则数量的载体类型术语参见 RDA 3.3.1.3 术语表。如果易于确定且对识别或选择重要，则在指示单元类型的术语后记录子单元数，并置于圆括号内。子单元数量的记录方法参见相关资源。如果以原始资源作为描述对象，则以其所属资源类型的数量描述方法记录，缩微资源的数量记录在 533 字段。

例：

300 ##$a15 microfiches (xxi, 307 pages)

说明：文本的复制品，圆括号中记录文本页码的数量。

[见 NLC PS(FLR)3.4.5]

13. 记录插图性内容、色彩内容

如果以原始资源作为描述对象，参见原始资源所属资源类型的编目方法。

例：

007　　hd^afb|||baca

300 ##$a5 microfilm reels :$bblack and white, silver halide, service copy ;$c35 mm

说明：以缩微资源本身为描述对象，007/09(颜色)取"b"(黑白)，300$b 记录为"black and white"。

[见 NLC PS(FLR)7.15、7.17]

14. 记录尺寸

如果以原始资源作为描述对象，参见原始资源所属资源类型的编目方法。

如果以缩微资源本身为描述对象，缩微制品的尺寸记录在 300$c，与 007/04 字符位存在对应关系。缩微资源根据类型不同，描述尺寸的规则也不同，主要包括：对于盒式或卡式缩微胶卷以毫米记录胶卷的宽度，使用公制符号"mm"；对于缩微平片，记录平片的高度 × 宽度；对于卡式缩微平片，记录盒面的长度 × 高度。

例：

007　　hd^afb|||baca

300 ##$a5 microfilm reels :$bblack and white, silver halide, service copy ;$c35 mm

说明：以缩微资源为描述对象，007/04(尺寸)选取"f"(35 毫米)。

[见 NLC PS(FLR)3.5]

15. 记录基底材料

用 RDA 3.6.1.3 提供的术语记录基底材料，记录在 340$a，与 007/12 字符位存在对应关系。当不能确定胶卷基底是双醋酸纤维素还是三醋酸纤维素时，记录为"acetate"(醋酸纤维素)；当不能确定安全基底的具体类型时，记录为"safety base"(安全基底)。

例：

007 hd^afb|||baca

340 ##$asafety base$fnormal reducation$onegative$2rda

说明：007/12(片基类型)选取"a"(安全片基,类型不确定)。

[见 NLC PS(FLR)3.6]

16. 记录应用材料

缩微资源的应用材料记录其所用的感光乳剂,用 RDA 3.6.1.3 提供的术语将该元素记录在 300$b,也可同时记录于 340$c,与 007/10 字符位存在对应关系。

例：

007 hd^afb|||baca

300 ##$a5 microfilm reels ;$bblack and white, silver halide, service copy ;$c35 mm

说明：007/10(胶片上的乳剂)选取"a"(卤化银)。

17. 记录代

缩微品的代是指"缩微资源的原始载体和原件复制品的载体之间的关系"。缩微品的代记录在 300$b,也可同时记录在 340$j,与 007/11 字符位存在对应关系。

例：

007 hd^afb|||baca

300 ##$a5 microfilm reels ;$bblack and white, silver halide, service copy ;$c35 mm

说明：007/11(代次)选取"c"(发行拷贝)。

18. 记录极性

在 340$o 记录对识别重要的缩微资源的极性(正片或负片),与 007/03 字符位存在对应关系。对缩微资源而言,负片更为常见。

例：

007 hd^afb|||baca

340 ##$asafety base$fnormal reducation$onegative$2rda

说明：007/03(正/负特性)选取"a"(负片)。

[见 NLC PS(FLR)3.14]

19. 记录缩率

如果缩率易于识别,用 RDA 3.15.1.5.1.3 提供的术语,在 340$f 中记录缩率,与 007/05 字符位存在对应关系。

例：

007 hd^afb|||baca

340 ##$asafety base$fnormal reducation$onegative$2rda

说明：007/05(缩率范围)选取"b"(正常缩率)。

[见 NLC PS(FLR)3.15]

20. 记录内容类型、媒介类型、载体类型

用 RDA 术语记录内容类型(336)、媒介类型(337)和载体类型(338);缩微资源以原始资源作为描述内容类型的基础,例如,原始资源为图书时,其内容类型、媒介类型、载体类型元素记录如下：

336 ##$atext$2rdacontent

337 ##$amicroform$2rdamedia

338 ##$amicrofilm reel$2rdacarrier

[见 NLC PS(FLR)6.9、3.2、3.3]

21. 记录丛编说明

参见原始资源所属资源类型的编目方法。

[见 NLC PS(FLR)2.12]

22. 记录补编内容

参见原始资源所属资源类型的编目方法。

[见 NLC PS(FLR)7.16]

23. 记录内容提要

参见原始资源所属资源类型的编目方法。

[见 NLC PS(FLR)7.10]

24. 记录载体表现的附注

参见原始资源所属资源类型的编目方法。

[见 NLC PS(FLR)2.17]

Step 3:描述关系

25. 记录作品与责任者之间的关系

参见原始资源所属资源类型的编目方法。

[见 NLC PS(FLR)18 – 19]

26. 记录内容表达与责任者之间的关系

参见原始资源所属资源类型的编目方法。

[见 NLC PS(FLR)20]

27. 记录单件与责任者之间的关系

参见原始资源所属资源类型的编目方法。

[见 NLC PS(FLR)22]

28. 记录相关作品

参见原始资源所属资源类型的编目方法。

[见 NLC PS(FLR)25]

29. 记录相关内容表达

参见原始资源所属资源类型的编目方法。

[见 NLC PS(FLR)26]

30. 记录相关载体表现

参见原始资源所属资源类型的编目方法。

缩微资源经常与其他类型的载体表现存在等同关系,例如,电子型或印刷型的资源。

[见 NLC PS(FLR)27]

31. 记录相关单件

参见原始资源所属资源类型的编目方法。

[见 NLC PS(FLR)28]

附录2　内容类型、媒介类型、载体类型术语表

内容类型术语与 LDR/06 对应表

RDA 内容术语（336$a）	术语代码(336$b)	LDR/06 代码
地图数据集(cartographic dataset)	crd	e or f
地图图像(cartographic image)	cri	e or f
地图的动态图像(cartographic moving image)	crm	e or f
地图的触摸图像(cartographic tactile image)	crt	e or f
地图的触摸三维形式(cartographic tactile three-dimensional form)	crn	e or f
地图的三维形式(cartographic three-dimensional form)	crf	e or f
计算机数据集(computer dataset)	cod	m
计算机程序(computer program)	cop	m
动作谱(notated movement)	ntv	a or t
乐谱(notated music)	ntm	c or d
表演音乐(performed music)	prm	j
声音(sounds)	snd	i
口头表述(spoken word)	spw	i
静态图像(still image)	sti	k
触摸图像(tactile image)	tci	k
触摸动作谱(tactile notated movement)	tcn	a or t
触摸乐谱(tactile notated music)	tcm	c or d
触摸文本(tactile text)	tct	a or t
触摸三维形式(tactile three-dimensional form)	tcf	r
文本(text)	txt	a or t
三维形式(three-dimensional form)	tdf	r
三维动态图像(three-dimensional moving image)	tdm	g
二维动态图像(two-dimensional moving image)	tdi	g
其他(other)	xxx	o or p
未指定(unspecified)	zzz	

媒介类型术语与 007/00 对应表

RDA 媒体术语（337$a）	MARC 代码(337$b)	007/00 字符位代码
音频(audio)	s	s – sound recording
计算机(computer)	c	c – electronic resource
缩微(microform)	h	h – microform
显微(microscopic)	p	
投影(projected)	g	g – projected graphic m – motion picture

续表

RDA 媒体术语（337$a）	MARC 代码(337$b)	007/00 字符位代码
立体(stereographic)	e	
无中介(unmediated)	n	t – text k – non-projected graphic
视频(video)	v	v – videorecording
其他(other)	x	z – unspecified
未指定(unspecified)	z	z – unspecified

载体类型术语与007/01对应表

RDA 载体术语（338$a）	MARC 代码(338$b)	007/01 字符位代码
音频载体(Audio carriers)		
盒式录音带(audio cartridge)	sg	g – 007/01 (Sound recording)
录音筒(audio cylinder)	se	e – 007/01 (Sound recording)
录音盘(audio disc)	sd	d – 007/01 (Sound recording)
录音卷(audio roll)	sq	q – 007/01 (Sound recording)
录音线卷(audio wire reel)	sw	w – 007/01 (Sound recording)
卡式录音带(audiocassette)	ss	s – 007/01 (Sound recording)
开盘录音带(audiotape reel)	st	t – 007/01 (Sound recording)
音轨卷(sound-track reel)	si	i – 007/01 (Sound recording)
其他音频载体(other audio carrier)	sz	z – 007/01 (Sound recording)
计算机载体(Computer carriers)		
计算机卡(computer card)	ck	k – 007/01 (Electronic resource)
盒式计算机芯片(computer chip cartridge)	cb	b – 007/01 (Electronic resource)
计算机盘(computer disc)	cd	d – 007/01 (Electronic resource)
盒式计算机盘(computer disc cartridge)	ce	e – 007/01 (Electronic resource)
盒式计算机磁带(computer tape cartridge)	ca	a – 007/01 (Electronic resource)
卡式计算机磁带(computer tape cassette)	cf	f – 007/01 (Electronic resource)
开盘计算机磁带(computer tape reel)	ch	h – 007/01 (Electronic resource)
联机资源(online resource)	cr	r – 007/01 (Electronic resource)
其他计算机载体(other computer carrier)	cz	z – 007/01 (Electronic resource)
缩微载体(Microform carriers)		
穿孔卡片(aperture card)	ha	a – 007/01 (Microform)
缩微平片(microfiche)	he	e – 007/01 (Microform)
卡式缩微平片(microfiche cassette)	hf	f – 007/01 (Microform)
盒式缩微胶卷(microfilm cartridge)	hb	b – 007/01 (Microform)

续表

RDA 载体术语（338$a）	MARC 代码(338$b)	007/01 字符位代码
卡式缩微胶卷(microfilm cassette)	hc	c – 007/01 (Microform)
开盘缩微胶卷(microfilm reel)	hd	d – 007/01 (Microform)
缩微卷(microfilm roll)	hj	j – 007/01 (Microform)
缩微条片(microfilm slip)	hh	h – 007/01 (Microform)
不透明缩微品(microopaque)	hg	g – 007/01 (Microform)
其他缩微载体(other microform carrier)	hz	z – 007/01 (Microform)
显微载体(Microscopic carriers)		
显微镜载玻片(microscope slide)	pp	p – 008/33 (Visual Materials)
其他显微载体(other microscopic carrier)	pz	no code
放映图像载体(Projected image carriers)		
盒式影片(film cartridge)	mc	c – 007/01 (Motion picture)
卡式影片(film cassette)	mf	f – 007/01 (Motion picture)
开盘电影胶片(film reel)	mr	r – 007/01 (Motion picture)
胶卷(film roll)	mo	o – 007/01 (Motion picture)
幻灯条片(filmslip)	gd	d – 007/01 (Projected graphic)
幻灯卷片(filmstrip)	gf	f – 007/01 (Projected graphic)
盒式幻灯卷片(filmstrip cartridge)	gc	c – 007/01 (Projected graphic)
高射投影幻灯片(overhead transparency)	gt	t – 007/01 (Projected graphic)
幻灯片(slide)	gs	s – 007/01 (Projected graphic)
其他放映图像载体(other projected carrier)	mz	z – 007/01 (Motion picture) z – 007/01 (Projected graphic)
立体载体(Stereographic carriers)		
立体卡片(stereograph card)	eh	h – 007/01 (Non-projected graphic)
立体盘(stereograph disc)	es	s – 007/01 (Projected graphic)
其他立体载体(other stereographic carrier)	ez	no code
无中介载体(Unmediated carriers)		
卡片(card)	no	no code
翻转图(flipchart)	nn	no code
物体(object)	nr	r – Bibliographic Leader/06
卷(roll)	na	no code
张(sheet)	nb	no code
卷/册(volume)	nc	no code
其他无中介载体(other unmediated carrier)	nz	no code

续表

RDA 载体术语 (338$a)	MARC 代码(338$b)	007/01 字符位代码
视频载体(Video carriers)		
盒式录像带(video cartridge)	vc	c – 007/01 (Videorecording)
卡式录像带(videocassette)	vf	f – 007/01 (Videorecording)
视盘(videodisc)	vd	d – 007/01 (Videorecording)
开盘录像带(videotape reel)	vr	r – 007/01 (Videorecording)
其他视频载体(other video carrier)	vz	z – 007/01 (Videorecording)
未指明载体(Unspecified carriers)		
未指定(unspecified)	zu	u – 007/01 (Unspecified)

附录3　资源 & 名称之间关系说明语

一、与作品相关的代理的关系说明语

创作者关系说明语

中文译名	关系说明语
建筑设计师	architect
景观设计师	landscape architect
美术家	artist
图书艺术家	book artist
书法家	calligrapher
雕塑家	sculptor
作者	author
台本作者	librettist
作词者	lyricist
报告起草人	rapporteur
编剧	screenwriter
制图者	cartographer
编舞者	choreographer
编纂者	compiler
作曲者	composer
设计者	designer
制定法律的行政管辖区	enacting jurisdiction
制片人	filmmaker
受访者	interviewee
采访者	interviewer
发明者	inventor
摄影者	photographer
评审人	praeses
编程者	programmer
混音艺术家	remix artist
答辩人	respondent

其他与作品相关的代理的关系说明语

中文译名	关系说明语
收件者	addressee
上诉者	appellant
上诉团体	appellant corporate body
上诉个人	appellant person
被上诉者	appellee
被上诉团体	appellee corporate body
被上诉个人	appellee person
选角导演	casting director
委托主体	commissioning body
顾问	consultant
受管辖的法院	court governed
被题献者	dedicatee
题献者	dedicator
被告	defendant
被控告的团体	defendant corporate body
被控告的个人	defendant person
学位委员会成员	degree committee member
学位授予机构	degree granting institution
学位督导	degree supervisor
导演	director
电影导演	film director
广播导演	radio director
电视导演	television director
摄影指导	director of photography
编辑主任	editorial director
作品的创始者	founder of work
被纪念者	honouree
主办机构	host institution
发行者	issuing body
法官	judge
受管辖的行政管辖区	jurisdiction governed
灵媒	medium
组织者	organizer
条约参与者	participant in treaty
原告	plaintiff

续表

中文译名	关系说明语
作为原告的团体	plaintiff corporate body
作为个人的原告	plaintiff person
制作人	producer
录音制作人	audio producer
电影制作人	film producer
广播制作人	radio producer
电视制作人	television producer
制作公司	production company
研究者	researcher
赞助者	sponsoring body

二、与内容表达相关的代理的关系说明语

贡献者关系说明语

中文译名	关系说明语
缩编者	abridger
动画师	animator
音乐改编者	arranger of music
艺术指导	art director
录音工程师	audio engineer
混音工程师	mixing engineer
录制工程师	recording engineer
制图者（内容表达）	cartographer（expression）
审查者	censor
编舞者（内容表达）	choreographer（expression）
配色师	colourist
作曲者（内容表达）	composer（expression）
服装设计师	costume designer
法院书记官	court reporter
流行音乐节目主持人	DJ
绘图者	draftsman
配音导演	dubbing director
编者	editor
动态图像作品的剪辑师	editor of moving image work

续表

中文译名	关系说明语
插图者	illustrator
嵌字师	letterer
摄影师（内容表达）	photographer（expression）
受访者（内容表达）	interviewee（expression）
采访者（内容表达）	interviewer（expression）
灯光设计师	lighting designer
化妆师	make-up artist
会议记录者	minute taker
音乐工程师	music programmer
音乐总监	musical director
屏幕参与者	on-screen participant
表演者	performer
演员	actor
配音演员	voice actor
解说员	commentator
指挥	conductor
合唱指挥	choral conductor
器乐指挥	instrumental conductor
舞蹈演员	dancer
节目主持人	host
乐器演奏者	instrumentalist
谈话类节目主持人	moderator
旁白者	narrator
屏幕主持人	on-screen presenter
访谈嘉宾	panelist
木偶表演者	puppeteer
演唱者	singer
演说者	speaker
说书人	storyteller
教师	instructor
出品人	presenter
制作设计	production designer
录制者	recordist

续表

中文译名	关系说明语
修复者(内容表达)	restorationist (expression)
软件开发者	software developer
音效设计师	sound designer
特效提供者	special effects provider
舞台导演	stage director
测绘者	surveyor
改写者	transcriber
译者	translator
视效提供者	visual effects provider
补充文本内容撰写者	writer of supplementary textual content
附加评注者	writer of added commentary
附加文本撰写者	writer of added text
填词者	writer of added lyrics
后记作者	writer of afterword
序作者	writer of foreword
导言作者	writer of introduction
后记作者	writer of postface
前言作者	writer of preface

三、与载体表现相关的代理的关系说明语

生产者关系说明语

中文译名	关系说明语
图书设计者	book designer
布莱叶盲文点字制作者	braille embosser
铸造者	caster
珂罗版制作者	collotyper
雕版者	engraver
蚀刻者	etcher
平版制作者	lithographer
造纸者	papermaker
制版者	platemaker
印刷者	printer
印版制作者	printmaker

出版者关系说明语

中文译名	关系说明语
播音者	broadcaster

发行者关系说明语

中文译名	关系说明语
电影发行者	film distributor

四、与单件相关的代理的关系说明语

拥有者关系说明语

中文译名	关系说明语
当前拥有者	current owner
储存者	depositor
先前拥有者	former owner
捐赠者	donor
出售者	seller

其他与单件相关的代理的关系说明语

中文译名	关系说明语
手写批注者	annotator
亲笔签名者	autographer
装订者	binder
管理者	curator
收藏登记者	collection registrar
收集者	collector
被题献者(单件)	dedicatee (item)
被授予者(单件)	honouree (item)
装饰者	illuminator
题写者	inscriber
修复者(单件)	restorationist (item)

附录4　资源 & 资源之间关系说明语

一、相关作品的关系说明语

衍生作品关系

中文译名	关系说明语
基于(作品)	based on (work)
缩写自(作品)	abridgement of (work)
摘要自(作品)	abstract of (work)
(作品)的摘要	abstracts for (work)
改编自(作品)	adaptation of (work)
编舞改编自(作品)	choreographic adaptation of (work)
戏剧改编自(作品)	dramatization of (work)
漫画小说改编自(作品)	graphic novelization of (work)
基于(作品)的台本	libretto based on (work)
电影改编自(作品)	motion picture adaptation of (work)
音乐剧改编自(作品)	musical theatre adaptation of (work)
小说改编自(作品)	novelization of (work)
歌剧改编自(作品)	opera adaptation of (work)
清唱剧改编自(作品)	oratorio adaptation of (work)
广播节目改编自(作品)	radio adaptation of (work)
基于(作品)的广播文稿	radio script based on (work)
基于(作品)的影视剧剧本	screenplay based on (work)
基于(作品)的电影剧本	motion picture screenplay based on (work)
基于(作品)的电视节目剧本	television screenplay based on (work)
基于(作品)的录像剧本	video screenplay based on (work)
电视节目改编自(作品)	television adaptation of (work)
韵文改编自(作品)	verse adaptation of (work)
录像改编自(作品)	video adaptation of (work)
电子游戏改编自(作品)	videogame adaptation of (work)
文摘自(作品)	digest of (work)
扩充自(作品)	expanded version of (work)
意译自(作品)	free translation of (work)
模仿自(作品)	imitation of (work)
戏仿自(作品)	parody of (work)

续表

中文译名	关系说明语
为(作品)编制索引	indexing for (work)
灵感源自	inspired by
谱曲自(作品)	musical setting of (work)
重述自(作品)	paraphrase of (work)
重新制作自(作品)	remake of (work)
概要自(作品)	summary of (work)
基于(作品)的音乐变奏曲	variations based on (work)
衍生(作品)	derivative (work)
缩写成(作品)	abridged as (work)
摘要(作品)	abstracted as (work)
被摘要于(作品)	abstracted in(work)
改编成(作品)	adapted as (work)
改编成编舞(作品)	adapted as choreography (work)
改编成漫画小说(作品)	adapted as graphic novel (work)
改编成台本(作品)	adapted as libretto (work)
改编成电影(作品)	adapted as motion picture (work)
改编成音乐剧(作品)	adapted as musical theatre (work)
改编成小说(作品)	adapted as novel (work)
改编成歌剧(作品)	adapted as opera (work)
改编成清唱剧(作品)	adapted as oratorio (work)
改编成广播节目(作品)	adapted as radio program (work)
改编成广播文稿(作品)	adapted as radio script (work)
改编成影视剧剧本(作品)	adapted as screenplay (work)
改编成电影剧本(作品)	adapted as motion picture screenplay (work)
改编成电视节目剧本(作品)	adapted as television screenplay (work)
改编成录像剧本(作品)	adapted as video screenplay (work)
改编成电视节目(作品)	adapted as television program (work)
改编成录像(作品)	adapted as video (work)
改编成电子游戏(作品)	adapted as video game (work)
改编成韵文(作品)	adapted in verse as (work)
改编成戏剧(作品)	dramatized as (work)
摘要成(作品)	digested as (work)
扩充成(作品)	expanded as(work)

续表

中文译名	关系说明语
意译成(作品)	freely translated as(work)
模仿成(作品)	imitated as(work)
戏仿成(作品)	parodied as (work)
被索引于(作品)	indexed in (work)
为……提供灵感	inspiration for
音乐变奏成(作品)	modified by variation as (work)
重述成(作品)	paraphrased as(work)
重新制作成(作品)	remade as(work)
谱曲成(作品)	set tomusic as (work)
概要成(作品)	summarized as (work)

参照作品关系

中文译名	关系说明语
纪念	commemoration
对(作品)的纪念	commemoration of

整体/部分作品关系

中文译名	关系说明语
包含于(作品)	contained in(work)
在丛编……中	in series
……的分丛编	subseries of
包含(作品)	container of (work)
从编包含	series container of (work)
分丛编	subseries

伴随作品关系

中文译名	关系说明语
(作品)的附增	augmentation of (work)
(作品)的补遗	addenda to (work)
(作品)的附录	appendix to (work)
(作品)的华彩乐段	cadenza composed for (work)
(作品)的目录	catalogue of (work)
(作品)的语词索引	concordance to (work)
(作品)的勘误	errata to (work)

续表

中文译名	关系说明语
（作品）的查询工具	finding aid for（work）
（作品）的指南	guide to（work）
（作品）的插图	illustrations for（work）
（作品）的索引	index to（work）
（作品）的补编	supplement to（work）
附增（作品）	augmented by（work）
补遗（作品）	addenda（work）
附录（作品）	appendix（work）
华彩乐段（作品）	cadenza（work）
目录（作品）	catalogue（work）
语词索引（作品）	concordance（work）
勘误（作品）	errata（work）
查询工具（作品）	finding aid（work）
指南（作品）	guide（work）
插图（作品）	illustrations（work）
索引（作品）	index（work）
补编（作品）	supplement（work）
相互补充（作品）	complemented by（work）
编舞（作品）	choreography（work）
（作品）的编舞	choreography for（work）
台本（作品）	libretto（work）
（作品）的台本	libretto for（work）
音乐（作品）	music（work）
配乐（作品）	incidental music（work）
电影音乐（作品）	motion picture music（work）
广播节目音乐（作品）	radio program music（work）
电视节目音乐（作品）	television program music（work）
录像音乐（作品）	video music（work）
（作品）的音乐	music for（work）
（作品）的配乐	incidental musicfor（work）
电影（作品）的音乐	musicfor motion picture（work）
广播节目（作品）的音乐	music for radio program（work）
电视节目（作品）的音乐	music for television program（work）

续表

中文译名	关系说明语
录像(作品)的音乐	music for video (work)
广播文稿(作品)	radio script(work)
影视剧剧本(作品)	screenplay(work)
电影剧本(作品)	motion picture screenplay (work)
电视节目剧本(作品)	television screenplay (work)
录像剧本(作品)	video screenplay (work)
(作品)的影视剧剧本	screenplay for(work)
电影(作品)的剧本	screenplay for motion picture (work)
电视节目(作品)的剧本	screenplay for television program (work)
录像(作品)的剧本	screenplay for video (work)
广播节目(作品)的文稿	script for radio program (work)

连续作品关系

中文译名	关系说明语
先前(作品)	preceded by(work)
(作品)的部分吸收	absorption in part of (work)
(作品)的吸收	absorption of (work)
(作品)的部分继承	continuation in part of (work)
(作品)的继承	continuation of (work)
(作品)的合并	merger of(work)
前篇	prequel
(作品)的部分替代	replacement in part of (work)
(作品)的替代	replacement of (work)
从(作品)分出	separated from(work)
……的续篇	sequel to
被(作品)后继	succeeded by (work)
被(作品)吸收	absorbed by (work)
被(作品)部分吸收	absorbed in part by (work)
被(作品)继承	continued by (work)
被(作品)部分继承	continued in part by(work)
合并成(作品)	merged to form (work)
……的前篇	prequel to
被(作品)替代	replaced by (work)
被(作品)部分替代	replaced in part by (work)

续表

中文译名	关系说明语
续篇	sequel
分成(作品)	split into (work)

二、相关内容表达的关系说明语

衍生内容表达关系

中文译名	关系说明语
基于(内容表达)	based on (expression)
缩写自(内容表达)	abridgement of(expression)
摘要自(内容表达)	abstract of (expression)
(内容表达)的摘要	abstracts for (expression)
改编自(内容表达)	adaptation of (expression)
编舞改编自(内容表达)	choreographic adaptation of (expression)
戏剧改编自(内容表达)	dramatization of (expression)
漫画小说改编自(内容表达)	graphic novelization of (expression)
基于(内容表达)的台本	libretto based on (expression)
电影改编自(内容表达)	motion picture adaptation of (expression)
音乐剧改编自(内容表达)	musical theatre adaptation of (expression)
小说改编自(内容表达)	novelization of (expression)
歌剧改编自(内容表达)	opera adaptation of (expression)
清唱剧改编自(内容表达)	oratorio adaptation of (expression)
广播节目改编自(内容表达)	radio adaptation of (expression)
基于(内容表达)的广播文稿	radio script based on (expression)
基于(内容表达)的影视剧剧本	screenplay based on (expression)
基于(内容表达)的电影剧本	motion picture screenplay based on (expression)
基于(内容表达)的电视节目剧本	television screenplay based on (expression)
基于(内容表达)的录像剧本	video screenplay based on(expression)
电视节目改编自(内容表达)	television adaptation of (expression)
韵文改编自(内容表达)	verse adaptation of (expression)
录像改编自(内容表达)	video adaptation of (expression)
音乐改编自	arrangement of
文摘自(内容表达)	digest of (expression)

续表

中文译名	关系说明语
扩充自(内容表达)	expanded version of (expression)
意译自(内容表达)	free translation of (expression)
模仿自(内容表达)	imitation of (expression)
戏仿自(内容表达)	parody of (expression)
为(内容表达)编制索引	indexing for (expression)
谱曲自(内容表达)	musical setting of (expression)
重述自(内容表达)	paraphrase of (expression)
重新制作自(内容表达)	remake of (expression)
修订自	revision of
概要自(内容表达)	summary of (expression)
译自	translation of
译制自	dubbed version of
基于(内容表达)的音乐变奏曲	variations based on (expression)
衍生(内容表达)	derivative (expression)
缩写成(内容表达)	abridged as (expression)
摘要成(内容表达)	abstracted as (expression)
被摘要于(内容表达)	abstracted in (expression)
改编成(内容表达)	adapted as (expression)
改编成舞蹈作品(内容表达)	adapted as choreography (expression)
改编成漫画小说(内容表达)	adapted as graphic novel (expression)
改编成台本(内容表达)	adapted as libretto (expression)
改编成电影(内容表达)	adapted as motion picture (expression)
改编成音乐剧(内容表达)	adapted as musical theatre (expression)
改编成小说(内容表达)	adapted as novel (expression)
改编成歌剧(内容表达)	adapted as opera(expression)
改编成清唱剧(内容表达)	adapted as oratorio (expression)
改编成广播节目(内容表达)	adapted as radio program (expression)
改编成广播文稿(内容表达)	adapted as radio script (expression)
改编成影视剧剧本(内容表达)	adapted as screenplay (expression)
改编成电影剧本(内容表达)	adapted as motion picture screenplay (expression)
改编成电视节目剧本(内容表达)	adapted as television screenplay (expression)

续表

中文译名	关系说明语
改编成录像剧本(内容表达)	adapted as video screenplay (expression)
改编成电视节目(内容表达)	adapted as television program (expression)
改编成录像(内容表达)	adapted as video (expression)
改编成韵文(内容表达)	adapted in verse as (expression)
改编成戏剧(内容表达)	dramatized as (expression)
改编成音乐	arranged as
摘要成(内容表达)	digestas (expression)
扩充成(内容表达)	expanded as (expression)
意译成(内容表达)	freely translated as (expression)
模仿成(内容表达)	imitated as (expression)
戏仿成(内容表达)	parodied as (expression)
被索引于(内容表达)	indexed in (expression)
音乐变奏为(内容表达)	modified by variations as (expression)
重述成(内容表达)	paraphrased as (expression)
重新制作成(内容表达)	remade as (expression)
修订成	revised as
谱曲成(内容表达)	set to music as (expression)
概括成(内容表达)	summarized as (expression)
译成	translated as
译制成	dubbed version

整体—部分内容表达关系

中文译名	关系说明语
包含于(内容表达)	contained in (expression)
包含(内容表达)	container of (expression)

伴随内容表达关系

中文译名	关系说明语
(内容表达)的附增	augmentation of (expression)
(内容表达)的补遗	addenda to (expression)
(内容表达)的附录	appendix to (expression)
(内容表达)的华彩乐段	cadenza composed for (expression)
(内容表达)的目录	catalogue of (expression)
(内容表达)的语词索引	concordance to (expression)

续表

中文译名	关系说明语
(内容表达)的勘误	errata to (expression)
(内容表达)的查询工具	finding aid for (expression)
(内容表达)的指南	guide to (expression)
(内容表达)的插图	illustrations for (expression)
(内容表达)的索引	index to (expression)
(内容表达)的补编	supplement to (expression)
附增(内容表达)	augmented by (expression)
补遗(内容表达)	addenda (expression)
附录(内容表达)	appendix (expression)
华彩乐段(内容表达)	cadenza (expression)
目录(内容表达)	catalogue (expression)
语词索引(内容表达)	concordance (expression)
勘误(内容表达)	errata (expression)
查询工具(内容表达)	finding aid (expression)
指南(内容表达)	guide (expression)
插图(内容表达)	illustrations (expression)
索引(内容表达)	index (expression)
补编(内容表达)	supplement (expression)
相互补充(内容表达)	complemented by (expression)
编舞(内容表达)	choreography (expression)
(内容表达)的编舞	choreography for (expression)
台本(内容表达)	libretto (expression)
(内容表达)的台本	libretto for (expression)
音乐(内容表达)	music (expression)
配乐(内容表达)	incidental music (expression)
电影音乐(内容表达)	motion picture music (expression)
广播节目音乐(内容表达)	radio program music (expression)
电视节目音乐(内容表达)	television program music (expression)
录像音乐(内容表达)	video music (expression)
(内容表达)的音乐	music for (expression)
(内容表达)的配乐	incidental music for (expression)
电影(内容表达)的音乐	music for motion picture (expression)
广播节目(内容表达)的音乐	music for radio program (expression)

续表

中文译名	关系说明语
电视节目(内容表达)的音乐	music for television program (expression)
录像(内容表达)的音乐	music for video (expression)
广播文稿(内容表达)	radio script (expression)
影视剧剧本(内容表达)	screenplay (expression)
电影剧本(内容表达)	motion picture screenplay (expression)
电视节目剧本(内容表达)	television screenplay (expression)
录像剧本(内容表达)	video screenplay (expression)
(内容表达)的影视剧剧本	screenplay for (expression)
电影(内容表达)的剧本	screenplay for motion picture (expression)
电视节目(内容表达)的剧本	screenplay for television program (expression)
录像(内容表达)的剧本	screenplay for video (expression)
(内容表达)的广播节目的文稿	script for radio program (expression)

连续内容表达关系

中文译名	关系说明语
先前(内容表达)	preceded by (expression)
(内容表达)的部分吸收	absorption in part of (expression)
(内容表达)的吸收	absorption of (expression)
(内容表达)的部分继承	continuation in part of (expression)
(内容表达)的继承	continuation of (expression)
(内容表达)的合并	merger of (expression)
(内容表达)的部分替代	replacement in part of (expression)
(内容表达)的替代	replacement of (expression)
从(内容表达)分出	separated from (expression)
被(内容表达)后继	succeeded by (expression)
被(内容表达)吸收	absorbed by (expression)
被(内容表达)部分吸收	absorbed in part by(expression)
被(内容表达)继承	continued by (expression)
被(内容表达)部分继承	continued in part by (expression)
合并成(内容表达)	merged to form (expression)
被(内容表达)替代	replaced by (expression)
被(内容表达)部分替代	replaced in part by (expression)
分成(内容表达)	split into (expression)

三、相关载体表现的关系说明语

等同载体表现关系

中文译名	关系说明语
等同(载体表现)	equivalent (manifestation)
也作为……发行	also issued as
镜像站点	mirror site
复制为(载体表现)	reproduced as (manifestation)
数字化转储(载体表现)	digital transfer (manifestation)
电子复制品(载体表现)	electronic reproduction (manifestation)
摹真本(载体表现)	facsimile (manifestation)
保存摹真本(载体表现)	preservation facsimile (manifestation)
重印成(载体表现)	reprinted as (manifestation)
(载体表现)的复制品	reproduction of (manifestation)
(载体表现)的数字化转储	digital transfer of (manifestation)
(载体表现)的电子复制品	electronic reproduction of (manifestation)
(载体表现)的摹真本	facsimile of (manifestation)
(载体表现)的保存摹真本	preservation facsimile of (manifestation)
(载体表现)的重印	reprint of (manifestation)

整体—部分载体表现关系

中文译名	关系说明语
包含于(载体表现)	contained in (manifestation)
摹真品包含于(载体表现)	facsimile contained in
被嵌入……中	inserted in
……的特刊	special issue of
包含(载体表现)	container of (manifestation)
包含(载体表现)的摹真品	facsimile container of
嵌入	insert
特刊	special issue

伴随载体表现关系

中文译名	关系说明语
与(载体表现)伴随	accompanied by (manifestation)
与……一起发行	issued with
与(载体表现)合拍	filmed with (manifestation)
与(载体表现)合盘	on disc with (manifestation)

四、相关单件的关系说明语

等同单件关系

中文译名	关系说明语
等同单件	equivalent (item)
复制为(单件)	reproduced as (item)
数字化转储(单件)	digital transfer (item)
电子复制品(单件)	electronic reproduction (item)
摹真本(单件)	facsimile (item)
保存摹真本(单件)	preservation facsimile (item)
重印成(单件)	reprinted as (item)
(单件)的复制品	reproduction of (item)
(单件)的数字化转储	digital transfer of (item)
(单件)的电子复制品	electronic reproduction of (item)
(单件)的摹真品	facsimile of (item)
(单件)的保存摹真品	preservation facsimile of (item)
(单件)的重印	reprint of (item)

整体—部分单件关系

中文译名	关系说明语
包含于(单件)	contained in (item)
包含(单件)	container of (item)

伴随单件关系

中文译名	关系说明语
与(单件)伴随	accompanied by (item)
与……合订	bound with
与(单件)合拍	filmed with (item)
与(单件)合盘	on disc with (item)

附录5　RDA与AACR2主要区别对照表

一般性规则

信息源选取	RDA 2.2.2 用“首选信息源”概念替代“主要信息源”，将所有资源分为3大类，逐类说明其首选信息源。具体类别如下： (1)由一个或多个页、叶、张或卡片(或一个或多个页、叶、张或卡片的图像)组成的资源； (2)由动态图像组成的资源； (3)前两项未涵盖的其他资源。 AACR2 1.0A 按资料类型规定主要信息源，在相应章的X.0B予以规定： 图书、小册子等；测绘资料；手稿；乐谱；音乐录音资料；电影和录像；图示资料；电子资源；三维资源；缩微制品；连续性资源
著录级次	RDA 0.6/1.3 用“核心元素”概念替代“著录级次”，分为4个核心等级： (1)RDA核心元素； (2)RDA条件核心元素； (3)RDA非核心元素； (4)本地核心元素。 AACR2 1.0D 依据著录内容的详简，列出3个级次： (1)第1级著录： 正题名、第一责任说明、版本说明、资料特定细节、第一出版者、出版日期等、文献数量、附注、标准号。 (2)第2级著录： 在第1级著录的基础上增加并列题名、其他题名信息、尺寸、丛编说明。 (3)第3级著录： 包括AACR2规则中能用于所著录文献的所有单元
标识符	RDA附录D.1.2 (1)仅当信息取自资源之外时用方括号； (2)同一著录项目内的相邻元素，每个元素单独用一个方括号； (3)作为缩写和标识符的句点均不省略。 AACR21.0C1 (1)信息取自规定信息源之外即需用方括号，如果取自资源之外，只能记录在附注项中； (2)同一著录项目内的相邻元素，各元素括在一个方括号内； (3)如果结尾的词为缩写，则作为标识符的句点省略

续表

<table>
<tr><td>标识符</td><td>例 1：
RDA 记录：
264 #1$a[Maryland] :$b[Scarecrow Press],$c[2007]
264 #1$a[Place of publication not identified] :$b[publisher not identified],$c[2006]
AACR2 记录：
260 ##$a[Maryland :$bScarecrow Press,$c2007]
260 ##$a[S.l. :$bs.n.,$c2006]
例 2：
RDA 记录：
250 ##$a3rd ed..
AACR2 记录：
250 ##$a3rd ed.</td></tr>
<tr><td>差错订正</td><td>RDA 1.7.9/2.3.1.4
如实转录差错，如果差错出现在题名里，将正确形式作为变异题名记录。
AACR 2 1.0F1/12.1B1
(1)拼写错误在差错之后添加[sic]或添加[i.e.正确的形式]；
(2)缺漏字母在缺漏处直接添加[缺漏的字母]。
例 1：
RDA 记录：
245 14$aThe hitsory of Egypt /$cby John Miller.
246 1#$iTitle should read:$aHistory of Egypt
AACR2 记录：
245 14$aThe hitsory [sic] of Egypt /$cby John Miller.
或
245 14$aThe hitsory [i.e. history] of Egypt /$cby John Miller.
信息源显示：The hitsory of Egypt by John Miller
例 2：
RDA 记录：
245 14$aThe world of Internet and the nw generation /$cAdam Mousa.
AACR2 记录：
245 14$aThe world of Internet and the n[e]w generation /$cAdam Mousa.
信息源显示：The world of Internet and nw generation</td></tr>
<tr><td>缩写</td><td>RDA 1.7.8/附录 D.1.2.1
(1)不人为缩写，仅转录信息源上出现的缩写；
(2)“cm”“mm”等不再是缩写，而是公制符号；
(3)时间单位“min.”“hr.”等依然采用缩写形式。
AACR2 附录 B9/1.0C1
(1)允许在特定转录元素中使用缩写，包括版本说明、编号、出版地、发行地等、丛编；
(2)“cm.”“mm.”等是缩写；</td></tr>
</table>

续表

<table>
<tr><td></td><td>(3)时间单位“min.”“hr.”按附录要求缩写。
例1:
RDA记录:
250 ##$aSecond edition.
264 #1$bOrganisation for Economic Cooperation and Development
264 #1$c2012 [that is 2010]
490 1#$aInternational perspectives on social policy ;$vvolume 1
504 ##$aIncludes bibliographical references (pages 320-325).
AACR2记录:
250 ##$a2nd ed.
260 ##$bOECD
260 ##$c2012 [i. e. 2010]
490 1#$aInternational perspectives on social policy ;$vv. 1
504 ##$aIncludes bibliographical references (p. 320-325).
例2:
RDA记录:
300 ##$a180 pages :$billustrations ;$c20 cm
300 ##$a1 videodisc (approximately 75 min.)
AACR2记录:
300 ##$a180 p. :$bill. ;$c20 cm.
300 ##$a1 videodisc (approx./ca. 75 min.)</td></tr>
<tr><td>大写</td><td>RDA 1.7.2
依资源上的显示形式转录大写,或遵循附录A。中国国家图书馆做法:遵循附录A。基本与AACR2的规则相同。
AACR2 附录A
正题名、分卷题名、分卷标识等首词首字母大写,其他词依据各语言习惯采用正确的大写。
例:
信息源显示:APRIL 1865
The Month That Saved America
Jay Winik
RDA记录:
245 10$aAPRIL 1865 :$bThe Month That Saved America /$cJay Winik.
或
245 10$aApril 1865 :$bthe month that saved America /$cJay Winik.
AACR2记录:
245 10$aApril 1865 :$bthe month that saved America /$cJay Winik.</td></tr>
</table>

著录规则

<table>
<tr><td>正题名</td><td>RDA 1.7.3/2.3.1
正题名依信息源上呈现的形式转录。
AACR2 1.1B1
正题名在来源中出现的“...”需改为“--”,“[ ]”需改为“( )”。
例 1:
RDA 记录:
245 00$aHealth risk behaviors of...
AACR2 记录:
245 00$aHealth risk behaviors of--
信息源显示:Health risk behaviors of...
例 2:
RDA 记录:
245 00$aInformation retrieval [Z39.50]
AACR2 记录:
245 00$aInformation retrieval (Z39.50)
信息源显示:Information Retrieval [Z39.50]</td></tr>
<tr><td>并列题名</td><td>RDA 2.3.3.2/ 2.3.3.3
(1)并列题名取自资源内任何来源;
(2)如果有多个并列正题名,则按一个或多个信息源上题名的序列、版面或字体设计所指示的顺序记录这些题名。
AACR2 1.1D1/1.1D2
(1)并列题名取自主要信息源,如果取自资源内其他来源,如封面等,不记录为并列题名,而作为变异题名记录;
(2)进行二级著录时,著录第一个并列题名和英语并列题名。
例 1:
RDA 记录:
245 00$aInternational labour standards electronic library =$bBibliothèque électronique sur les normes internationales du travail
246 31$aBibliothèque électronique sur les normes internationales du travail
AACR2 记录:
245 00$aInternational labour standards electronic library.
246 13$aBibliothèque électronique sur les norms internationales du travail
并列题名显示在封底。
例 2:
RDA 记录:
245 10$aContemporary China's economy =$b 当代中国经济
246 31$a 当代中国经济
246 3#$aDang dai Zhongguo jing ji
AACR2 记录:
24510$aContemporary China's economy
246 13$a 当代中国经济
246 3#$aDang dai Zhongguo jing ji
并列题名显示在版权页。</td></tr>
</table>

续表

	例3： RDA记录： 245 00$aFAO annuaire =$bFAO anuario = FAO 年鉴 = FAO yearbook 246 31$aFAO anuario 246 31$aFAO 年鉴 246 31$aFAO yearbook AACR2记录： 245 00$aFAO annuaire =$bFAO anuario = FAO yearbook 246 31$aFAO anuario 246 31$aFAO yearbook
其他题名信息	RDA 2.3.4.5/6 当信息源没有其他题名信息时，只有地图资源和动态资源预告片需要添加其他题名信息予以说明。 AACR2 1.1E6 当信息源没有显示其他题名信息，如果正题名需要解释，则用正题名的语种提供一个简单的附加作为副题名。 **例1：** RDA记录： 245 00$aConference on Industrial Development in the Arab Countires 资源为会议录，没有其他题名信息，无须自拟。 AACR2记录： 24500$aConference on Industrial Development in the Arab Countires :$b[proceedings] **例2：** RDA记录： 245 00$aCaptain America :$b[trailer] 资源为电影预告片，没有其他题名信息，需自拟。 AACR2记录： 245 00$aCaptain America :$b[trailer]
责任说明的信息源	RDA 2.4.2.2 与正题名相关的责任说明按优先顺序取自三个来源：与正题名相同的来源；资源本身内的另一来源；其他信息源。只有取自资源之外的责任说明才置于方括号内。 AACR2 1.1A1 责任说明的规定信息源为主要信息源，取自任何其他来源时均需置于方括号内。 **例1：** RDA记录： 245 00$aObiter dicta /$cby A. Birrell. AACR2记录： 245 00$aObiter dicta /$c[by A. Birrell] 责任说明取自封面。

续表

	例 2： RDA 记录： 245 00$aSave and grow /$c[prepared by Reinhardt Howeler] AACR2 记录： 245 00$aSave and grow /$c[prepared by Reinhardt Howeler] 责任说明取自广告宣传页
责任说明的数量	RDA 2.4.1.5 当承担相同或不同职能的责任者数量多于 3 个时，照实转录，没有数量限制。或者，省略第一个之外的其他名称，用著录机构首选的语言和文字总括地说明所做的省略。 AACR2 1.1F5 应用“3 原则”，即有 3 个以上个人或团体承担相同职能时，第 1 个人或团体以外的用节略号“...”表示节略，并加“et al.”（或非拉丁字体的对应词）置于方括号内。 **例：** RDA 记录： 245 00$aEdible insects /$cby Arnold van Huis, Joost van Itterbeeck, Harmke Klunder, Esther Mertens and Paul Vantomme. 或 245 00$aEdible insects /$cby Arnold van Huis [and 4 others]. AACR2 记录： 245 00$aEdible insects /$cby Arnold van Huis...[et al.].
责任说明的头衔和贵族头衔、称呼、尊称的缩写	RDA 2.4.1.4 按信息源上出现的形式转录责任说明。可选择省略：只要节略后不损失其基本信息，可节略一个责任说明。 AACR2 1.1F7 一般应当节略，不必用节略号。 **例 1：** RDA 记录： 245 10$a.../$cby Dr. Harry Smith. 或 245 10$a.../$cby Harry Smith. AACR2 记录： 245 10$a.../$cby Harry Smith. 信息源显示：by Dr. Harry Smith **例 2：** RDA 记录： 245 10$a.../$cCharles F. Hoban, Jr., Special Assistant, Division of Visual Education, Philadelphia Public Schools. 或 245 10$a.../$cCharles F. Hoban, Jr. AACR2 记录： 245 10$a.../$cCharles F. Hoban, Jr. 信息源显示：Charles F. Hoban, Jr., Special Assistant, Division of Visual Education, Philadelphia Public Schools

续表

<table>
<tr><td>责任说明与责任说明相连接的名词短语</td><td>RDA 2.4.1.8
与责任说明相连接的名词短语均作为责任说明的一部分,无须区分其是说明作品性质还是说明责任者的职能。
AACR2 1.1.F12
(1)如果短语为说明作品的性质,则作为副题名记录;
(2)如果短语为说明责任者所承担的角色,则作为责任说明记录。
例:
RDA 记录:
245 10$aCharacters from dickens /$cdramatized adaptations by Barry Campbell.
245 10$aPacazo /$ca novel by Roy Kesey.
AACR2 记录:
245 10$aCharacters from dickens :$bdramatized adaptations /$cby Barry Campbell.
245 10$aPacazo :$ba novel /$cby Roy Kesey.</td></tr>
<tr><td>版本说明</td><td>RDA 2.5.1.4/ 附录 B.4/1.8.1
(1)按信息源上出现的形式转录版本说明。仅用元素的信息源中所见的缩写。如果自拟转录元素的全部或部分,一般不采用缩写。
(2)按信息源上出现的形式如实转录数字。
AACR2 1.2B1/附录 C.2B1/附录 C.3B1
(1)转录见于文献上的版本说明,按照附录 B 采用缩写。
(2)按附录 C 采用数字,以阿拉伯数字代替罗马数字,用数字替代文字表达的数。
例 1:
RDA 记录:
250 ##$aSecond edition, revised and augmented.
AACR2 记录:
250 ##$a2nd ed., rev. and augm.
信息源显示:Second edition, revised and augmented
例 2:
RDA 记录:
250 ##$aVersion VII.
AACR2 记录:
250 ##$aVersion 7.
信息源显示:Version VII</td></tr>
<tr><td>出版地</td><td>RDA 2.8.2
(1)按信息源上名称的序列、版面、字体设计所指示的顺序,如实记录地名。对需要修改或添加的地名在附注中予以说明。
(2)不人为进行缩写,按信息源如实转录。
(3)出版地无法确定时,使用[Place of publication not identified]。
AACR2 1.4C
(1)信息源上若有多个地名,只记录最先提到的地名,以及编目机构所在国涉及的地名。将修改或添加的地名置于方括号中。</td></tr>
</table>

续表

<table>
<tr><td></td><td>(2)出版地按附录 B 的规定进行缩写,未见于信息源的国名、州名、省名用英语形式缩写。
(3)出版地无法确定时,使用[S.l.]。
例 1:
RDA 记录:
264 #1$aChristiania
500 ##$aChristiania is former name, now named Oslo.
AACR2 记录:
260 ##$aChristiania [Oslo]
信息源显示:Christiania
例 2:
RDA 记录:
264 #1$aNewYork ;$aLondon ;$aToronto
或
264 #1$aNew York
AACR2 记录:
260 ##$aNew York(编目机构在美国)
260 ##$aNew York ;$aToronto(编目机构在加拿大)
信息源显示: New York-London-Toronto
例 3:
RDA 记录:
264 #1$aThousand Oaks, California
AACR2 记录:
260 ##$aThousand Oaks, Calif.
信息源显示:Thousand Oaks, California
例 4:
RDA 记录:
264 #1$a[Place of publication not identified]
AACR2 记录:
260 ##$a[S.l.]
无出版地信息。</td></tr>
<tr><td>出版者</td><td>RDA 2.8.4
(1)按信息源上名称的序列、版面、字体设计所指示的顺序,如实记录出版者名称;
(2)不人为进行缩写,按信息源如实转录;
(3)出版者、发行者无法确定时,使用[Publisher not identified]。
AACR21.4D
(1)信息源上若有多个出版者,只记录最先提到的出版者;
(2)按附录 B 的规定进行缩写。以国际上能理解并识别的最简短形式著录;
(3)出版者、发行者无法确定时,使用[s.n.]。</td></tr>
</table>

续表

<table>
<tr><td></td><td>例1：
RDA记录：
264 #1$bUnited States Department of Agriculture
AACR2记录：
260 ##$bU. S. Dept. of Agriculture
信息源显示：United States Department of Agriculture。
例2：
RDA记录：
264 #1$bDa Capo Press, Inc.
AACR2记录：
260 ##$bDa Capo
信息源显示：Da Capo Press, Inc.
例3：
RDA记录：
264#1$a[Place of publication not identified] :$b[publisher not identified]
AACR2记录：
260 ##$b[s. n.]
260 ##$a[S.l. :$bs. n.]</td></tr>
<tr><td>出版日期</td><td>RDA 1.9.2
(1)当自行提供日期时，规定了所提供日期不同的格式，与AACR2形式有所不同，具体如下：
[1989 or 1990]
[1999?]
[between 1947 and 1963](无20年的规定)
[approximately 1952]
[between 1980 and 1989]
[between 1980 and 1989?]
[between 1800 and 1899]
[between 1800 and 1899?]
(2)用创建数据的机构首选的形式记录数字。或者如实转录，同时用创建数据的机构首选的形式添加数字对应词。
AACR2 1.4F7
(1)如果文献中无出版、发行等日期、版权日期或制作日期，则提供一个大概的出版日期，形式如下：
[1989 or 1990]
[1999?]
[between 1947 and 1963](仅用于20年内)
[ca. 1952]
[198-]
[198-?]
[18--]
[18--?]</td></tr>
</table>

续表

<table>
<tr><td></td><td>(2)以阿拉伯数字替代罗马数字。
例:
RDA 记录:
264 #1$cMCMLXXX [1980]
或 264 #1$cMCMLXXX
或 264 #1$c1980
AACR2 记录:
260 ##$c1980
信息源显示:MCMLXXX。</td></tr>
<tr><td>版权日期</td><td>RDA 2.11
日期前加版权记号(©)或录音版权记号(℗),如果不能复制相应的记号,则添加“copyright”或“phonogram”(录音版权)字样。
AACR2 1.4F6
(1)如果出版、发行等日期不明,则著录版权日期;
(2)如果无版权日期,则以制作日期(说明为制作日期)代替。
例 1:
RDA 记录:
264 #1$aHauppauge, New York :$bNova Science Publisher's, Inc. ,$c[2014]
264 #4$c© 2014
AACR2 记录:
260 ##$aHauppauge, New York :$bNova Science Publisher's, Inc. ,$cc2014.
信息源显示:Nova Science Publisher's Inc. , Hauppauge, New York © 2014。
例 2:
RDA 记录:
264 #1$aHarmondsworth :$bPenguim,$c[date of publication not identified]
264 #3$c1963
AACR2 记录:
260 ##$aHarmondsworth :$bPenguim,$c1963, printing.
信息源显示:Penguim, Harmondsworth,Printed in 1963。</td></tr>
<tr><td>载体描述</td><td>RDA 3
(1)数量
RDA 记录:
300 ##$axxii, 232 pages
300 ##$a4 volumes (xxii, 1120 pages)
AACR2 记录:
300 ##$axxii, 232 p.
300 ##$a4 v. (xxii, 1120 p.)
(2)不正确的页或叶
RDA 记录:
300 ##$a232, that is, 223 pages
AACR2 记录:
300 ##$a232 [i. e. 223] p.</td></tr>
</table>

续表

	(3)未编号页 RDA 记录: 300 ##$a194 unnumbered pages 300 ##$aapproximately 456 pages 或 300 ##$a1 volume (unpaged) 300 ##$axv, 234 pages, 10 unnumbered pages of plates AACR2 记录: 300 ##$a[194] p. 300 ##$aca. 456 p. 300 ##$axv, 234 p. , [10] p. of plates (4)不完整的册 RDA 记录: 300 ##$aiv, 102 (incomplete) 500 ##$aLibrary's copy imperfect: pages after page 102 are lacking. AACR2 记录: 300 ##$aiv, 102 + p. 500 ##$aCopy imperfect, all after p. 102 lacking. (5)多卷册 RDA 记录: 300 ##$a2 volumes(仅记录物理册数) AACR2 记录: 300 ##$a4 v. in 2 (6)载体类型术语 RDA 记录: 300 ##$a1 condensed score 300 ##$a1 score 300 ##$a1 audio disc AACR2 记录: 300 ##$a1 close score 300 ##$a55 p. of music 300 ##$a1 sound disc (7)尺寸 RDA 记录: 300 ##$a250 pages :$billustations (some color) ;$c25 cm 300 ##$a1 audio disc (56 min.) :$bdigital, stereo ;$c4 3/4 in. AACR2 记录: 300 ##$a250 p. :$bill. (some col.) ;$c25 cm. 300 ##$a1 sound disc (56 min.) :$bdigital, stereo. ;$c4 3/4 in. (8)内容类型、媒介类型和载体类型

续表

<table>
<tr><td></td><td>例 1:
RDA 记录:
336 ##$atwo-dimensional movingimage$2rdacontent
337 ##$avideo$2rdamedia
338 ##$avideodisc$2rdacarrier
AACR2 记录:
245 00$a... $h[electronic resource] : $b...
300 ##$a1 videodisc (82 min.) : $bDVD video, sd. , col. ; $c4 3/4 in.
例 2:
RDA 记录:
336 ##$atext$2rdacontent
336 ##$atwo-dimensional moving image$2rdacontent
337 ##$aunmediated$2rdamedia
337 ##$avideo$2rdamedia
338 ##$avolume$2rdacarrier
338 ##$avideodisc$2rdacarrier
AACR2 记录:
300 ##$a103 p. : $bill. ; $c21 cm. +$e1 videodisc (40 min. : DVD video, sd. , col. ; 4 3/4 in.)</td></tr>
<tr><td>丛编编号</td><td>RDA 2. 12. 9. 3
按信息源上出现的形式记录丛编内的资源编号。
AACR2 1. 6G
按附录 B 著录缩写,并按附录 C 著录数字写法。
例:
RDA 记录:
490 0#$aEuropean anthropology in translation ; $vVolume 4
AACR2 记录:
490 1#$aEuropean anthropology in translation ; $vv. 4
信息源显示:European anthropology in translation. Volume 4</td></tr>
</table>

检索点规则

<table>
<tr><td>检索点的数量</td><td>RDA 6. 27. 1. 3/19. 2. 1. 3
仅名列首位的创作者是必需的,且始终记录于 1XX 字段,但不限制检索点的数量。
AACR2 21. 6B/ 21. 6C
应用“3”原则,当创作者数量多于 3 个,仅需记录第 1 个创作者的检索点,且记录于 7XX 字段。</td></tr>
</table>

续表

<table>
<tr><td>检索点的数量</td><td>例：
RDA 记录
100 1#$aBeverley, Robert, $dapproximately 1673-1722.
245 14$aThe history and present state of Virginia /$cby Robert Beverley, Susan Scott Parrish, Daphna Atias and Helen C. Rountree.
700 1#$aParrish, Susan Scott.
700 1#$aAtias, Daphna.
700 1#$aRountree, Helen C. , $d1944-
AACR2 记录：
245 04$aThe history and present state of Virginia /$cby Robert Beverley...[et al.].
700 1#$aBeverley, Robert, $dca. 1673-1722.</td></tr>
<tr><td>关系说明语</td><td>RDA 18.5.1.3/24.5.1.3/附录I/附录J
附录I:列出了用于表达资源和与资源相关的代理之间的关系的术语。
附录J:列出了用于表达资源(作品、内容表达、载体表现、单件)之间的关系的术语。
AACR2 21.0D
仅列出了文献与责任者之职能关系标识的简表：
职能标识翻译
compiler　comp.　汇编者
editor　ed.　编辑者
illustrator　ill.　插图者
translator　tr.　翻译者
例1：
RDA 记录：
100 1#$aTenBensel, Tusty, $eauthor.
700 1#$aElkington, Sam, $eeditor.
AACR2 记录：
100 1#$aTenBensel, Tusty.
700 1#$aElkington, Sam.
例2：
RDA 记录：
700 12$iContainer of (work): $aJohnsen, Hallvard.$tSymphonies, $nno. 3, op. 26.
700 12$iContainer of (work): $aBrustad, Bjarne.$tSymphonies, $nno. 2.
AACR2 记录：
700 12$aJohnsen, Hallvard.$tSymphonies, $nno. 3, op. 26.
700 12$aBrustad, Bjarne.$tSymphonies, $nno. 2.</td></tr>
<tr><td>不同作者无总题名汇编作品</td><td>RDA 6.27.1.4
对于不同作者无总题名汇编作品规范检索点的构建,有以下3种做法：
(1)按作品出现顺序记录作品题名和责任者,为各部作品构建单独的规范检索点;
(2)以自拟题名记录题名,记录内容附注505字段,同时为各部作品构建单独的检索点;
(3)以自拟题名记录题名,仅记录内容附注505字段,不为各部作品构建单独的检索点。</td></tr>
</table>

续表

<table>
<tr><td>不同作者
无总题名
汇编作品</td><td>AACR2 21.7
对于无总题名的汇编作品,总是按汇编中的第一部作品取标目。
例:
RDA 记录:
245 00$aSinfonia espressiva /$cConrad Baden. Symphonies, no. 3, op. 26 / Hallvard Johnsen. Symphonies, no. 2 / Bjarne Brustad.
700 12$iContainer of (work): $aBaden, Conrad.$tSymphonies, $nno. 6.
700 12$iContainer of (work): $aJohnsen, Hallvard.$tSymphonies, $nno. 3, op. 26.
700 12$iContainer of (work): $aBrustad, Bjarne.$tSymphonies, $nno. 2.
或
245 00$a[Three Norwegian symphonies].
500 ##$aTitle devised by cataloger.
505 0#$aSinfoniaespressiva / Conrad Baden--Symphonies, no. 3, op. 26 / Hallvard Johnsen. Symphonies, no. 2 / Bjarne Brustad.
700 12$iContainer of (work): $aBaden, Conrad.$tSymphonies, $nno. 6.
700 12$iContainer of (work): $aJohnsen, Hallvard.$tSymphonies, $nno. 3, op. 26.
700 12$iContainer of (work): $aBrustad, Bjarne.$tSymphonies, $nno. 2.
AACR2 记录:
100 1#$aBaden, Conrad.
240 10$aSymphonies, $nno. 6
245 10$aSinfonia espressiva$h[sound recording] /$cConrad Baden. Symphonies, no. 3, op. 26 / Hallvard Johnsen. Symphonies, no. 2 / Bjarne Brustad.
700 12$aJohnsen, Hallvard.$tSymphonies, $nno. 3, op. 26.
700 12$aBrustad, Bjarne.$tSymphonies, $nno. 2.</td></tr>
<tr><td>个人名称
规范检索点
中的日期</td><td>RDA 9.3
取消了各种缩写和省略,如英语月份缩写、"ca.""b.""d.""fl."等。
AACR2 22.17
使用相应的缩写。
例:
RDA 记录:
1001#$aLi, Gang, $d1953 April-
100 0#$aDemetrius Cydones, $dapproximately 1324-approximately 1398.
100 0#$aDemetrius$bI, $cPoliorcetes, King of Macedonia, $d336 B. C. -283 B. C.
100 1#$aShaku, Hyōsai, $d-1945.
100 1#$aZubrodt, Johann Peter, $dactive 1669-1682.
AACR2 记录:
100 1#$aLi, Gang, $d1953 Apr. -
100 0#$aDemetrius Cydones, $dca. 1324-ca. 1398.
100 0#$aDemetrius$bI, $cPoliorcetes, King of Macedonia, $d336-283 B. C.
100 1#$aShaku, Hyōsai, $dd. 1945.
100 1$aZubrodt, Johann Peter, $dfl. 1669-1682.</td></tr>
</table>

续表

宗教经典的首选题名	RDA 6. 23. 2. 9 （1）圣约书名称取消缩写，使用全称"Bible. Old Testament""Bible. New Testament" （2）圣经首选题名之后不再插入约书名称，直接紧随圣书名称或成组圣书名称。 AACR2 25. 18A （1）旧约书以"Bible. O. T."标目，新约书以"Bible. N. T."标目。 （2）圣书名称采用钦定版的简短引文形式，并且紧接在所属的圣约书名称之后；将成组圣书名称紧接在所属约书名称之后构成其题名检索点。 **例 1：** RDA 记录： 130 0#$aBible$pOld Testament. 130 0#$aBible$pNew Testament. AACR2 记录： 130 0#$aBible$pO. T. 130 0#$aBible$pN. T. **例 2：** RDA 记录： 130 0#$aBible.$pEzra. 130 0#$aBible.$pRevelation. AACR2 记录： 130 0#$aBible.$pO. T.$pEzra. 130 0#$aBible.$pN. T.$pRevelation.
涉及多种语言的内容表达	RDA6. 11. 1. 4 记录每种语言的内容表达的规范检索点。 AACR225. 5C1 如果文献有 3 种或 3 种以上语种，则用"Polyglot"（多语种）字样。 **例：** RDA 记录 245 04$aThe Bible in English, Greek and Hebrew 730 0#$aBible.$lEnglish. 730 0#$aBible.$lGreek. 730 0#$aBible.$lHebrew. AACR2 记录： 130 0#$aBible.$lPolyglot. 245 14$aThe Bible in English, Greek and Hebrew

附录6　日语、俄语RDA术语对照表

日语RDA术语对照表

高射投影幻灯片	overhead transparency	トランスペアレンシー
幻灯片	slide	スライド
盒式影片	film cartridge	フィルム・カートリッジ
卡式影片	film cassette	フイルム・カセット
幻灯卷片	film strip	フイルムストリップ
盒式幻灯卷片	film strip cartridge	フイルムストリップ・カートリッジ
幻灯条片	film slip	フィルムスリップ
胶带	film reel	フィルム・リール
胶卷	film rool	フィルム・ロール
盒式录音带	audio cartridge	オーディオ・カートリッジ
卡式录音带	audiocassette	オーディオカセット
录音筒	audio cylinder	オーディオ・シリンダー
录音盘	audio disc	オーディオ・ディスク
开盘录音带	audiotape reel	オーディオテープ・リール
录音卷	audio roll	オーディオ・ロール
音轨卷	sound-track reel	サウンドトラック・リール
显微镜载玻片	microscope slide	顕微鏡スライド
盒式计算机芯片	computer chip cartridge	コンピュータ・チップ・カートリッジ
计算机盘	computer disc	コンピュータ・ディスク
盒式计算机盘	computer disc cartridge	コンピュータ・ディスク・カートリッジ
盒式计算机磁带	computer tape cartridge	コンピュータ・テープ・カートリッジ
卡式计算机磁带	computer tape cassette	コンピュータ・テープ・カセット
开盘计算机磁带	computer tape reel	コンピュータ・テープ・リール
联机资源	online resource	オンライン資料
卡式录像带	videocassette	ビデオカセット
视盘	videodisc	ビデオディスク
开盘录像带	videotape reel	ビデオテープ・リール
穿孔卡片	aperture card	アパーチュア・カード
不透明缩微品	microopaque	マイクロオペーク
缩微平片	microfiche	マイクロフィッシュ
卡式缩微平片	microfiche cassette	マイクロフィッシュ・カセット

续表

盒式缩微胶卷	microfilm cartridge	マイクロフィルム・カートリッジ
卡式缩微胶卷	microfilm cassette	マイクロフィルム・カセット
缩微条片	microfilm slip	マイクロフィルム・スリップ
开盘缩微胶卷	microfilm reel	マイクロフィルム・リール
缩微卷	microfilm rool	マイクロフィルム・ロール
立体卡片	stereograph card	立体視カード
立体载体	stereograph disc	立体視ディスク
物体	object	オブジェクト
卡片	card	カード
卷/册	volume	冊子
张	sheet	シート
翻转图	filpchart	フリップチャート
卷	roll	巻物
地图册	atlas	地図帳
线图	diagram	ダイアグラム
球仪	globe	球儀/地球儀/天球儀
地图	map	地図
模型	model	模型
遥感图	remote-sensing image	リモートセンシング図
截面图	section	断面図
乐谱	score	スコア
缩写谱	condensed score	コンデンス・スコア
研习总谱	study score	スタディー・スコア
钢琴指挥分谱	piano conductor part	指揮者用ピアノ・パート譜
小提琴指挥分谱	violin conductor part	指揮者用ヴァイオリン・パート譜
声乐缩编谱	vocal score	ヴァーカル・スコア
钢琴总谱	piano score	ピアノ・スコア
合唱总谱	chorus score	コーラス・スコア
分谱	part	パート譜
桌谱	table book	テーブル・ブック
游戏卡	activity card	アクティビティ・カード
图表	chart	図表
拼贴画	collage	コラージュ
绘图	drawing	素描

续表

闪视卡	flash card	フラッシュ・カード
图标	icon	肖像
绘画	painting	絵画
照片	photograph	写真
图画	picture	静止画資料
明信片	postcard	絵はがき
招贴画、海报	poster	ポスター
印刷图片	print	版画
射线片	radiograph	放射線写真
学习图片	study print	スタディー・プリント
技术图纸	technical drawing	製図
挂图	wall chart	掛図
雕塑	scupture	彫刻
硬币	coin	コイン
纪念章	medal	メダル
立体布景	diorama	ジオラマ
游戏	game	ゲーム
展品	exhibit	展示物
书信集	correspondence	書簡集
短文集	essays	随筆集
长篇小说集	novels	小説集
戏剧集	plays	劇曲集
诗歌集	poems	詩集
散文集	prose works	散文作品集
短篇小说集	short stories	短編小説集
演讲集	speeches	演説集
页	page(s)	ページ
叶	leaves	枚
叶	/	丁
栏	column	欄
座	/	基
张	/	枚
卷/册	volume	冊
部/份	/	部

续表

卷	/	卷
声槽	track	トラック
毫	mill(法)	ミリ
分	minute	分
帧	frame	フレーム
张	sheet	シート
卷(散叶)	loose-leaf	ルーズ-リーフ
不完整	incomplete	残欠
插图	illustration(s)	図
图表	chart(s)	表
照片	photograph(s)	写真
肖像	portrait(s)	肖像
地图	map(s)	地図
乐谱	score	楽譜
图版	plate(s)	図版
索引	index	索引
参考文献	biblographies	参考文献
立体声	stereo	ステレオ
模拟	analog	アナログ
单声道	monaural	モノラル
数字	digital	デジタル
无声	silence	無声
(部分)黑白	(some) black and white	(一部)白黒
(部分)彩色	(some) color	(一部)カラー

俄语 RDA 术语对照表

幻灯片	slide	слайд
盒式影片	film cartridge	фильм картриджа
卡式影片	film cassette	кассетный фильм
幻灯卷片	film strip	пленка слайда
盒式幻灯卷片	film strip cartridge	пленка слайда картриджа
幻灯条片	film slip	слип слайда
胶带	film reel	кинопленка
胶卷	film rool	рулон фильма
盒式录音带	audio cartridge	аудио картриджа

续表

卡式录音带	audiocassette	аудиокассета
录音筒	audio cylinder	аудио-цилиндр
录音盘	audio disc	аудио-диск
开盘录音带	audiotape reel	катушка аудиоленты
录音卷	audio roll	рулон аудиоленты
音轨卷	sound-track reel	катушка саундтрека
显微镜载玻片	microscope slide	микропрепарат
盒式计算机芯片	computer chip cartridge	компьютерный чип картриджа
计算机盘	computer disc	компьютерный диск
盒式计算机盘	computer disc cartridge	компьютерный диск картриджа
盒式计算机磁带	computer tape cartridge	компьютерная лента картриджа
卡式计算机磁带	computer tape cassette	кассетная компьютерная лента
开盘计算机磁带	computer tape reel	катушка компьютерной ленты
联机资源	online resource	ресурсы в онлайне
卡式录像带	videocassette	видеокассета
视盘	videodisc	видеодиск
开盘录像带	videotape reel	катушка видеокассеты
穿孔卡片	aperture card	апертурная карта
不透明缩微品	microopaque	непрозрачная микроформа
缩微平片	microfiche	микрофиш
卡式缩微平片	microfichecassette	кассетный микрофиш
盒式缩微胶卷	microfilm cartridge	микрофильм картриджа
卡式缩微胶卷	microfilm cassette	кассетный микрофильм
缩微条片	microfilm slip	слип микрофильма
开盘缩微胶卷	microfilm reel	катушка микрофильма
缩微卷	microfilm rool	рулон микрофильма
立体卡片	stereograph card	стереографическая карта
立体载体	stereograph disc	стереографический диск
物体	object	объект
卡片	card	карта
卷/册	volume	том
张	sheet	лист
翻转图	filpchart	
卷	roll	рулон

续表

地图册	atlas	атлас
线图	diagram	диаграмма
球仪	globe	глобус
地图	map	карта
模型	model	модель
遥感图	remote-sensing image	изображение дистанционного зодирования
截面图	section	разрез
乐谱	score	ноты
缩写谱	condensed score	дирекцион
研习总谱	study score	учебная партитура
钢琴指挥分谱	piano conductor part	фортепианная дирижёрская партия
小提琴指挥分谱	violin conductor part	скрипичная дирижёрская партия
声乐缩编谱	vocal score	вокальная партитура
钢琴总谱	piano score	фортепианная партитура
合唱总谱	chorus score	хоровая партитура
分谱	part	партия
桌谱	table book	настольная книга
游戏卡	activity card	карточка-занятия
图表	chart	чарт
拼贴画	collage	коллаж
绘图	drawing	рисование
闪视卡	flash card	флэш-карта
图标	icon	значок
绘画	painting	живопись
照片	photograph	фотография
图画	picture	картина
明信片	postcard	почтовая карточка
招贴画、海报	poster	афиша
印刷图片	print	печать
射线片	radiograph	рентгенограмма
学习图片	study print	учебная печать
技术图纸	technical drawing	технический чертеж
挂图	wall chart	настенная диаграмма
雕塑	scupture	скульптура

续表

硬币	coin	монета
纪念章	medal	медаль
立体布景	diorama	диорама
游戏	game	игра
展品	exhibit	экспонат
书信集	correspondence	переписка
短文集	essays	эссе
长篇小说集	novels	романы
戏剧集	plays	драмы
诗歌集	poems	стихи
散文集	prose works	прозы
短篇小说集	short stories	рассказы
演讲集	speeches	выступления
页	page(s)	страница
叶	leaves	листья
栏	column	колонка
卷/册	volume	том
部/份	/	часть
卷	/	книга, выпуск
声槽	track	трек
毫	mill(法)	милли
分	minute	минут
帧	frame	кадр
张	sheet	лист
卷(散叶)	loose-leaf	вкладной лист
不完整	incomplete	неполный
插图	illustration(s)	иллюстрация
图表	chart(s)	таблица
照片	photograph(s)	фотография
肖像	portrait(s)	портрет
地图	map(s)	карта
乐谱	score	ноты
图版	plate(s)	клише
索引	index	указатель

续表

参考文献	biblographies	библиография
立体声	stereo	стереозвук
模拟	analog	аналог
单声道	monaural	монофонический
数字	digital	цифровой
无声	silence	немой
(部分)黑白	(some) black and white	(часть) чёрно-белый
(部分)彩色	(some) color	(часть) цветной

索　　引[①]

字母缩写

FRAD　0. 0, 0. 6, 18. 0, 24. 0
FRBR　0. 0, 0. 6, 1. 1. 2, 18. 0
ISBD　0. 12,1. 7. 3, 2. 5. 1, 24. 4
ISBN　2. 15. 1. 5
ISSN　2. 12. 8, 2. 12. 16
RDA 的目标和原则　0. 4
URL　4. 6. 1

B

巴利文　19. 3
版本标识　2. 5. 2
版本说明　2. 5
版本说明的附注　2. 17. 4
版权日期　2. 11
伴随关系　24. 0, 25. 1
报告人　19. 3. 2
被告　19. 3. 1
本应出现一次以上的字母或词　1. 7. 7
比例尺　7. 25
编号　2. 6, 2. 12. 9, 2. 15. 2, 3. 4. 5
编码格式　3. 19
变异题名　2. 3. 6
变音符号　1. 7. 4
标点符号　1. 7. 3
标志　1. 7. 5
表演媒介　2. 3. 2. 9, 2. 3. 2. 11, 7. 23. 1
表演者、旁白者和/或出品人　7. 23
并列版本标识　2. 5. 3
并列其他题名信息　2. 3. 5
并列正题名　2. 3. 3
播放声道配置　3. 5, 3. 16
播放时间　7. 22
播放速度　0. 11. 5, 3. 16
补编　25. 1
补编内容　7. 16
不断更新的活页出版物　1. 6. 3, 2. 15. 1. 5, 3. 4. 5. 18
不完整的册　3. 4. 5. 3. 2

C

参照关系　24. 0
册　3. 4. 3, 3. 4. 5, 3. 5. 1. 4
差错　1. 7. 9, 2. 3. 1, 2. 3. 6, 2. 17. 2. 3, 2. 17. 11
插图性内容　7. 15
尺寸　0. 11. 5, 3. 5
赤经　7. 4
赤纬　7. 4
重复标页　3. 4. 5. 8
出版地　2. 8. 2
出版日期　2. 8. 6
出版说明　2. 8
出版说明的附注　2. 17. 7
出版者　2. 7—2. 11, 2. 15. 2, 19. 2
出版者名称　2. 8. 4
传输速度　3. 19. 1
创作者　2. 4. 1, 18. 3, 18. 5, 19. 2, 19. 3. 2
丛编　2. 12
丛编编号　2. 12. 9
丛编的 ISSN　2. 12. 8
丛编说明　2. 12
丛编说明的附注　2. 17. 11
丛编正题名　2. 12. 2

D

大写　1. 7. 2, 2. 12. 9, 22. 1, 24. 5
单件　2. 18, 2. 19, 3. 22, 22. 1, 24. 4, 28. 1

① 索引中的术语按汉语拼音音序排列,其位置以该术语出现在 NLC PS(FLR)中的条款号表示。

单件保管历史　2. 18
单件的直接获取来源　2. 19
单轴盒　3. 5. 1. 4
等同关系　24. 0，24. 3，27. 1
地图册　3. 4. 2
地图等的尺寸　3. 5. 2
地图内容的投影　7. 26
地图资源　2. 3. 2. 9，2. 3. 2. 11，3. 4. 1. 3，3. 4. 2，7. 25
地图资源的数量　3. 4. 2
地址　2. 19，4. 6. 1
调　2. 3. 2. 9，2. 3. 2. 11
独立单元　1. 1. 3，2. 1
读者对象　7. 7
短语　1. 7. 2，2. 3. 4，2. 4. 1. 4，2. 7—2. 11，2. 8. 4
多部分专著　1. 1. 3，1. 5，1. 6. 1，2. 15. 1，2. 17. 13，3. 14. 5. 17
多册　3. 4. 5. 8，3. 4. 5. 16，3. 4. 5. 17
多卷书　1. 5
多文种记录　1. 4
多载体配套资料　1. 1. 3，3. 1. 4

E

俄文　0. 11. 2，0. 11. 5，1. 4

F

发行地　2. 9. 2
发行方式　1. 1. 3，2. 13
发行日期　2. 9. 6
发行说明　2. 9
发行者　2. 7—2. 11，21. 1
发行者名称　2. 9. 4
法律作品　19. 2. 1. 1. 1，19. 2. 1. 3，19. 3. 2
法院　19. 2. 1. 1. 1，19. 2. 1. 3，19. 3. 1，19. 3. 2
翻译题名　2. 3. 6
翻转图　3. 5. 1. 4
反向编号页　3. 4. 5. 8
方括号　1. 7. 3，1. 7. 5，1. 7. 9，1. 9，2. 2. 4，2. 3. 2. 11，2. 4. 1. 4
非结构化描述　24. 4，25. 1，26. 1，27. 1，28. 1
分辨率　3. 19. 1
分丛编　2. 12. 1，2. 12. 10，2. 12. 16，2. 12. 17
分丛编编号　2. 12. 17
分丛编的 ISSN　2. 12. 16
分丛编正题名　2. 12. 10
分级著录　1. 5
分析著录　1. 5
复本的处理　1. 6. 3
附件　1. 1. 3，3. 1. 4，6. 9. 1. 3，3. 2，3. 3，24. 0
附件的题名　2. 3. 6
附注　1. 10，2. 17，3. 21，3. 22

G

改编　19. 2. 1. 3，19. 3. 2，20. 2. 1
高射投影片　3. 5. 1. 4
格里历　2. 6. 3. 3
贡献者　20. 2
官方通信　19. 2. 1. 1. 2，19. 2. 1. 3
关系　18. 4
关系说明语　18. 5
惯用总题名　2. 3. 2
规范检索点　1. 6. 2，2. 3. 2，19. 2. 1. 3，19. 3. 2

H

核心元素　0. 6
华彩乐段　19. 2. 1. 3
幻灯卷片和幻灯条片　3. 5. 1. 4
汇编资源　2. 3. 2
会议　19. 2. 1. 1. 1，19. 2. 1. 3
获得方式　4. 2
获取限制　4. 4

J

基本关系　18. 0
基底材料　3. 6
极性　3. 14
集成性资源　1. 1. 3，1. 6. 3，2. 1，2. 3. 7，2. 8. 6. 4

计量单位 0.11.5
纪年铭 2.7.6，2.8.6
价格 4.2.1
奖项 7.28
交替题名 1.7.3，2.3.2，2.3.6
较晚正题名 2.3.8
较早正题名 2.3.7
结构化描述 24.4，25.1，26.1，27.1，28.1
静态图像 3.4.1.3，3.4.4，3.5.3
静态图像的尺寸 3.5.3
静态图像的数量 3.4.4
句点 1.7.3
捐赠者 3.22.1，22.1

K

开盘卷 3.5.1.4
勘误 7.16，24.0
空格 1.7.6

L

栏 3.4.3，3.4.5
立法团体 19.2.1.3
连续出版物 1.1.3，1.6.2，2.1，2.3.8，2.3.9，2.3.10
连续出版物编号 2.6
连续出版物编号的附注 2.17.5
连续关系 24.0，25.1，26.1
浏览日期 2.1，2.3.7，2.17.13
录音带配置 3.16
录音类型 3.16
录音媒介 3.16

M

媒介类型 0.11.2，0.12，1.1.3，3.2
摹真品或复制品 2.2.3，2.3.2

N

内容的语言 7.12
内容类型 0.11.2，0.12，1.1.3，6.9
内容提要 7.10

P

盘片 0.11.5，3.5.1.4
频率 2.14
频率附注 2.17.12

Q

其他题名信息 2.3.4

R

日期 0.11.4，1.9，2.7.6，2.8.6，2.9.6，2.10.6，2.11，7.11
容器 0.11.5，2.2.2.2，2.2.4，2.3.6，3.5.1.5
冗长题名 2.3.1.4
儒略历 2.6.3.3

S

三维形式 3.4.1.3，3.5.1.4
色彩内容 7.17
设备或系统要求 3.20
生产地 2.10.2
生产日期 2.10.6
生产说明 2.10
生产者 2.7—2.11，21.1
声音内容 7.18
声音特征 3.16
省略 1.7.3，2.3.1.4，2.4.1，2.8.4，3.4.1.4，3.4.1.5，3.5.1.4.13，19.2.1.3
《圣经》 19.3.2
识别题名 2.3.9
识别资源的依据 2.1
使用限制 4.5
视频格式 3.18.1
视频特征 3.18.1
首选信息源 1.5，2.2.2，2.2.3
数量 0.11.2，3.4
数字 0.11.3
数字文件特征 3.19
双轴盒 3.5.1.4
缩微平片 3.5.1.4，3.6.2

缩略题名　2. 3. 10
缩率　3. 15
缩写　1. 7. 6，1. 7. 8

T

《塔木德》　19. 3. 2
特定修订版标识　2. 5. 6
题名　2. 3
题名附注　2. 17. 2
题名屏　2. 2. 2. 2，2. 2. 2. 3，2. 17. 2
题名页　2. 2. 2
题名帧　2. 2. 2. 2，2. 2. 2. 3，2. 17. 2
图书开本　3. 12

W

未能识别的出版地　2. 8. 2. 3
文本的数量　3. 4. 5
文件大小　3. 19. 1
文件类型　3. 19. 1
纹槽特征　3. 16

X

宪章　19. 2. 1. 1. 1，19. 2. 1. 3，19. 3. 2
信息源　1. 5，2. 2
行政法规　19. 2. 1. 1. 1，19. 2，19. 3. 2
需要一种新著录的变化　1. 6
学位类型　7. 9
学位论文和毕业论文信息　7. 9
学位授予机构　7. 9
学位授予年　7. 9

Y

衍生关系　24. 0，25. 1，26. 1
叶　2. 2. 2，3. 4. 3，3. 4. 5
页码　3. 4. 5
艺术和/或技术的贡献者名单　7. 24
音轨配置　3. 16
音译　0. 11. 2，1. 4
音译多文种记录　1. 4
音乐作品　2. 3. 2. 9，2. 15. 2，19. 2. 1. 3，20. 2. 1，25. 1
引导语　2. 3. 1. 4，2. 3. 6
用数字或词表达的数　1. 8，2. 6
语言和文字　0. 11. 2，1. 4
原始多文种记录　1. 4
乐谱版号　2. 15. 3
乐谱出版者编号　2. 15. 2
乐谱的数量　3. 4. 3

Z

载体表现标识符　2. 15
载体类型　0. 11. 2，0. 12，1. 1. 3，3. 1. 4，3. 3
早期印刷型资源　1. 8，2. 2. 2. 2，3. 4. 5，3. 22. 1
责任说明　2. 4
责任说明的附注　2. 17. 3
责任说明中出现的名词短语　2. 4. 1. 4
张　2. 2. 2，3. 4. 2，3. 5. 1. 4
整体/部分关系　24，25. 1，26. 1，27. 1，28. 1
正题名　2. 3，2. 4. 2，2. 4. 3
制作地　2. 7. 2
制作日期　2. 7. 6
制作说明　2. 7
制作者　2. 7—2. 11，21. 1
著录类型　1. 5，2. 1
转录　1. 7
资源标识符　4. 4
子单元数　3. 4. 1. 5
字体大小　3. 13
自拟题名　2. 3. 2. 9，2. 3. 2. 11
综合著录　1. 5，2. 1
总题名　2. 3. 2
作为识别资源依据的卷期、部分或更新后的整体的附注　2. 17. 13

参考文献

1. RDA Toolkit[EB/OL]. [2016-05-08]. http://access. rdatoolkit. org.
2. RDA 发展联合指导委员会. 资源描述与检索(RDA)[M]. RDA 翻译工作组,译. 北京:国家图书馆出版社, 2014.
3. MARC 21 Format for Bibliographic data [EB/OL]. [2016-05-04]. http://www. loc. gov/marc/bibliographic.
4. RDA in MARC[EB/OL]. [2015-12-04]. http://www. loc. gov/marc/RDAinMARC. html.
5. Library of Congress-Program for Cooperative Cataloging Policy Statements (LC-PCC PS) [EB/OL]. [2016-03-05]. http://access. rdatoolkit. org/lcpsch0-lcps0-99999. html
6. British Library Policy Statements[EB/OL]. [2016-04-05]. http://access. rdatoolkit. org/blpschp0-blps0-28. html.
7. Anwendungsrichtlinien für den deutschsprachigen Raum (D-A-CH AWR) [EB/OL]. [2016-04-05]. http://access. rdatoolkit. org/nlgpschp0-nlgps00-28. html.
8. National Library of Australia Policy Statements (NLA PS) [EB/OL]. [2016-03-05]. http://access. rdatoolkit. org/nlapschp0-nlaps0-27. html.
9. 日本図書館協会. 日本目録規則:1987 年改訂 3 版[M]. 東京:日本図書館協会, 2006.
10. 新しい『日本目録規則』(新 NCR)[EB/OL]. [2016-12-30]. http://www. ndl. go. jp/jp/data/ncr/index. html.
11. Каспарова Н Н. Российские правила каталогизации[M]. Москва: Пашков дом, 2008.
12. ISO 7098:2015-Information and documentation-Romanization of Chinese[EB/OL]. [2016-10-12]. http://www. iso. org/iso/home/store/catalogue_ics/catalogue_detail_ics. htm? csnumber=61420.
13. Maxwell R L. Maxwell's handbook for RDA: resource description & aceess: explaining and illustration RDA: resource description and access using MARC21[M]. Chicago: ALA Editions, 2013.
14. 吴龙涛, 叶奋生, 吴晓静. 最新详解《英美编目规则, 第二版, 2002 修订本》[M]. 北京:北京图书馆出版社, 2006.
15. 国际图书馆协会与机构联合会. 国际标准书目著录:2011 年统一版[M]. 北京:国家图书馆出版社, 2012.
16. 中国图书馆学会《西文文献著录条例》修订组. 西文文献著录条例:修订扩大版[M]. 北京:科学技术文献出版社, 2003.
17. 高红, 吴晓静, 罗翀. 西文编目实用手册 [M]. 北京:北京图书馆出版社, 2004.
18. 张芳. 俄文图书编目手册[M]. 北京:人民邮电出版社,2014.
19. 罗翀. RDA 全视角解读[M]. 北京:国家图书馆出版社, 2015.
20. 罗翀, 李菡. 解析 RDA 中的关系描述[J]. 数字图书馆论坛, 2014(6).
21. 赵丹丹, 刘丹. MARC21 数据格式 RDA 化的修订[J]. 图书馆, 2015(2).
22. 赵丹丹. 汇编作品的 RDA 编目方法及与 AACR2 之比较[J]. 图书馆工作与研究, 2015(8).
23. 王志君. 浅谈 RDA 在日本的实践活动[J]. 图书馆界, 2014(5).
24. 罗翀, 蔡丹. 试论国家图书馆外文文献资源 RDA 本地政策声明设计思路[J]. 国家图书馆学刊, 2015(3).
25. 李菡. 对国家图书馆外文编目 RDA 本地政策声明中责任说明元素处理方法的若干思考[J]. 新世纪图书馆, 2016(3).
26. 蔡丹, 朱虹. RDA 与 AACR2 著录规则变化之详解[J]. 图书馆杂志, 2014(5).
27. 黄亮, 蔡丹. RDA 背景下套录编目策略研究[J]. 图书馆理论与实践, 2015(7).
28. 胡小菁. 内容和媒介类型: RDA 与 ISBD 对比分析[J]. 中国图书馆学报, 2012(4).
29. 胡小菁. RDA:从内容标准到元数据标准[J]. 图书馆论坛, 2014(7).
30. 罗翀. 电子资源 MARC21 组织法[M]. 北京:国家图书馆出版社, 2013.
31. 罗翀. RDA 在中国的实施设想[J]. 国家图书馆学刊, 2014(1).